电子商务技术项目教程

◎主　编　张呈江

◎副主编　张志鑫　尤　洋

電子工業出版社

Publishing House of Electronics Industry

北京 • BEIJING

内 容 简 介

本书内容包括商品图片拍摄、美化及宣传图片的设计；店铺装修和平台操作；商品文案；网络营销操作实战；客户服务；在线交易 6 个部分。本书由 14 个项目，103 个活动组成。本书的编写以面向大赛、面向应用为宗旨，从满足经济发展对高素质劳动者和技能型人才的需求出发，针对中职学生的特点，通过"项目引领—任务驱动—活动激励"这条主线，让学生在做中学，使他们掌握相关的理论知识和专业技能，快速提高技能和竞赛水平。

本书内容编写紧密对应相关职业岗位、体现专业核心能力与核心知识、涵盖丰富的专业知识与专业技能点。如商品图片拍摄、美化及宣传图片设计，店铺装修和平台操作对应网页编辑、网店美工等岗位；商品文案、网络营销对应运营专员、推广专员等岗位；客户服务对应网络客服岗位。

本书既可作为职业院校及培训机构的实训教材及参考书，又可作为参加"计算机技能大赛"的学员的辅导教材。

图书在版编目（CIP）数据

电子商务技术项目教程 / 张呈江主编. —北京：电子工业出版社，2020.6

ISBN 978-7-121-39134-7

Ⅰ. ①电… Ⅱ. ①张… Ⅲ. ①电子商务—中等专业学校—教材 Ⅳ. ①F713.36

中国版本图书馆 CIP 数据核字（2020）第 103157 号

责任编辑：罗美娜
印　　刷：北京捷迅佳彩印刷有限公司
装　　订：北京捷迅佳彩印刷有限公司
出版发行：电子工业出版社
　　　　　北京市海淀区万寿路 173 信箱　　邮编　100036
开　　本：787×1 092　1/16　印张：18　字数：460.8 千字
版　　次：2020 年 6 月第 1 版
印　　次：2023 年 7 月第 3 次印刷
定　　价：48.00元

凡所购买电子工业出版社图书有缺损问题，请向购买书店调换。若书店售缺，请与本社发行部联系，联系及邮购电话：（010）88254888，88258888。

质量投诉请发邮件至 zlts@phei.com.cn，盗版侵权举报请发邮件至 dbqq@phei.com.cn。

本书咨询联系方式：（010）88254617，luomn@phei.com.cn。

前　言

PREFACE

当前，中国电子商务在数字经济快速发展的新形势下，步入新一轮的创新增长空间。由于我国电子商务的急剧发展，使得电子商务人才需求量也在快速增长。截至 2017 年 12 月，中国电子商务服务企业直接从业人员超过 330 万人，由电子商务间接带动的就业人数已经超过 2500 万人。职业院校有着电子商务专业人才培养的使命，培养电子商务专业人才的责任义不容辞。

随着职业教育的进一步发展，全国中等职业学校计算机技能大赛开展得如火如荼，比赛赛场成为深化职业教育改革、引导全国职业教育发展、增强职业教育技能水平、宣传职业教育的地位和作用、展示中职学生技能风采的舞台。而电子商务技能竞赛将发挥引领作用，促进职业院校电子商务专业的建设和教学改革，为社会输送满足发展需求的技能型人才。

本书具有如下特点。

本书的编写以面向大赛、面向应用为宗旨，从满足经济发展对高素质劳动者和技能型人才的需求出发，在课程结构、教学内容、教学方法等方面进行了新的探索与改革创新，针对中职学生的特点，通过"项目引领－任务驱动－活动激励"这条主线让学生在做中学，使他们较为轻松地掌握理论知识和专业技能，从而帮助他们恢复学习自信心，为今后的发展奠定良好的基础。

电子商务技术也是中等职业学校电子商务专业的一门专业必修课程。本书内容包括商品图片拍摄、美化及宣传图片设计；店铺装修和平台操作；商品文案；网络营销操作实战；客户服务；在线交易 6 部分。

在实例讲解上，本书采用了统一、新颖的编排方式，每个项目都包含项目目标、项目探究、项目实施、项目评价、项目总结、项目拓展 6 个部分，其中项目实施环节由多个任务组成，每个任务又由若干个活动组成。内容安排循序渐进、环环相扣，便于学习。

本书作者由电子商务企业技术人员、高校教师、职业学校有经验的技能大赛指导教师组成。

本书既可作为职业院校及培训机构的实训教材及参考书，又可作为参加"计算机技能大赛"的学员的辅导用书。

本书由张呈江主编，张志鑫、尤洋任副主编，参加编写的成员还有樊明睿、张明新、赵伟等，全书由张呈江统稿。本书在编写过程中得到天津众维志信科技发展有限公司张磊总经理的大力支持和帮助，在此表示衷心的感谢。

由于作者水平有限，书中难免有错误和不妥之处，恳请广大师生和读者批评指正。

编　者
2020年2月

目　　录

CONTENTS

第一部分

商品图片拍摄、美化及宣传图片设计

本部分主要学习不同材质的商品图片拍摄、图片美化及宣传图片的设计。将日用商品分成七类不同材质的商品，包括：木质类（毛笔、木质衣架、木梳等）、金属类（电池、金属挂钩等）、玻璃类（灯泡、水杯等）、皮革类（腰带、钱包等）、棉织类（毛巾、百洁布等）、塑料类（牙膏、塑料饭盒等）、纸质类（笔记本、纸巾等）。除此之外，还加入大件商品图片拍摄、图片美化和宣传图片设计。

项目 1 商品图片拍摄环境、设备及器材

利用网店做销售，可以说商品图片起着非常重要的主导作用。或许商品质量、款式真的很不错，但如果没有一张好的图片用来展示也是枉然。顾客既摸不着也看不到具体实物，所以用眼睛“挑剔筛选”成了顾客购买商品最直观的重要方式之一。由此可见，一张好图片起到的作用有时就算是用尽“色彩斑斓”的语言都是难以比拟的。本项目从了解拍摄环境、认识拍摄设备及拍摄器材开始，为商品实拍、美化及宣传图片设计奠定基础。

项目目标

了解商品图片拍摄环境。
认识商品拍摄设备。
认识常用拍摄器材。

项目探究

经过本项目的学习，使学生了解商品拍摄环境、认识拍摄设备及相关拍摄器材，为商品图片实拍奠定基础。本项目重点了解商品图片拍摄环境，认识商品拍摄设备，认识常用拍摄器材。

项目实施

本项目通过完成两个任务的学习，使学生了解商品图片拍摄环境、认识商品拍摄设备和常用的拍摄器材。

任务一 拍摄环境及拍摄设备

任务描述

1. 了解拍摄环境。
2. 认识拍摄设备。

任务实施

活动一　了解拍摄环境

活动描述

以电子商务技术比赛为例了解拍摄环境。

操作步骤

步骤 1：了解比赛中对商品拍摄的要求

以电子商务技术比赛为例，比赛中非常重要的一个环节就是对商品进行拍摄。比赛中对图片的整体效果要求如下。

清晰度：图片清晰，不能模糊，不能有重影；

色彩：图片明亮、鲜艳但不能失真，主、辅图应保持一致；

角度：能完整体现商品的外观，主、次面清楚，布局合理，构图新颖，但商品不能变形；

画面：背景干净不能穿帮，商品上无明显杂质；

主图设计：背景能衬托主体，但不能喧宾夺主，有较强的视觉冲击力；

辅图（细节图）设计：充分体现商品的属性、功能和特色；

水印：所有图片均应添加水印，并且不破坏图片的整体效果。

步骤 2：了解商品拍摄环境

如何拍摄出好的商品图片呢？这就要求我们先要熟悉拍摄环境。赛场一般会为每个参赛队提供一张商品拍摄工作台（参考尺寸：高 0.7 米、宽 0.7 米、长 1.2 米）。

电子商务技术比赛工作区俯视图如图 1-1 所示。

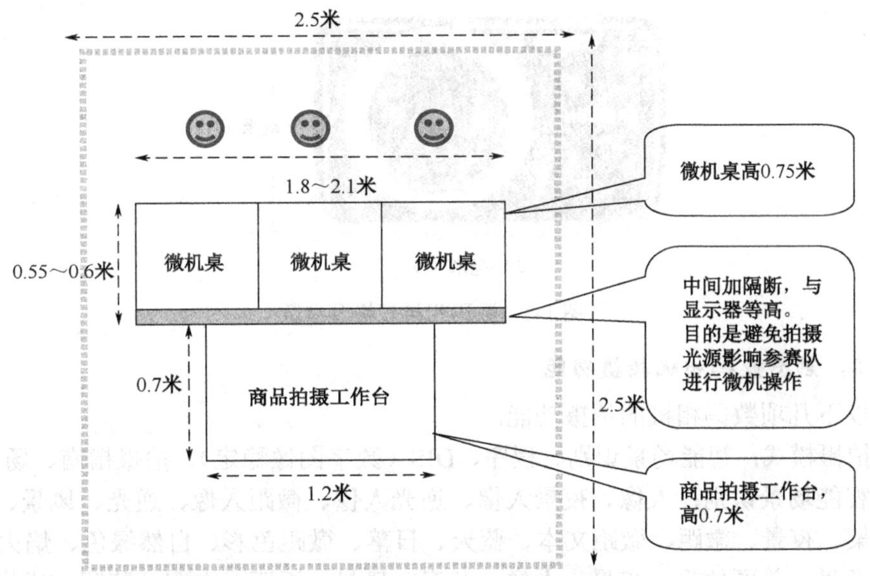

图 1-1　电子商务技术比赛工作区俯视图

另外，在拍摄环境中无外射光源（窗帘统一用遮光布）。

活动二　认识拍摄设备——数码相机

活动描述

认识拍摄设备——数码相机，三星 PL20。

操作步骤

步骤 1：认识比赛中的商品拍摄设备——三星 PL20

三星 PL20 曾用于比赛中，具体参数为：500 万像素以上、存储卡 2G 以上、两块充满电的相机电池、数码相机说明书及数据线，如图 1-2 所示为三星 PL20 相机。

图 1-2　三星 PL20 相机

步骤 2：了解数码相机规格及参数

数码相机规格及参数如图 1-3 所示。

图 1-3　数码相机规格及参数

步骤 3：熟悉数码相机拍摄功能

熟悉以下几项数码相机的拍摄功能。

（1）拍摄模式：智能场景识别、程序、DIS（数字图像稳定）、拍摄指南、场景、视频。

（2）智能场景识别：人像、夜景人像、逆光人像、微距人像、逆光、风景、白色、运动、三脚架、夜景、微距、微距文本、蓝天、日落、微距色彩、自然绿色、焰火。

（3）场景：美丽拍摄、夜景、人像、儿童、风景、近距、夕阳、黎明、逆光、海滩与雪景。

（4）连拍：单张、连拍、动体拍摄、AEB（包围曝光）。

（5）自拍：关、2秒、10秒、自拍两次、动体自拍。
（6）特效：照片鲜明度、对比度、饱和度、ACB（自动对比度平衡）调整。
（7）智能滤镜：鱼眼、鲜明、怀旧、清爽、古典、底片、自定义RGB。
（8）编辑：照片尺寸调整、旋转、智能滤镜。
（9）智能滤镜：微型、虚光照、鱼眼、鲜明、怀旧、清爽、古典、底片、自定义RGB。
（10）照片调整：面部修饰、红眼修复、亮度、对比度、饱和度。
注意：数码相机的具体使用会在后面的实例中讲解。

活动三　认识拍摄设备——数码单反照相机

活动描述

对佳能700D数码单反照相机进行装机及格式化存储卡，并设置拍摄照片的大小、拍摄模式、对焦和测光模式、光圈快门与ISO（感光度）、控制白平衡。

操作步骤

步骤1：装机佳能700D数码单反照相机

（1）安装佳能700D数码单反照相机套机镜头（EF-S18-55毫米1：3.5-5.6）。首先将镜头卡口侧面的白色正方形对准照相机机身卡口上的白色正方形，然后逆时针旋转镜头，当听到“咔”的一声响，表明镜头安装完成，如图1-4所示。

图1-4　镜头安装示意图

（2）安装佳能700D数码单反照相机电池。首先打开照相机机身底部的电池仓门，然后把电池热靴头冲下推入电池仓，使电池仓锁扣锁住电池（如果电池装反，则无法将电池推入电池仓），最后关好电池仓门，如图1-5所示。

图 1-5　电池安装示意图

（3）安装佳能 700D 数码单反照相机 SD 存储卡。首先打开照相机机身侧面的存储卡仓门，然后按照仓门上的提示图将 SD 存储卡推入卡槽内（如果存储卡装反，则无法将存储卡推入卡槽），最后关好存储卡仓门，如图 1-6 所示。

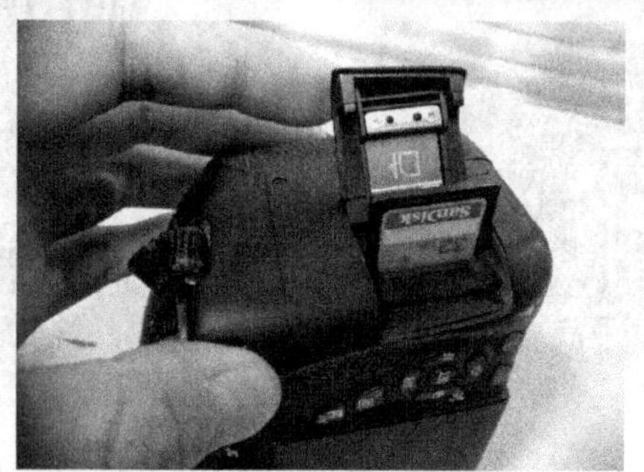

图 1-6　存储卡安装示意图

步骤 2：开机、格式化存储卡、设置拍摄照片大小

（1）开机。把照相机机身顶部的开关由 OFF 状态拨动到 ON 状态即完成开机，如图 1-7 所示。

图 1-7　照相机开机状态

（2）旋转照相机机身显示屏，使屏幕处于面朝外的状态，如图 1-8 所示。

图 1-8　旋转屏幕示意图

（3）单击照相机机身背面的“MENU”按钮进入照相机设置主菜单，如图 1-9 所示为主菜单按钮。

（4）单击照相机机身背面的左、右方向键选择主菜单。首先依次单击方向键中的右方向键，选择第七个主菜单（或者单击显示屏屏幕也可），如图 1-10 所示为子菜单选择示意图。

图 1-9　主菜单按钮

图 1-10　子菜单选择示意图

（5）单击上、下方向键选择子菜单。依次单击下方向键，选中“格式化存储卡”这个子菜单，然后单击四个方向键中间的“SET”键即可进入格式化存储卡的界面，最后单击右方向键选中“确定”键，再单击“SET”键即可完成格式化存储卡（或者单击显示屏屏幕也可），如图 1-11 所示。

（6）设置照片大小。再次单击“MENU”键，进入第一个主菜单，即可选择拍摄照片的大小（佳能 700D 默认保存格式为 JPEG 格式），如图 1-12 所示。

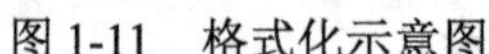

图 1-11　格式化示意图　　图 1-12　设置照片示意图

步骤 3：选择“Av”光圈优先曝光拍摄模式

佳能 700D 数码单反照相机常用的曝光拍摄模式有“M”挡手动曝光拍摄模式、“Av”挡光圈优先曝光拍摄模式、“Tv”挡快门优先曝光拍摄模式和“P”挡自动曝光拍摄模式 4 种，如图 1-13 所示。

图 1-13　佳能 700D 常用的曝光拍摄模式

（1）“M”挡就是全手动曝光拍摄模式。相机的光圈、快门、ISO、白平衡等参数都可以自主调整，如果需要背景虚化时需要大光圈，可以对光圈进行设置。需要拍摄运动的物体，可以设置快门速度。这种曝光模式的优点是全部参数都可以自主调整，适合艺术创作；缺点是如果遇到突发事件，需要相机快速拍照，则手动调整参数会浪费时间，这点不如“P”挡，不适合抓拍瞬间。

（2）“Av”挡就是所谓的光圈优先曝光拍摄模式。光圈优先能够自主控制光圈，在这种模式下，相机的测光系统会自动计算出需要的曝光值，然后根据选择的光圈大小决定快门速度。这种曝光拍摄模式的优点是适合拍摄静止的物体，能够控制景深以达到强化视觉中心的效果；缺点是如果镜头光圈不够大，则在弱光情况下需要手持拍摄，容易出现模糊的情况。

（3）“Tv”挡就是快门优先曝光拍摄模式。快门优先曝光拍摄模式能够自主控制快门速度，在这种模式下，相机测光系统计算出需要的曝光值，然后会根据自主选择的快门速度决定光圈的大小。这种曝光拍摄模式的优点是适合捕捉快速移动的物体，适合抓拍；能够节省调整曝光的时间；缺点是由于无法调整光圈的大小，所以无法自主控制景深，不能实现突出主体的效果。

（4）“P”挡就是程序自动曝光拍摄模式。它与全自动模式的区别在于全自动模式所有的参数都由相机决定，适合短暂地抓拍；缺点在于拍摄环境光线不足，ISO 过高导致照片质量较差。“P”挡虽然也属于自动模式，但是可以在该模式下自主控制 ISO 及曝光补偿等参数。这种曝光拍摄模式的优点是不用去考虑光圈以及快门等参数的搭配，只要设定好其他参数，剩下的全交给照相机。缺点是如果 ISO 没有调整好，容易出现照片曝光不准确；在相机镜头光圈比较小的情况下暗光拍摄，快门会减慢从而导致画面模糊。

综合佳能 700D 数码单反照相机以上 4 种常用拍摄模式的优缺点，产品摄影最好选择“Av”挡光圈优先曝光拍摄模式，具体方法如下：转动拍摄模式选择盘，将白色“Av”字母对准机身白色横线即为设定光圈优先曝光拍摄模式，如图 1-14 所示。

图 1-14 “Av”挡光圈优先曝光拍摄模式

步骤 4：选择自动对焦模式

（1）在佳能 700D 数码单反照相机套机镜头的侧面有选择对焦模式的滑块，分别是“AF”（自动对焦）和“MF”（手动对焦）两种，将镜头侧面的对焦模式选择滑块推到“AF”挡，即选择了自动对焦方式。如图 1-15 所示为对焦模式选择滑块。

图 1-15 对焦模式选择滑块

（2）佳能 700D 数码单反照相机的自动对焦操作有 ONE SHOT（单次自动对焦）、AI FOCUS（人工智能自动对焦）和 AI SERVO（人工智能伺服自动对焦）3 种，如图 1-16 所示。

图 1-16 自动对焦操作选择类型

ONE SHOT（单次自动对焦）：单次自动对焦适合拍摄静止主体，半按快门按钮时，相机会实现一次合焦；AI FOCUS（人工智能自动对焦）：人工智能自动对焦适合拍摄先定后动的物体的精彩瞬间；AI SERVO（人工智能伺服自动对焦）：人工智能伺服自动对焦适合拍摄快速移动的物体。商品拍摄使用 ONE SHOT 是最佳选择。

（3）单击照相机机身背部的“AF”键，即可进入自动对焦操作选择菜单，把自动对焦操作设置成 ONE SHOT 即可，如图 1-17 所示。

（4）佳能 700D 数码单反照相机的自动对焦方式有人脸追踪、自由移动多点、自由移动 1 点和快速模式 4 种。在反光板升起的状态下构图取景拍摄，前 3 种适合拍人物、风景，快速模式最适合拍摄产品，如图 1-18 所示。

（5）单击“MENU”主菜单键，打开主菜单，进入第四个主菜单，如图 1-19 所示。

图 1-17　自动对焦操作选择

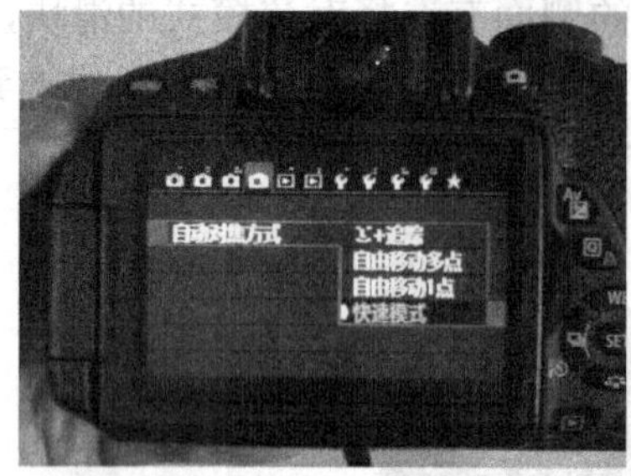

图 1-18　对焦模式

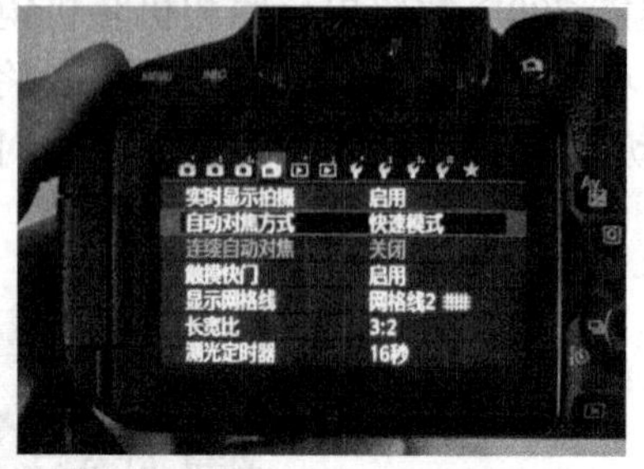

图 1-19　主菜单选择

进入第四个主菜单后，即可选择自动对焦方式，把自动对焦方式选择成“快速模式”，如图 1-20 所示。

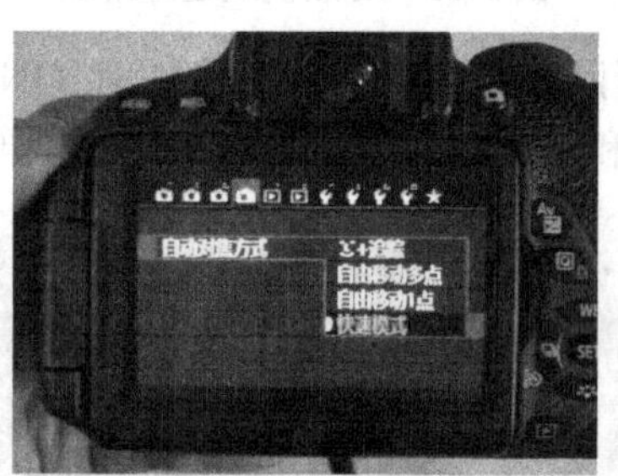

图 1-20　快速模式

（6）单击取景器右侧的反光板升起按钮，则进入反光板升起拍摄状态，然后用手指轻触屏幕上 9 个对焦点上的任何一个点，即可以用这个点对焦拍摄，如图 1-21 所示。

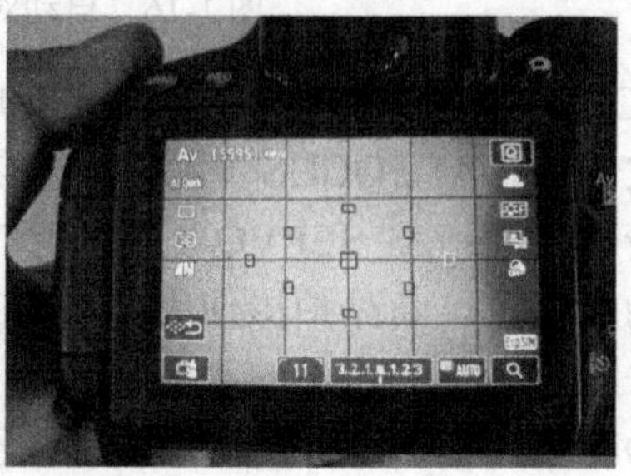

图 1-21　快速模式对焦拍摄

步骤 5：设置中央重点平均测光模式

佳能 700D 数码单反照相机的自动测光模式有评价测光、点测光、局部测光、中央重点平均测光 4 种，如图 1-22 所示。

图 1-22 四种测光模式

（1）评价测光：评价测光会将画面切割成数个区块，然后分别在各个区块进行测光，之后再平均计算出一个曝光数据。多数的数码单镜反光相机都具备这项测光功能系统，多数运用在顺光、侧光及大面积光度均匀的环境下拍摄，如多人团体照及反差较小的风景环境等。

（2）点测光：点测光占画面中央约 4%的面积，范围相当小，所以相对集中，因此很适合用来人像、微距拍摄等，以得到较精准的单一点测光。对许多专业的摄影师来说，这种测光方式最常用，不过也由于曝光的基准点较小，所以有时拍出来的落差会比较大。

（3）局部测光：局部测光占画面中央约 9%的面积，它主要是针对较大范围的平均区域所进行的测光功能，应用在生态、活动或是半身以上的人像居多。

（4）中央重点平均测光：一般而言，中央重点平均测光的设计是考量到拍摄者会将作品对焦位置摆放在中央，也因此在感光元件处理这个位置测光后，再将周围的测光参数做平均加权计算，所以在多数拍摄作品会在中央位置时，这种测光模式最常用。

商品拍摄最好使用中央重点平均测光，单击“MENU”主菜单键，打开主菜单，进入第二个主菜单，即可进行测光模式的选择。将测光模式选择成中央重点平均测光模式，如图 1-23 所示。

（a）主菜单选择

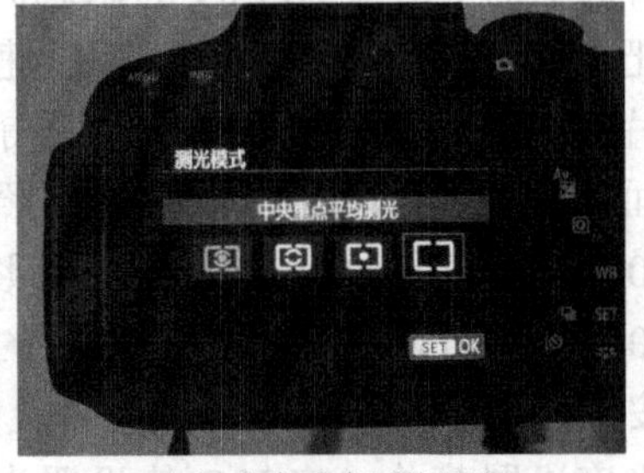

（b）中央重点平均测光

图 1-23 在主菜单中选择中央重点平均测光

步骤 6：设置光圈与快门

（1）产品拍摄最好使用“Av”挡手动曝光拍摄模式。在这种拍摄模式下，可以自主控制光圈大小，特别是拍摄大件商品时，光圈不宜过大，否则会导致景深变小，画面中除焦点外的区域容易出现虚化的现象，而要很好地展示大件商品的全貌，光圈控制在 f8 比较合适，因为光圈小拍摄出来的照片锐度相对较高，景深较大，商品全部细节都可以展示得比较清晰。

（2）选择“Av”挡手动曝光拍摄模式后，升起反光板就可以进行取景构图，这时转到多功能转盘即可控制光圈的大小，向左侧转动光圈变大，反之光圈变小，如图 1-24 所示。

图 1-24　设置光圈大小

（3）将光圈调整为 f8，这时半按快门键，即可完成对焦、测光和快门设定。照相机会根据自动测光的结果，自动调整快门速度以达到正确的曝光，如图 1-25 所示。

图 1-25　自动识别快门速度

步骤 7：设置 ISO

（1）照相机中的 ISO 是感光度的意思。在光线比较暗的情况下把 ISO 值调高，可以提高快门速度和手持相机拍摄的出片率。高的 ISO 会使照片变得粗糙，低的 ISO 会使画面细腻。佳能 700D 数码单反照相机的 ISO 值从 100、200、400 直到 12800。产品摄影最好把 ISO 值设置为 100，这样可以很好地表现产品的质感。

（2）半按快门键后，单击照相机机身上的“ISO”键即可进入感光度设置菜单，将 ISO 值设置为 100 即可，如图 1-26 所示。

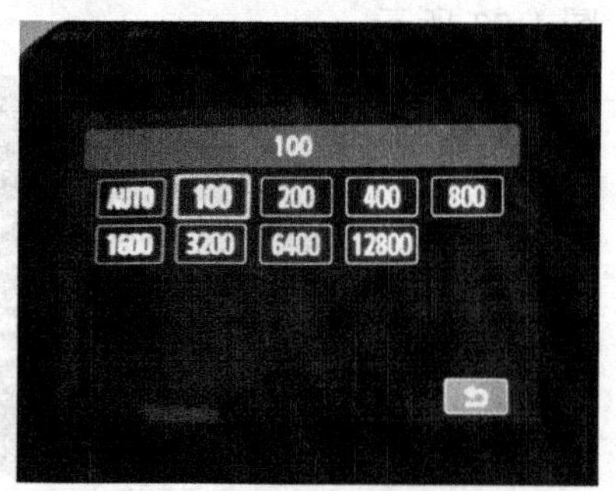

图 1-26　ISO 感光度设定

步骤 8：设置白平衡

（1）白平衡是一个很抽象的概念，最通俗的理解就是让白色所成的像依然为白色，如果白色的色彩还原正确，那其他景物的影像就会接近人眼的色彩视觉习惯。调整白平衡的过程又叫作色温控制，国际上把 5500～6000K 色温的光叫作白光，如果光源色温高于相机色温，则图像会偏向蓝色；如果光源色温低于相机色温，则图像会偏向橙红色。色温正负差 150K，肉眼是看不出来的，因此可以不做校正。

（2）佳能 700D 数码单反照相机的色温选择相对简单，有自动、日光（约 5200K）、阴影（约 7000K）、阴天（约 6000K）、钨丝灯（约 3200K）、白色荧光灯（约 4000K）、闪光灯、用户自定义 8 种，基本都是预置好的参数，如图 1-27 所示。

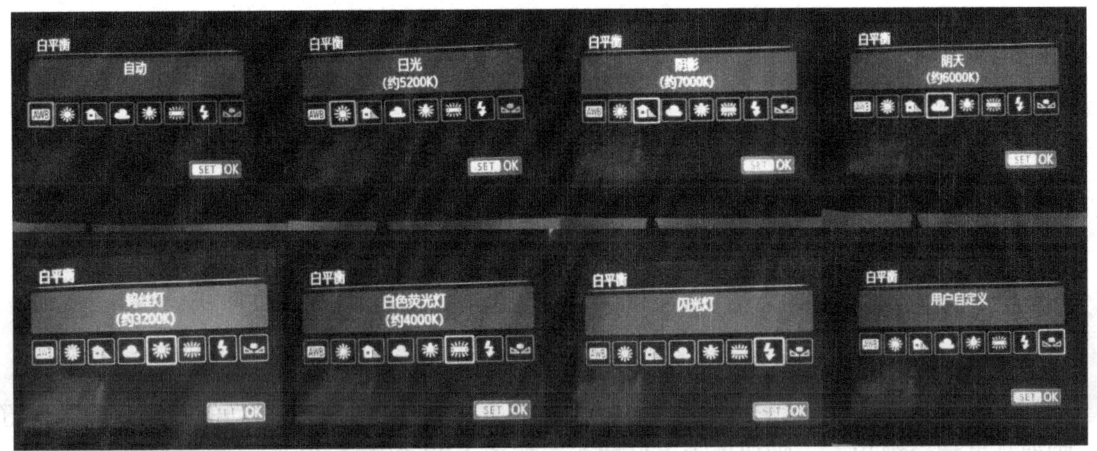

图 1-27　色温选择

（3）半按快门键后，单击照相机机身上的“WB”键即可进入白平衡设置菜单，产品摄影最好将白平衡设置为 AWB 自动模式，如图 1-28 所示。

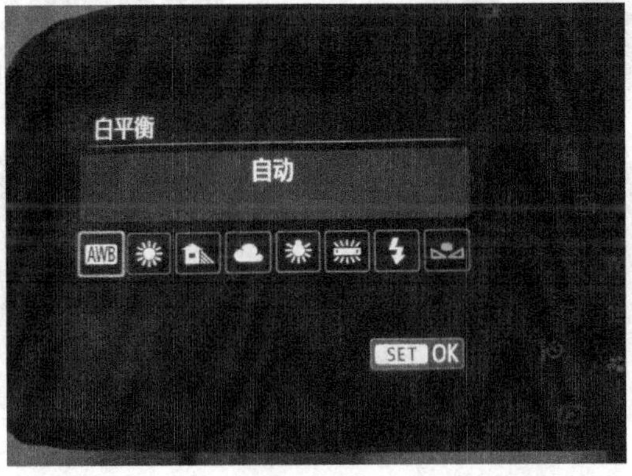

图 1-28　白平衡设置

实训

1. 练习三星 PL20 数码照相机的使用。
2. 练习佳能 700D 数码单反照相机的安装。
3. 练习佳能 700D 数码单反照相机的常用参数设置。

任务二 拍摄器材的认识

任务描述

1. 了解三脚架的功能，掌握三脚架的使用方法。
2. 了解简易影棚的功能，掌握简易影棚的使用方法。

任务实施

活动一 认识照相机三脚架

活动描述

支撑三脚架，调整三脚架高度、水平尺，固定照相机，准备拍摄。

操作步骤

步骤1：调整三脚架高度

抠开三脚架高度调节锁扣，拉出三脚架缩进去的支撑腿，调节适当的拍摄高度，锁好三脚架高度调节锁扣，三脚架处于支好状态，如图1-29和图1-30所示。

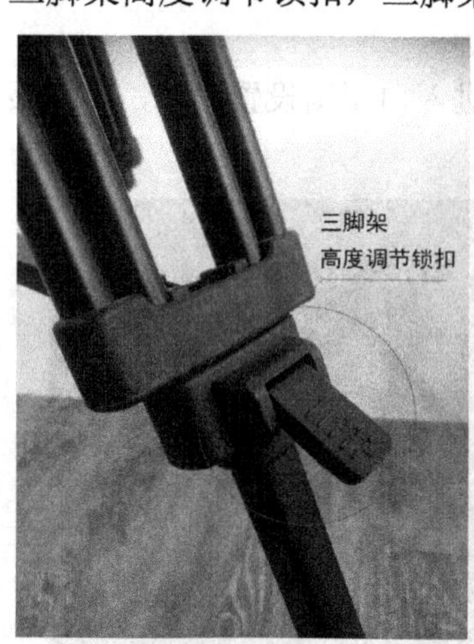

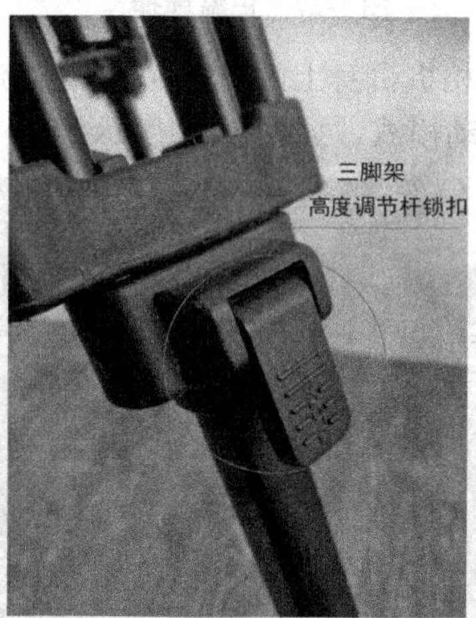

图1-29 三脚架高度调节锁扣

图1-30 三脚架支好状态

步骤2：调整三脚架机位角度调节杆

使用者按照自己的习惯，可将三脚架机位角度调节杆锁扣安装在三脚架的左侧或右侧，并根据自身身高调整高度，最后固定调节杆锁扣，如图1-31所示。

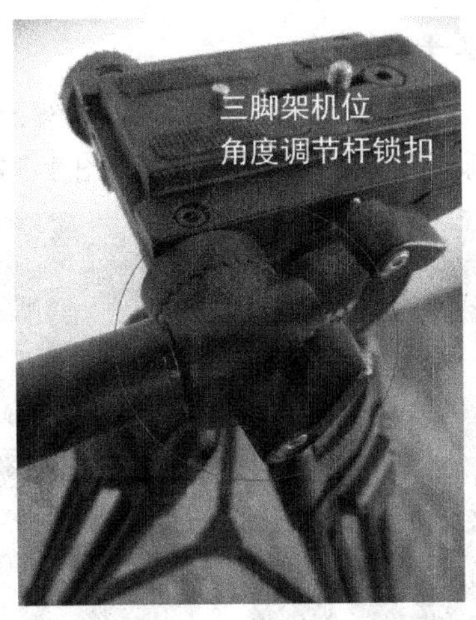

图 1-31 调节杆锁扣

步骤 3：安装照相机

（1）把三脚架底板固定锁扣拧松，从三脚架上取下底板，然后将底板安装在照相机的底部，用硬币将连接螺丝拧紧，保证底板与相机底部垂直，如图 1-32 所示。

图 1-32 保证底板与相机底部垂直

（2）把装好底板的照相机安装在三脚架上，拧紧底板固定锁扣，如图 1-33 所示。

图 1-33 把装好底板的照相机安装在三脚架上

步骤 4：调整三脚架处于水平状态

拧松三脚架水平调节锁扣，转动云台位置，仔细观察云台水平标尺状态，当水平珠与水平标尺中心对齐时，拧紧三脚架水平调节锁扣，如图 1-34 所示。

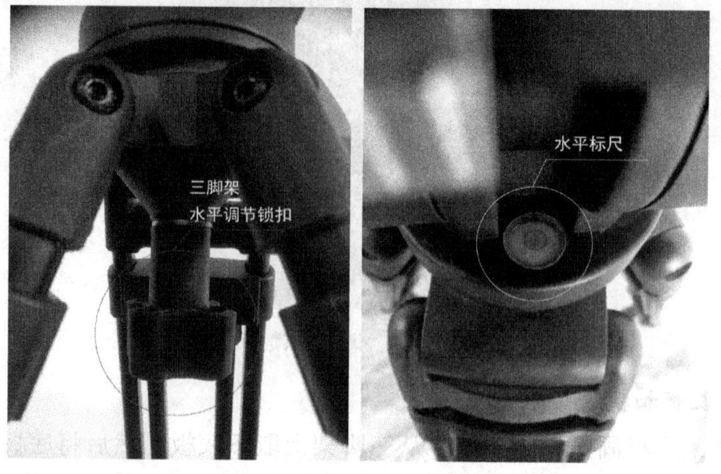

图 1-34　水平调整示意图

注意：在电子商务技术大赛中，组委会一般会提供金银反光板和回转四灯头柔光箱进行辅助拍摄，如图 1-35 和图 1-36 所示。

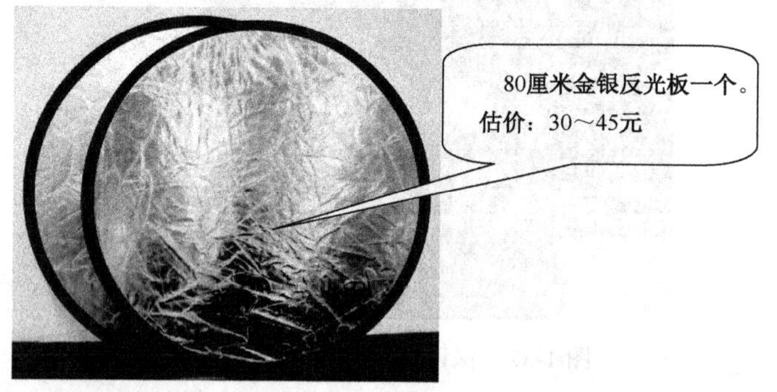

图 1-35　金银反光板

图 1-36　回转四灯头柔光箱

活动二　认识简易影棚

活动描述

组装简易影棚，连接灯光电源，调整灯光角度，准备拍摄。

操作步骤

步骤 1：组装简易影棚

（1）按照产品说明书组装简易影棚框架，如图 1-37 所示。

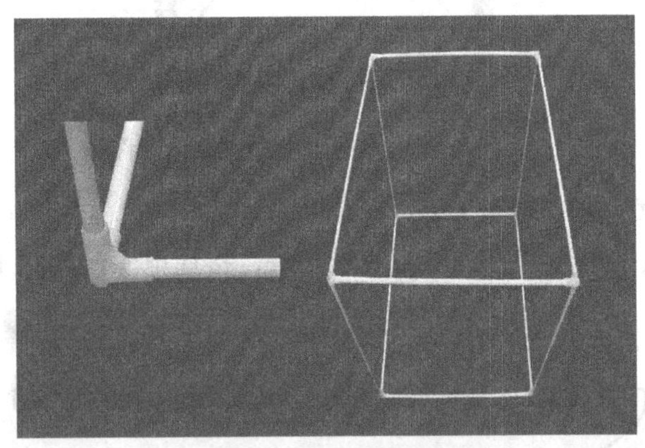

图 1-37　简易影棚框架图

（2）给简易影棚安装反光外衣，如图 1-38 所示。

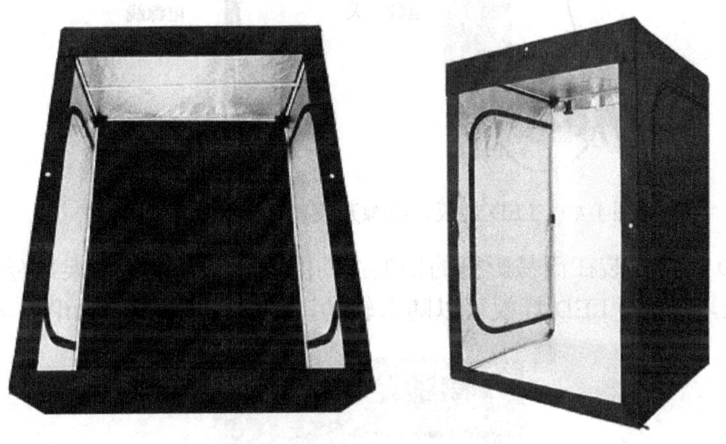

图 1-38　安装简易影棚外衣示意图

步骤 2：安装简易影棚背景板

根据拍摄物品的颜色和材质，选择适当颜色的背景板，用固定夹将其固定在影棚里面的后背上，如图 1-39 所示。

图 1-39　安装简易影棚背景板示意图

步骤 3：安装灯光，调整照片角度

（1）把 LED 灯板、电源开关、电源线连接好，接通电源，如图 1-40 所示。

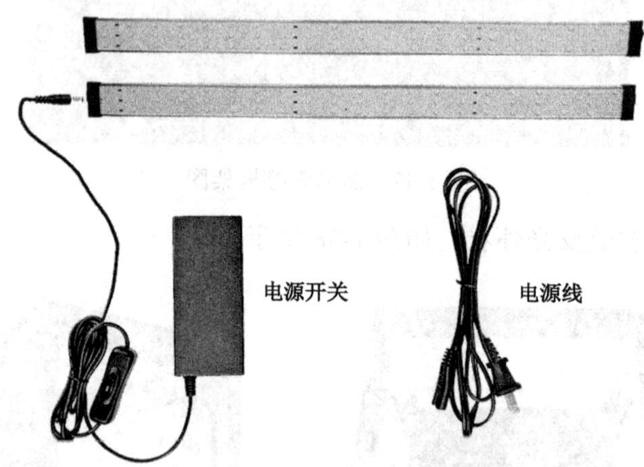

图 1-40　LED 灯板、电源开关、电源线连接示意图

（2）将 LED 灯板安装在简易影棚的框架上，由于简易影棚的框架是金属材质的，LED 灯板后面有磁铁，因此，LED 灯板可以随意转动，调整灯光角度，如图 1-41 所示。

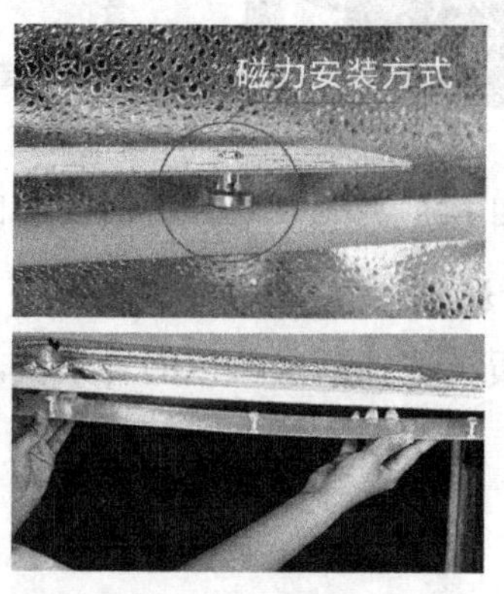

图 1-41　安装 LED 灯板示意图

实训

1. 练习三脚架的使用方法。
2. 练习简易影棚的使用方法。

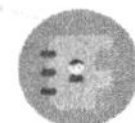

项目评价

项目评价标准

等级	等级说明	评价
一级任务	能自主完成项目所要求的学习任务	合格（不能完成任务定为不合格等级）
二级任务	能自主、高质量地完成拓展学习任务	良好
三级任务	能自主、高质量地完成拓展学习任务，并能帮助别人解决问题	优秀

项目评价表

项目	评价内容	分值	评分				所占价值	项目得分
			自评（30%）	组评（40%）	师评（30%）	得分		
职业能力	了解拍摄环境	10					60%	
	认识拍摄设备——数码相机	15						
	掌握数码单反照相机的安装	15						
	掌握数码单反照相机的常用参数设置	30						
	掌握三脚架的使用方法	20						
	掌握简易影棚的组装与调整	10						
	合计	100						
通用能力	合作能力	20					40%	
	沟通能力	10						
	组织能力	10						
	活动能力	10						
	自主解决问题能力	20						
	自我提高能力	10						
	创新能力	20						
	合计	100						

项目总结

本项目介绍了商品图片的拍摄环境、拍摄设备及常用拍摄器材。重点介绍了数码单反照相机基本参数的设置与使用及三脚架和简易影棚的调整与安装，能使学生在了解商品图片拍摄环境的同时，掌握拍摄硬件设备的基本使用。

项目拓展

任务一：了解拍摄环境。
任务二：掌握拍摄设备——三星 PL20 数码照相机的使用。
任务三：掌握拍摄设备——佳能 700D 数码单反照相机的常用参数设置。
任务四：掌握三脚架和简易影棚的使用方法。

项目 2

不同种类的商品图片拍摄、美化及宣传图片设计

项目综述：如何将商品拍摄得更漂亮是首先要关注的问题，这个问题并不像想象的那么简单，拍摄者经常会遇到各种各样的问题，比如背景杂乱令主体不鲜明、光线反射令物品不清晰等。因此，使用的商品照片必须明确表现出商品的色彩、形状、材质等内容。

拍摄背景：由于简洁的背景能烘托主体，所以一般选用白色背景。

商品颜色：买家在购买商品时无法看到真实的商品，只能根据卖家提供的照片来判断，所以准确地呈现出商品的真实颜色非常重要。如果白平衡设置有误，商品就会产生色差，这就要求拍摄者熟练掌握相机的各项参数设置。

辅助器材：金属、镜子、玻璃等能反射光的物体将周围环境映射在物体表面，所以这些商品被称为“反射物”。可以灵活地运用反光板使被拍摄商品更具内涵。同时，为了得到更清晰的商品图片，还需要使用三脚架进行防抖拍摄。

微距拍摄：为了更好地展现被拍摄商品的材质、颜色、特性等，选用微距模式进行拍摄是非常合适的。

本项目结合近年来电子商务技能大赛关于商品图片拍摄、美化的要求，前 7 个任务选用三星 PL20 数码相机对 7 类不同材质的商品进行图片拍摄、美化及宣传图片设计。第 8 个任务选用佳能 700D 数码单反照相机对大件商品进行图片拍摄、美化及宣传图片设计。

项目目标

掌握不同材质的商品图片的拍摄技巧。

能使用相关软件对商品图片进行美化处理。

能进行商品宣传图片的设计。

项目探究

经过第一个项目的学习，了解了拍摄环境、认识了拍摄设备及相关拍摄器材，为商品图片的实拍、美化奠定了一定的基础。本项目重点学习商品图片的拍摄、美化处理及宣传图片设计。

项目实施

本项目通过完成 8 个任务，使学生初步掌握商品图片的拍摄、美化处理及宣传图片设计。

任务一 木质类商品图片拍摄、美化及宣传图片设计——毛笔

任务描述

1．以拍摄毛笔为例，练习拍摄木质类商品图片、美化商品图片及宣传图片设计。
2．通过完成任务，初步掌握木质类商品图片拍摄、美化及宣传图片设计。

任务实施

活动一 木质类商品图片拍摄——毛笔

活动描述

拍摄木质类商品——毛笔。

操作步骤

步骤 1：拍摄前准备——相机设置

微距模式/闪光灯（关闭）/开启防抖功能/Ev（曝光值）0/自动白平衡/对焦区——中心 AF（也可以选用程序模式或智能模式）。

步骤 2：布光与布景

木质类商品的拍摄，以毛笔为例，为了突出毛笔的笔杆材质与笔头材质，要使用金色反光板进行打光，使毛笔给人的第一感觉就是颜色明亮，突出整体流畅的外轮廓。

如果柔光箱为四灯头的，需要关闭两个灯头，避免光线太强，应使用侧打光方式进行布光，照相机在靠近毛笔笔尖处进行拍摄，采用斜上方俯视的拍摄角度。

具体拍摄和布景请参考图 2-1 与图 2-2 所示。

图 2-1 拍摄示意图

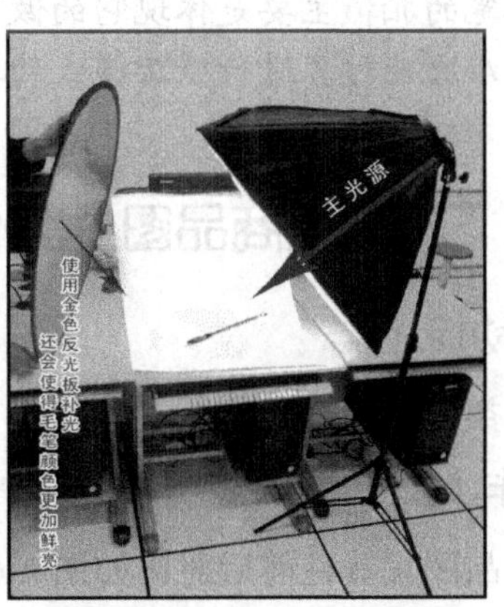

图 2-2 具体布景图

注意：在实际拍摄过程中，如果觉得商品缺少影子就没有真实感，可以利用 A4 纸进行适当遮光达到拍摄目的。

步骤 3：商品摆放及拍摄

细节一：要注意对毛笔的细节部分进行细致拍摄，以体现它的做工精细，如图 2-3 所示。

细节二：要注意对笔杆连接处进行重点刻画，以让人感受到此商品的做工，如图 2-4 所示。

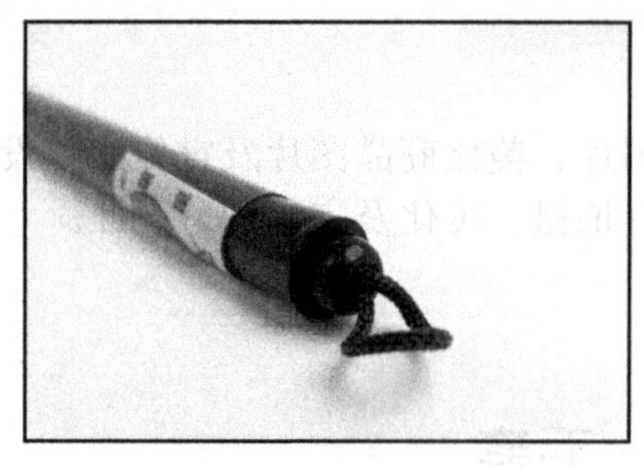

图 2-3　细节拍摄

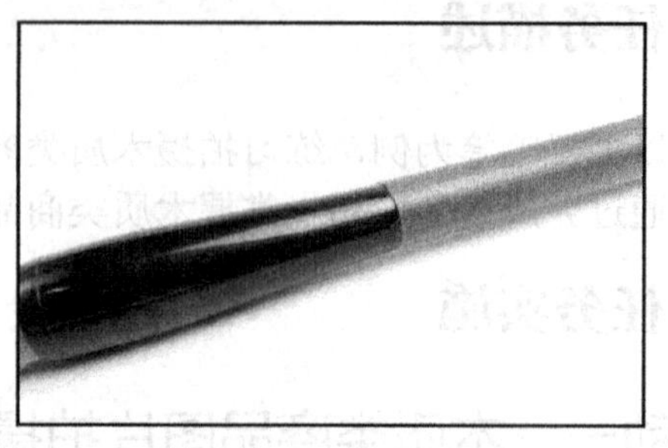

图 2-4　笔杆连接处拍摄

细节三：好的毛笔，它的毛发材料一定要好，笔锋很重要。所以我们在拍摄前一定要整理好笔锋，可以用水将笔头沾湿整理好形状。在拍摄时切记不要横平竖直地拍，一定要记住空间透视关系，近大远小、近实远虚。可以将想要强调的商品部分放置于靠近镜头处进行重点刻画，如果掌握好，卡片机也能拍摄出单反的效果，如图 2-5 所示。

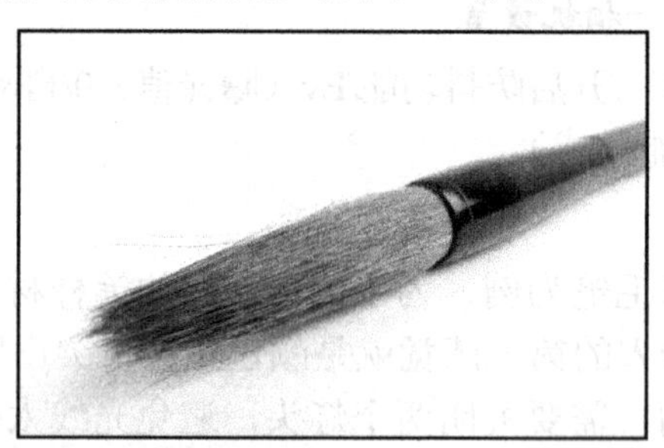

图 2-5　笔锋拍摄

总结：毛笔的拍摄主要是体现它的做工精良、笔杆刚劲有力、笔尖毛发的匀称等，所以重点是要分层次地对其进行微距模式的拍摄。此外，像这种细长的商品，可以采用局部对角线的构图方式进行拍摄。

活动二　木质类商品图片美化——毛笔

活动描述

美化木质类商品图片。

操作步骤

木质类商品图片美化前后对比如图 2-6 和图 2-7 所示。

图 2-6 美化前的图片

图 2-7 美化后的图片

操作提示

（1）分析素材照片存在的问题，并根据设计需要选择截取恰当位置。

（2）使用 Photoshop 软件中的修图功能对素材照片进行美化。

（3）将想要体现出来的细节部分加强。

步骤 1：分析素材照片存在的问题

从素材照片可以看出，由于拍摄问题导致照片整体模糊，无法将毛笔狼毫材质的质感体现出来，如图 2-6 所示。

步骤 2：使用 Photoshop 对素材照片进行美化

针对分析素材照片存在的问题，可以用 Photoshop 软件中的锐化滤镜对图片素材进行修改。

选择滤镜—锐化—USM 锐化，参数设置如图 2-8 所示。

步骤 3：细节加强

通过步骤 1 和步骤 2 的分析处理，得到的图像已经基本达到使用要求，但是为了具有更好的图片效果，可以对画面的细节进行进一步处理。

通过观察图片，可以看到在毛笔笔锋处有几根多余的毛发存在，使用 Photoshop 软件中的仿制图章工具进行修改，最终效果如图 2-9 所示。

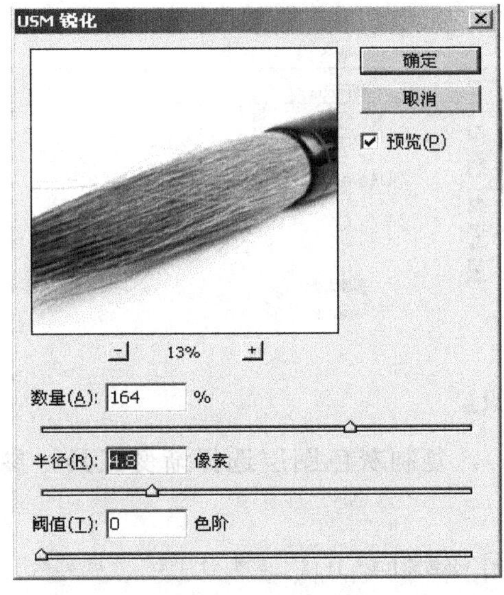

图 2-8 参数设置

图 2-9 最终效果图

活动三 木质类商品宣传图片设计——毛笔

活动描述

木质类商品宣传图片设计。

操作步骤

木质类商品宣传效果图如图 2-10 所示。

图 2-10 宣传效果图

操作提示

（1）绘制宣传图主背景，确定整体画面风格。

（2）根据商品特性确立绘图风格。

（3）添加文字以及图形信息，并进行微调。

步骤 1：绘制宣传图主背景，确定整体画面风格

（1）新建文件，具体参数设置如图 2-11 所示。

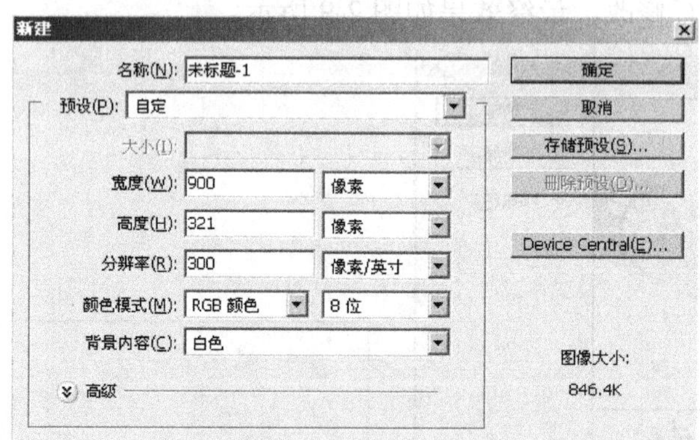

图 2-11 参数设置

（2）在背景图层填充灰色（色值为#bebcbc），复制灰色图层选择渐变工具，参数设置如图 2-12 所示。

图 2-12 渐变工具参数设置

（3）在复制灰色图层中进行多次拖曳，直至出现如图2-13所示效果后，选择滤镜—风格化—浮雕效果，参数设置如图2-14所示，选择图像—调整—色阶，参数设置如图2-15所示。

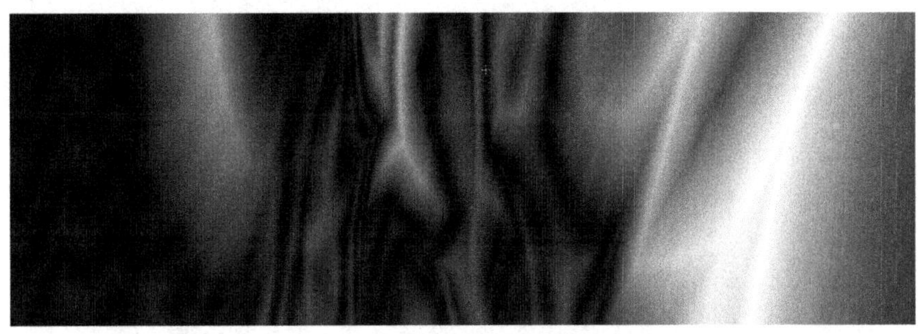

图2-13　多次拖曳后的效果图

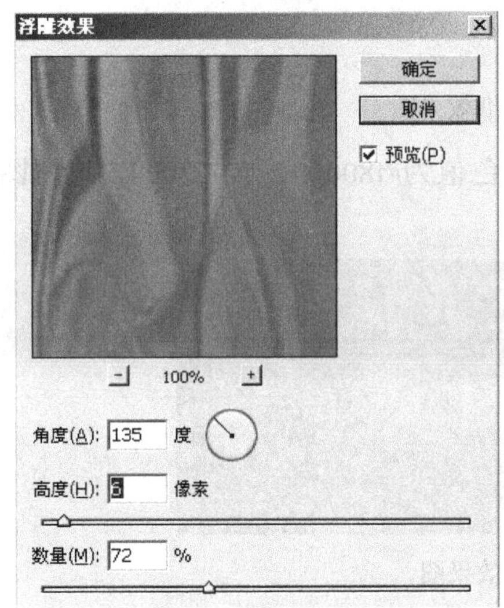

图2-14　浮雕效果参数设置

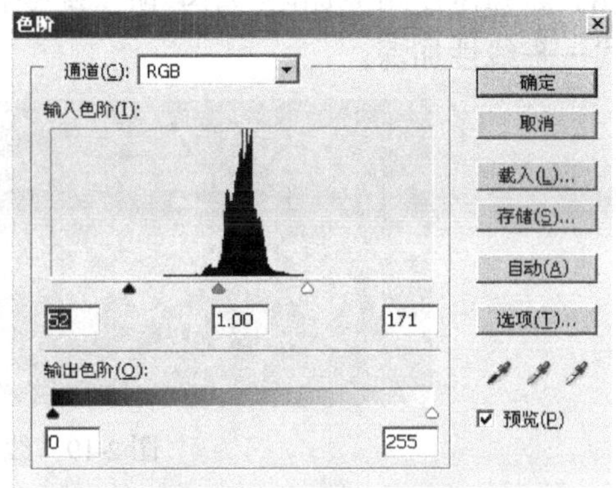

图2-15　色阶参数设置

完成后的效果如图2-16所示。

图2-16　效果图

（4）设置图层混合模式——滤色后得到皱纹纸效果如图2-17所示。

（5）新建图层并填充黄色（色值为#bebcbc），设置图层混合模式——点光后得到皱纹纸效果如图2-18所示。

图 2-17　皱纹纸效果图

图 2-18　点光后皱纹纸效果图

（6）新建图层填充如图 2-19 所示渐变背景（色值为#f80000～#470000），设置图层混合模式——线性加深。

图 2-19　线条加深效果图

（7）选择画笔工具并适当减少透明度，绘制出如图 2-20 所示的树枝图形。

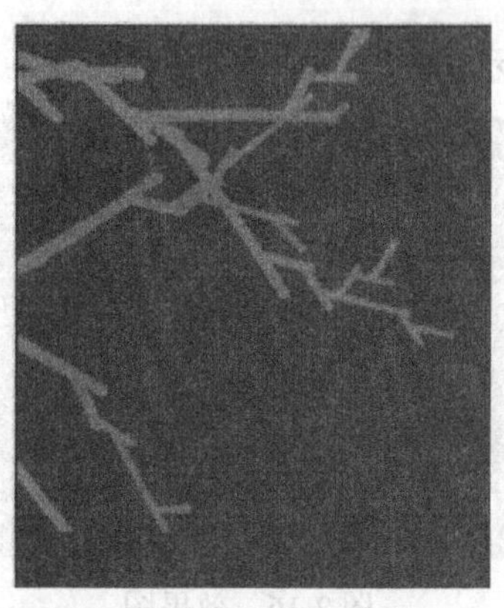

图 2-20　树枝图形效果图

（8）选择画笔工具（柔角笔触）绘制出如图 2-21 所示线条，并用涂抹工具对线条进行涂抹，使其产生墨汁在水中匀染开的效果，如图 2-22 所示。

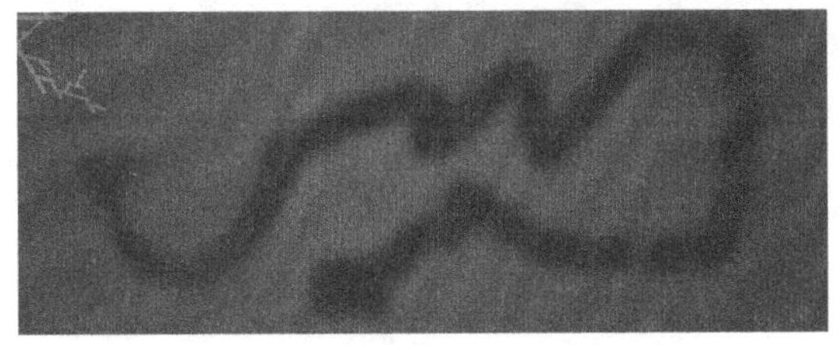

图 2-21　柔角笔触绘制出的效果图

图 2-22　产生墨汁在水中匀染开的效果图

步骤 2：根据商品特性确立绘图风格

（1）使用文字工具在图中输入“墨色”两个字，并调节大小，为其添加红色外发光图层样式，参数设置如图 2-23 所示，效果如图 2-24 所示。

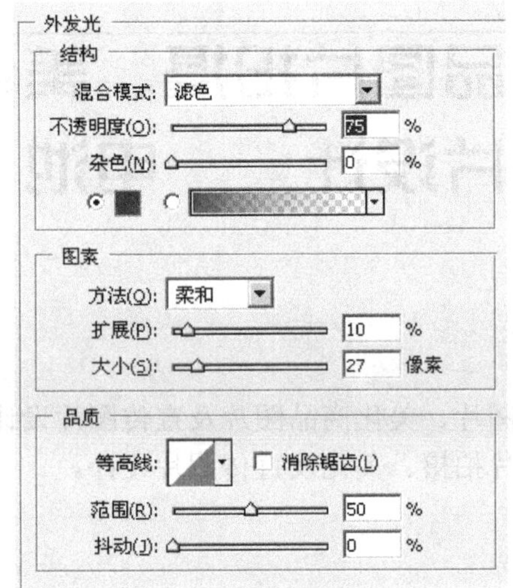

图 2-23　参数图

图 2-24　添加红色外发光图层样式的效果图

（2）将毛笔素材图片拖入文件中放置合适位置，并设置图层混合模式——变暗。

步骤 3：添加文字以及图形信息，并进行微调

在图片中输入商品的文字信息，并进行字体的大小设置，调节至适当位置，最终效果如图 2-25 所示。

图 2-25　最终效果图

应用技术：

（1）图层混合样式。

（2）画笔工具。

（3）涂抹工具。

实训

1. 选择商品——木质衣架或木梳进行拍摄。
2. 对拍摄的图片进行美化处理。
3. 对商品进行宣传图片设计。

任务二　金属类商品图片拍摄、美化及宣传图片设计——电池

任务描述

1. 以拍摄电池为例，练习拍摄金属类商品图片、美化商品图片及宣传图片设计。
2. 通过完成任务，初步掌握金属类商品图片拍摄、美化及宣传图片设计。

任务实施

活动一　金属类商品图片拍摄——电池

活动描述

拍摄金属类商品——电池。

操作步骤

步骤1：拍摄前准备——相机设置

微距模式/闪光灯（关闭）/开启防抖功能/Ev(曝光值)-1/自动白平衡/对焦区——中心AF。

步骤2：布光与布景

选择一张干净的白色背景纸，始终保持纸面的整洁。将清理干净的一组电池放在上面，并按照自己的意图给电池造型。将电池摆好造型后，在电池的侧后上方放置一盏大面积的柔光箱，柔光箱成45°角照射，并且小幅度地调整主灯的位置，以表现金属的质感。

主灯调整好以后，如果觉得画面较暗，可以在电池的正面位置放置一个简易反光板，可以降低画面的反差，增加画面的亮度。

具体布景请参考拍摄示意图2-26所示。

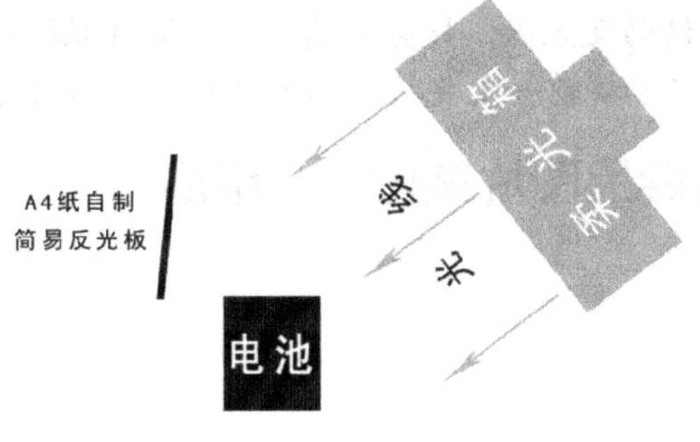

图 2-26 拍摄示意图

步骤 3：商品摆放及拍摄

先试拍几张，再根据拍摄的画面适当做出调整。用金银反光板为电池主体增加高光，这样电池的金属部分看起来更加具有质感，在画面中更具立体感，拍摄效果如图 2-27 和图 2-28 所示。

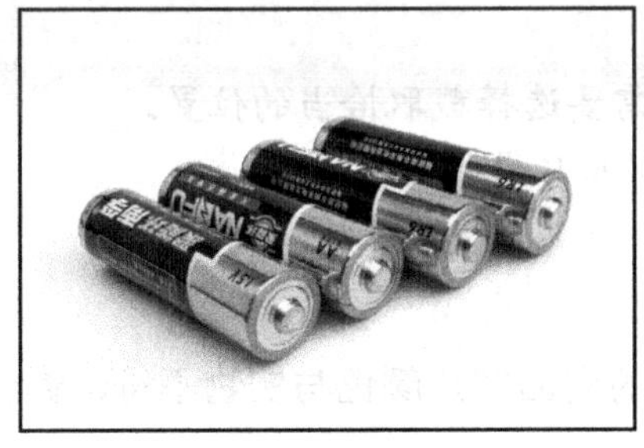

图 2-27 商品拍摄效果图 1

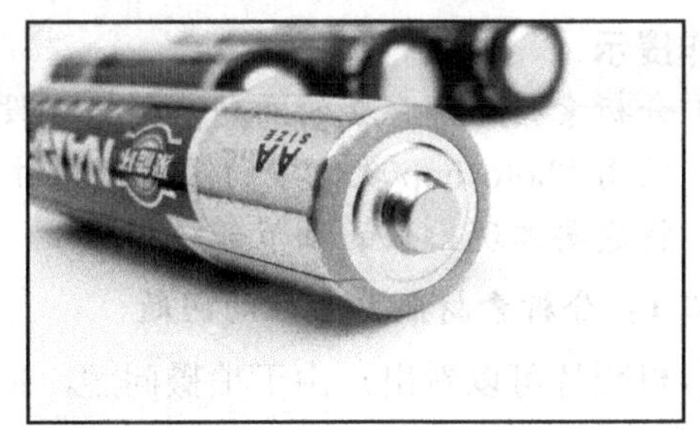

图 2-28 商品拍摄效果图 2

拍摄电池也像拍摄其他商品一样，要注意细节的拍摄，电池的各部分细节以及电池上的 LOGO 等，都要清楚地展现出来。

拍摄金属电池的时候一定要保持其表面清洁，因为它有很强的反光效果，指纹和灰尘很容易被照相机记录下来，所以在操作的时候，一定要将其擦拭干净。

可以用手拿住商品，既可以向购买者展示商品尺寸，又可以丰富画面的整体感觉，拍摄效果如图 2-29 所示。

图 2-29 商品拍摄效果 3

总结：拍摄时一定要借助反光板，提亮金属高光，这样拍摄的金属电池表面就会有很好的金属光泽效果，切记在拍摄前一定要将商品擦拭干净，不留污物。

活动二　金属类商品图片美化——电池

活动描述

美化金属类商品图片。

操作步骤

金属类商品图片美化前后对比如图 2-30 和图 2-31 所示。

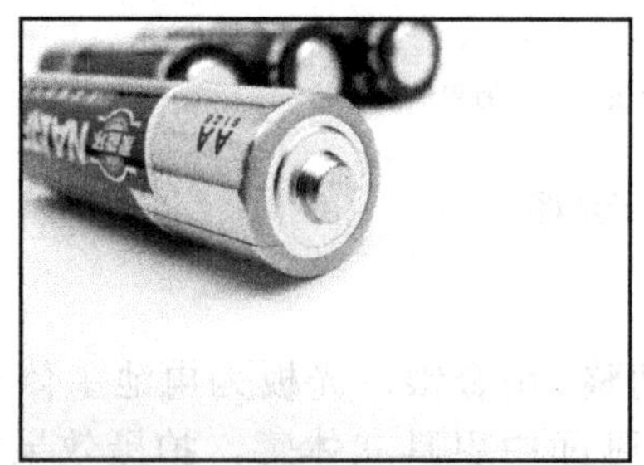

图 2-30　美化前的图片

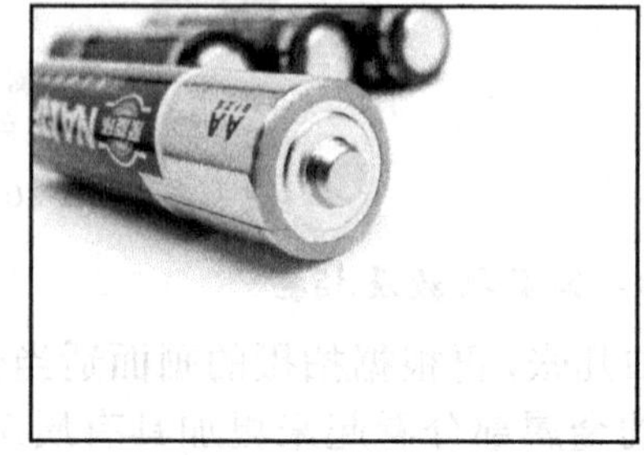

图 2-31　美化后的图片

操作提示

（1）分析素材照片存在的问题，并根据设计需要选择截取恰当的位置。

（2）使用 Photoshop 软件中的修图功能对素材照片进行美化。

（3）将想要体现出来的细节部分加强。

步骤 1：分析素材照片存在的问题

从素材照片可以看出，由于拍摄问题，拍摄的商品图片颜色与实物不符，偏青色，如图 2-30 所示。

步骤 2：使用 Photoshop 对素材照片进行美化

综合步骤 1 所述问题，可以用 Photoshop 软件中的相关功能对图片素材进行修改。

（1）复制商品图层，选择图像—调整—亮度/对比度，拖动控制柄，看到主体背景颜色变白即可。如图 2-32 所示。

（2）选择橡皮工具（E），选中（1）中图层进行擦除（只擦除金属电池部分），如图 2-33 所示。

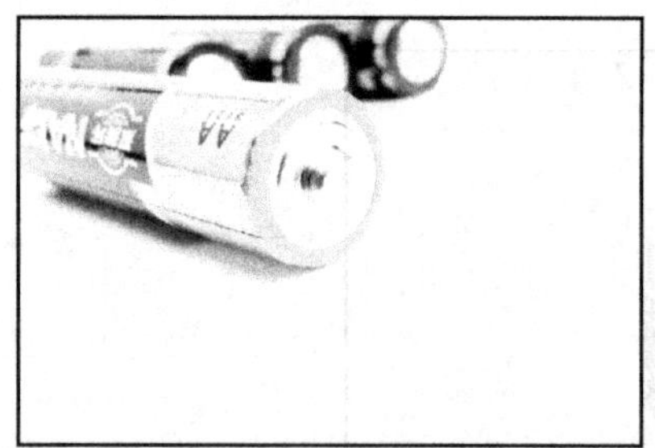

图 2-32　拍摄效果图

图 2-33　修改效果图

擦除完毕的效果如图 2-34 所示。

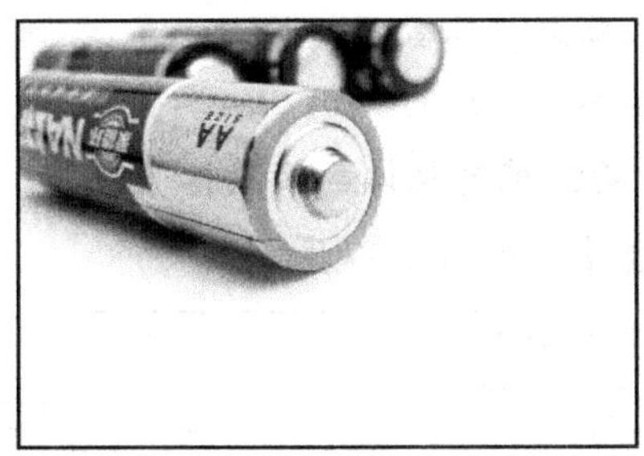

图 2-34 美化后的图片

步骤 3：细节加强

通过步骤 1 和步骤 2 的分析处理，就得到可以使用的商品图片了，但是要起到宣传作用，还需要在图片上进行细微的调整，添加商品细节描述等信息，如图 2-35 所示。

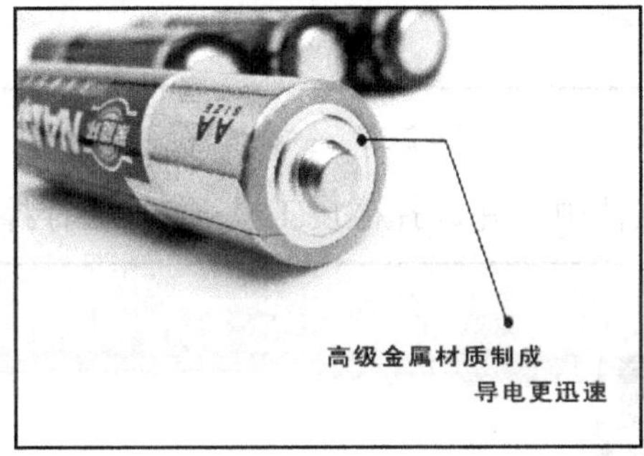

图 2-35 调整后效果图

活动三 金属类商品宣传图片设计——电池

活动描述

金属类商品宣传图片设计。

操作步骤

金属类商品宣传效果图如图 2-36 所示。

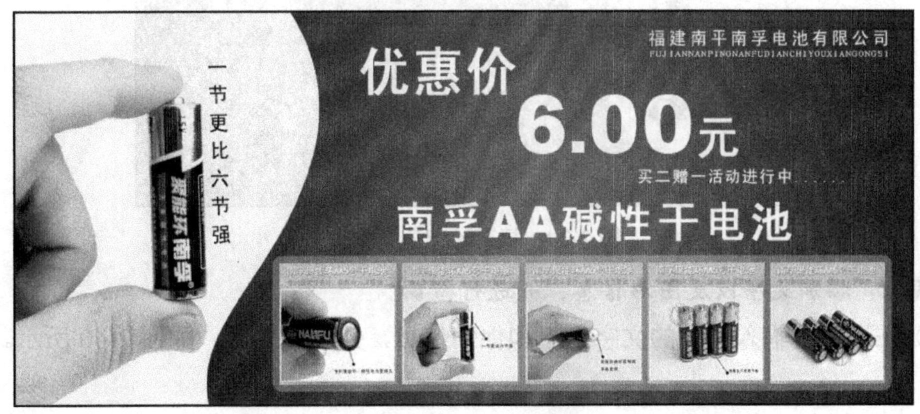

图 2-36 宣传效果图

操作提示

（1）绘制宣传图主背景，确定整体画面风格。

（2）添加文字以及图形信息，并进行微调。

步骤 1：绘制宣传图主背景，确定整体画面风格

（1）新建文件，具体参数设置如图 2-37 所示。

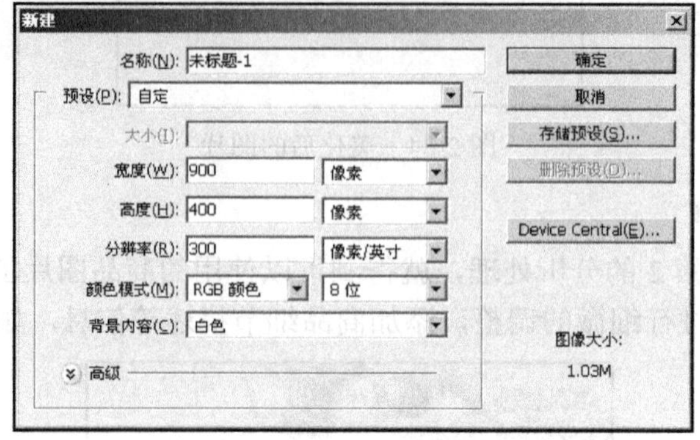

图 2-37　参数设置

（2）将素材图片拖入文件中，并选择橡皮工具（E）进行擦除，效果如图 2-38 所示。

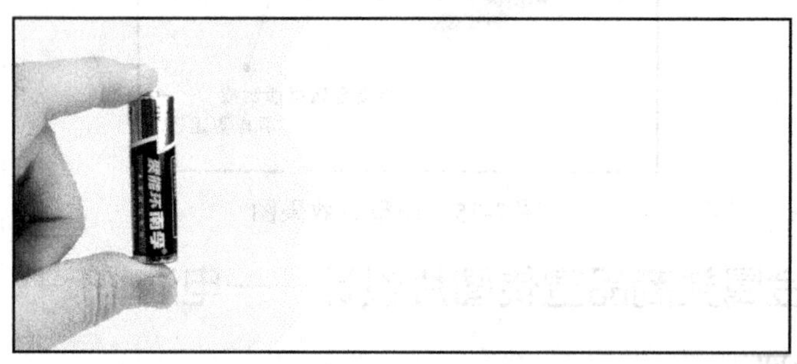

图 2-38　修改效果图

（3）新建图层，选择钢笔工具（P）绘制形状，并填充径向渐变，效果如图 2-39 所示。

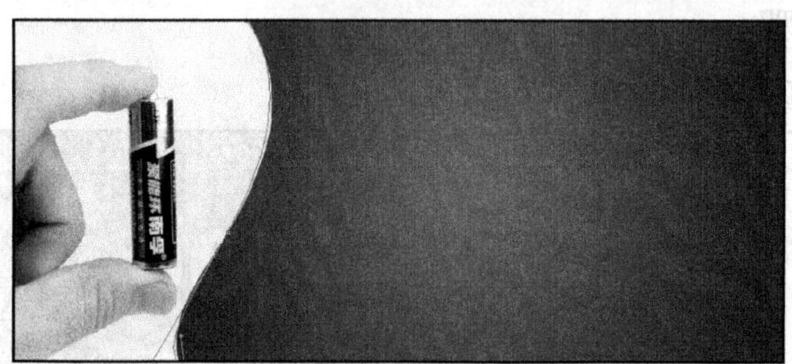

图 2-39　填充径向渐变效果图

步骤 2：添加文字以及图形信息，并进行微调

（1）在图片中输入商品的文字信息和促销信息，并进行排版，如图 2-40 所示。

图 2-40　修改效果图 1

（2）绘制圆角矩形，设置不透明度为 32%，如图 2-41 所示。

图 2-41　修改效果图 2

（3）将设计者自行设计的商品细节小图拖入其中并排版，如图 2-42 所示。

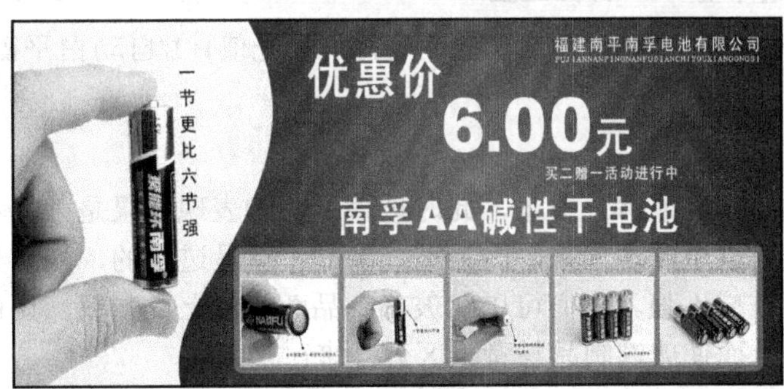

图 2-42　最终效果图

应用技术：

（1）钢笔工具。

（2）自定义图形。

（3）渐变。

实训

1. 选择商品——金属挂钩进行拍摄。
2. 对拍摄的图片进行美化处理。
3. 对商品进行宣传图片设计。

任务三 玻璃类商品图片拍摄、美化及宣传图片设计——灯泡

任务描述

1．以拍摄灯泡为例，练习拍摄玻璃类商品图片、美化商品图片及宣传图片设计。

2．通过完成任务，初步掌握玻璃类商品图片拍摄、美化及宣传图片设计。

任务实施

活动一 玻璃类商品图片拍摄——灯泡

活动描述

拍摄玻璃类商品——灯泡。

操作步骤

步骤 1：拍摄前准备——相机设置

微距模式/闪光灯（关闭）/开启防抖功能/Ev(曝光值)+1/自动白平衡/对焦区——中心AF。

步骤 2：布光与布景

在拍摄时，选用明亮或深色背景，此时玻璃制品的表现效果是截然不同的。利用反光板，使玻璃制品从背景中浮现出来。因为玻璃制品主体是透明的，如果光是放在黑色的背景纸上拍摄，其存在感不强。我们可以在玻璃制品两侧放上反光板，让白色反光板将光反射在玻璃制品上，从而使玻璃制品与背景区分开来。

具体布景请参考图 2-43 与图 2-44 所示。

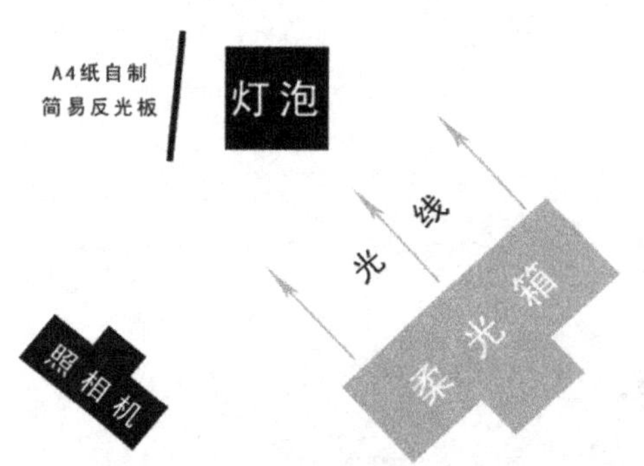

图 2-43 拍摄示意图

图 2-44 具体布景图

注意：在拍摄过程中，我们可以根据拍摄要求，使用 A4 打印纸自行制作简易反光板

或者柔光罩，如图 2-45 和图 2-46 所示。

图 2-45 自制简易反光板

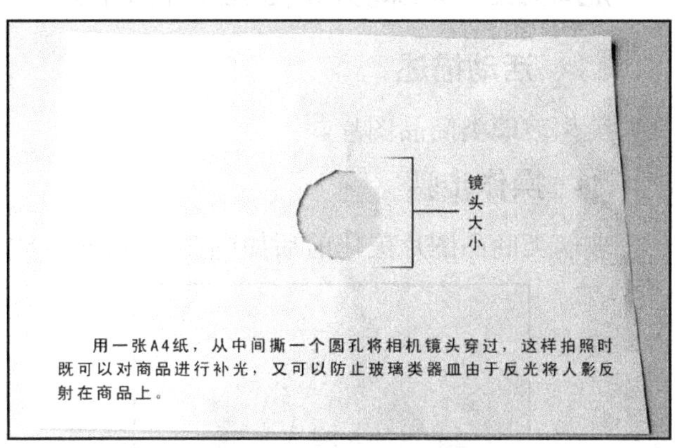

图 2-46 自制柔光罩

步骤 3：商品摆放及拍摄

在拍摄灯泡时，应注意金属灯头的拍摄，要展现出它的金属光泽并且注意灯头与玻璃的全景拍摄，如图 2-47 所示。

拍摄时要注意玻璃材质的通透程度，清除商品上的污物并且回避那些不可避免的以及影响整体画面和谐的瑕疵，有时为了更好地向购买者展示灯泡的尺寸轮廓，可以用手握住灯泡进行拍摄，也可达到很好的拍摄效果，如图 2-48 所示。

图 2-47 商品拍摄效果图 1

图 2-48 商品拍摄效果图 2

拍摄成品展示，如图 2-49 和图 2-50 所示。

图 2-49 商品拍摄效果图 3

图 2-50 商品拍摄效果图 4

总结：拍摄时一定要借助反光板，将灯泡的玻璃部分与背景分隔开，这样拍摄的透明灯泡就会有种晶莹剔透的感觉，切记在拍摄前一定要将商品擦拭干净，不留污物。

活动二　玻璃类商品图片美化——灯泡

活动描述

美化玻璃类商品图片。

操作步骤

玻璃类商品图片美化前后如图 2-51 和图 2-52 所示。

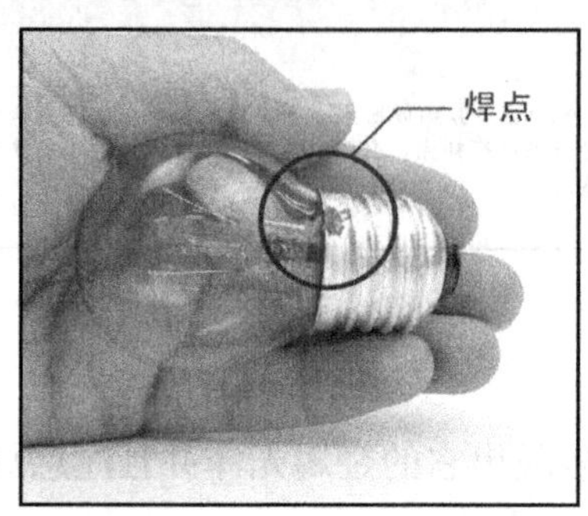

图 2-51　美化前的图片

图 2-52　美化后的图片

操作提示

（1）分析素材照片存在的问题，并根据设计需要选择截取恰当的位置。

（2）使用 Photoshop 软件中的修图功能对素材照片进行美化。

（3）将想要体现出来的细节部分加强。

步骤 1：分析素材照片存在的问题

从素材照片可以看出，由于拍摄者在拍摄时不注意，导致将商品影响画面整体美观的焊点拍进了画面，由于重新拍摄可能会浪费更多的比赛时间，所以我们需要将这部分焊点用软件去掉，如图 2-53 所示。

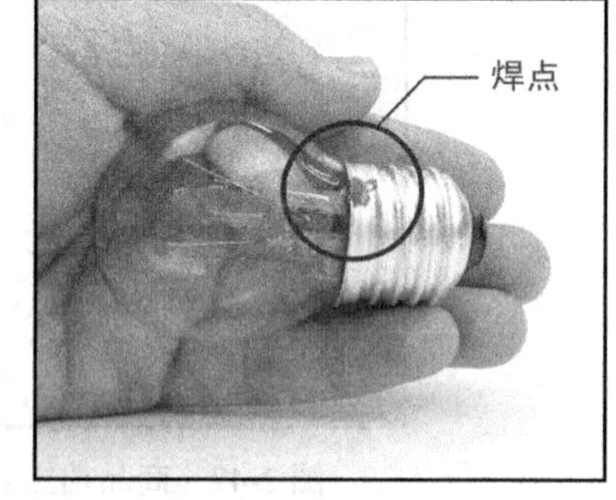

图 2-53　素材照片

步骤 2：使用 Photoshop 对素材照片进行美化

综合步骤 1 所述问题，我们可以用 Photoshop 软件中的相关功能对图片素材进行修改。

（1）选择钢笔工具（P），在焊点附近选择如图 2-54 所示形状，建立选区后复制灯头这部分备用，如图 2-55 所示。

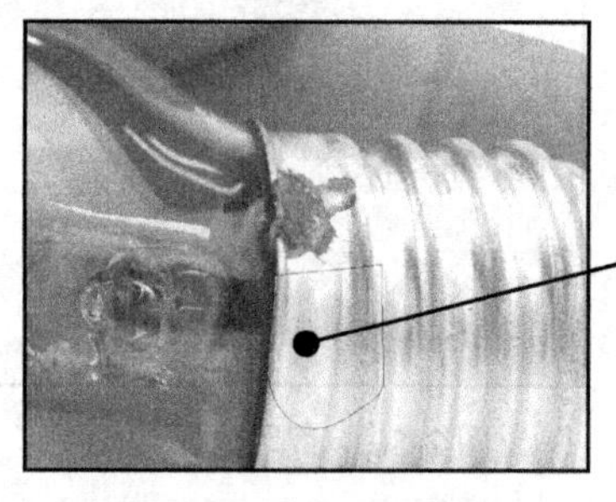

图 2-54　修改效果图 1

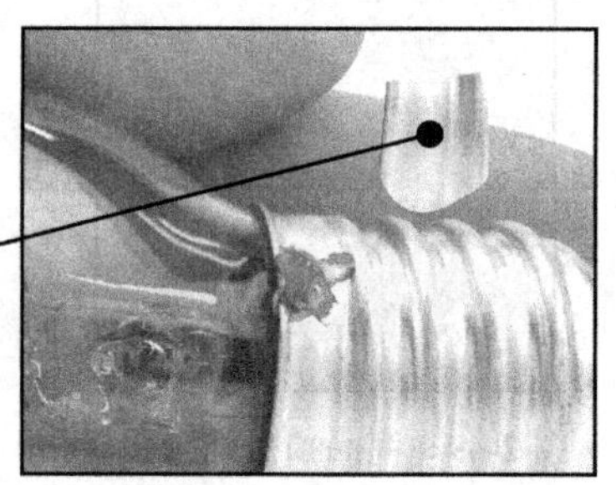

图 2-55　修改效果图 2

（2）将复制出来的备用形状拖至焊点上面，直至完全遮盖焊点后，使用编辑—变化（Ctrl+T）—变形（W）拖动控制点，使其符合灯头的弯曲弧度并将大部分螺纹对齐，如图 2-56 所示。

（3）选择橡皮工具（E）后，选择柔角笔触，参数设置如图 2-57 所示。

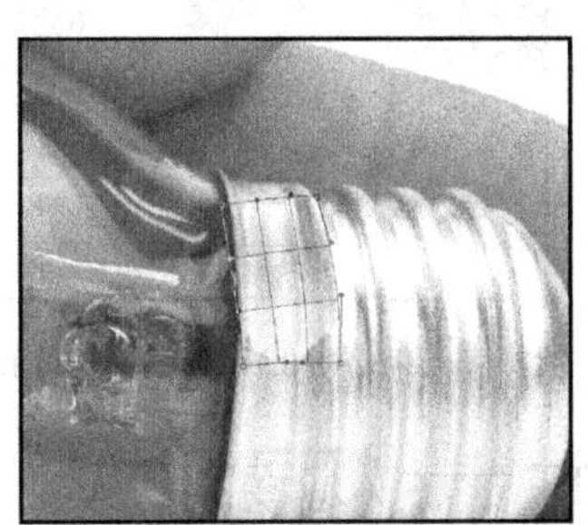

图 2-56 修改效果图 3

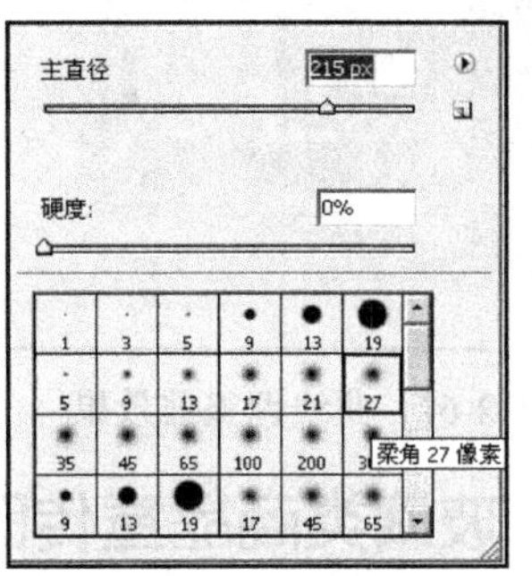

图 2-57 参数设置 4

（4）橡皮工具设置完成后，擦拭变形后的图形边缘，使图形与灯头其他部分融合在一起，如图 2-58 所示。

完成上述步骤后可以看到，图像上的焊点已经基本被覆盖住了，如图 2-59 所示。

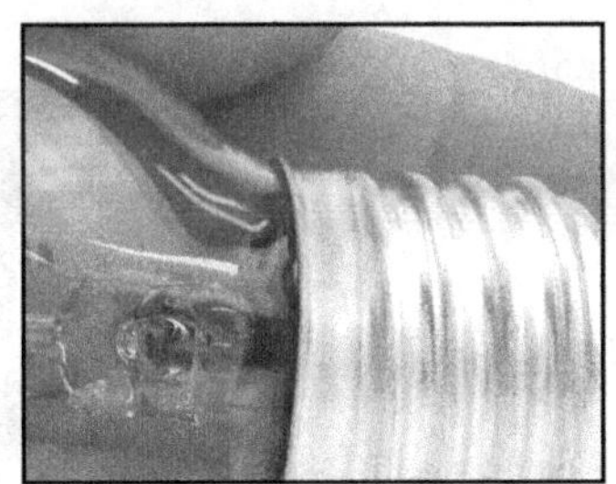

图 2-58 修改效果图 4

图 2-59 修改后效果图 5

步骤 3：细节加强

为了得到更好的图片效果，我们可以对画面细节进行进一步处理，让覆盖图层能与灯头有更好的结合。此时，可选中遮盖图层为当前图层，选择图像—调整—曲线工具对该图层进行如图 2-60 所示设置。

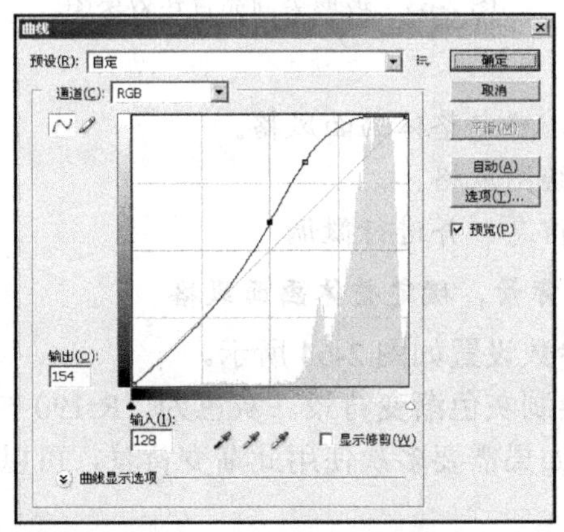

图 2-60 曲线参数设置

曲线调整前后效果图对比，如图 2-61 和图 2-62 所示。

图 2-61 曲线调整前效果

图 2-62 曲线调整后效果

活动三 玻璃类商品宣传图片设计——灯泡

活动描述

玻璃类商品宣传图片设计。

操作步骤

玻璃类商品宣传效果图如图 2-63 所示。

图 2-63 玻璃类商品宣传效果图

操作提示

1. 绘制宣传图主背景，确定整体画面风格。
2. 根据商品特性确立绘图风格。
3. 添加文字以及图形信息，并进行微调。

步骤 1：绘制宣传图主背景，确定整体画面风格

（1）新建文件，具体参数设置如图 2-64 所示。

（2）选择渐变工具，绘制灰色渐变背景。灰色为“R:190 G:190 B:190”，如图 2-65 所示为新建渐变效果图。（如果需要多次使用此渐变背景，可以单击新建渐变）

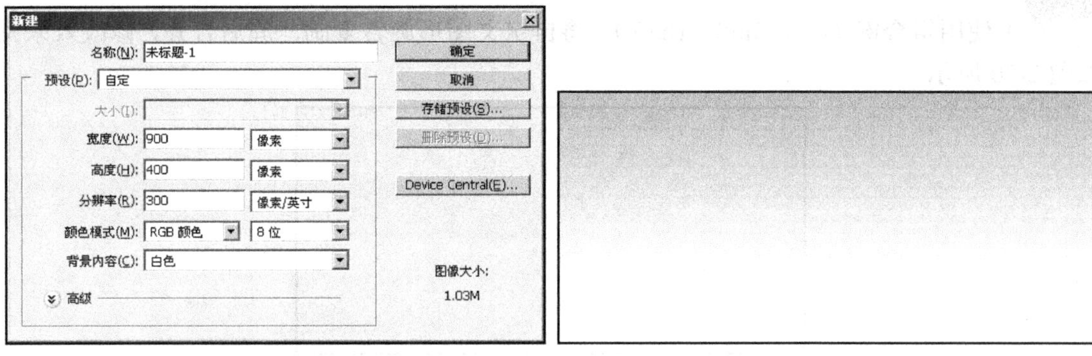

图 2-64　参数设置　　　　图 2-65　新建渐变效果图

步骤 2：根据商品特性确立绘图风格

（1）新建图层，选择钢笔工具（P），绘制如图 2-66 所示的形状。

图 2-66　新建图层

（2）选中形状图层，自由变换（Ctrl+T），修改效果图如图 2-67 所示。

（3）给图形自由变换时会出现控制点，选择中心点并将其拖至左下角，修改效果图如图 2-68 所示。

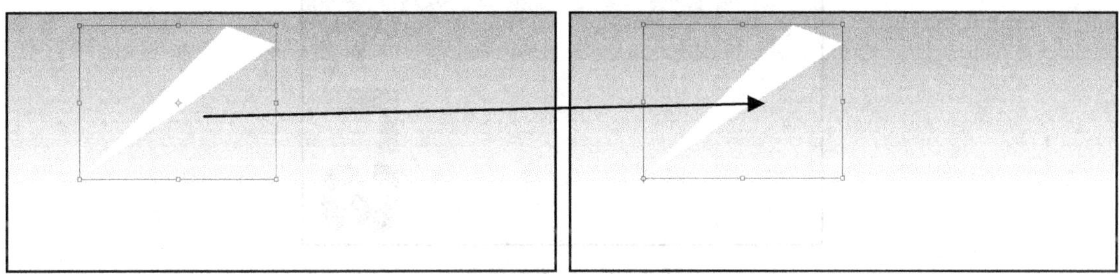

图 2-67　修改效果图 1　　　　图 2-68　修改效果图 2

（4）旋转图形（约为 15°），并按“Enter”键确定，修改效果图如图 2-69 所示。

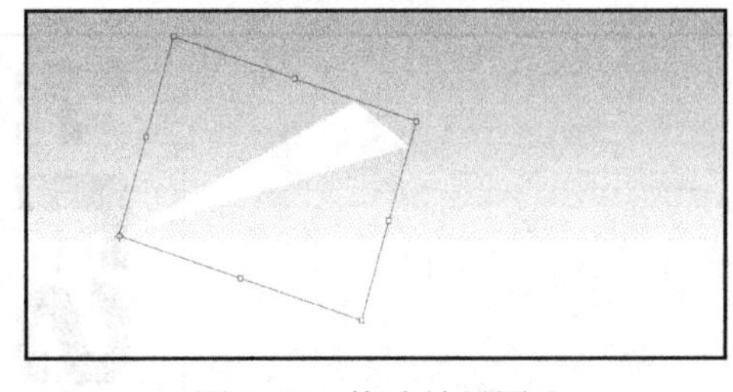

图 2-69　修改效果图 3

（5）使用组合键（Ctrl+Shift+Alt+T），将自定义图形旋转复制一周后合并，修改效果图如图 2-70 所示。

图 2-70 修改效果图 4

（6）使用橡皮工具（选择柔角笔触），将自定义图形周围擦出渐变虚化效果，设置该自定义图层不透明度为 44%，修改效果图如图 2-71 所示。

图 2-71 修改效果图 5

（7）选择文字工具，输入该商品的品牌缩写字母“FLS”（粗体英文字体即可），设置为红色后，栅格化此文字图层，修改效果图如图 2-72 所示。

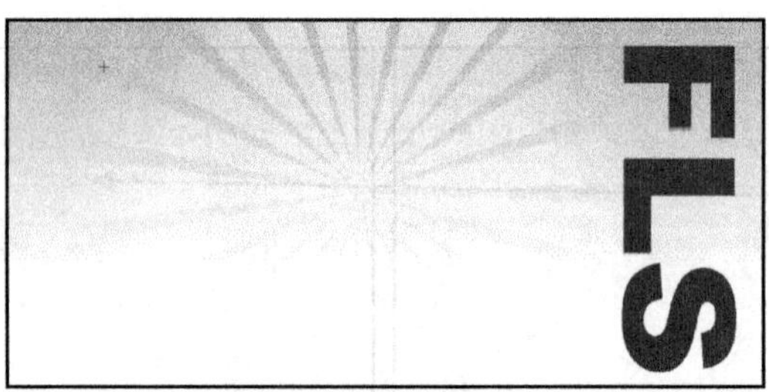

图 2-72 修改效果图 6

（8）选择矩形选框工具，选择如图 2-73 所示区域，选中锁定透明像素 锁定: 后，前景色选择“R:158 G:18 B:18”，填充前景色如图 2-74 所示。

图 2-73 选择矩形选框工具图

图 2-74 填充前景色图

步骤 3：添加文字以及图形信息，并进行微调

（1）选择文字工具，按照如图 2-75 所示输入文字信息并设置相应颜色及投影效果。

（2）打开素材文件（文件名为“宣传素材文件”），使用钢笔工具抠图，将灯泡主体抠出如图 2-76 所示效果。

图 2-75 选择文字工具图

图 2-76 素材抠图效果

（3）将灯泡主体拖入宣传文件中，并设置图层样式，如图 2-77 所示。

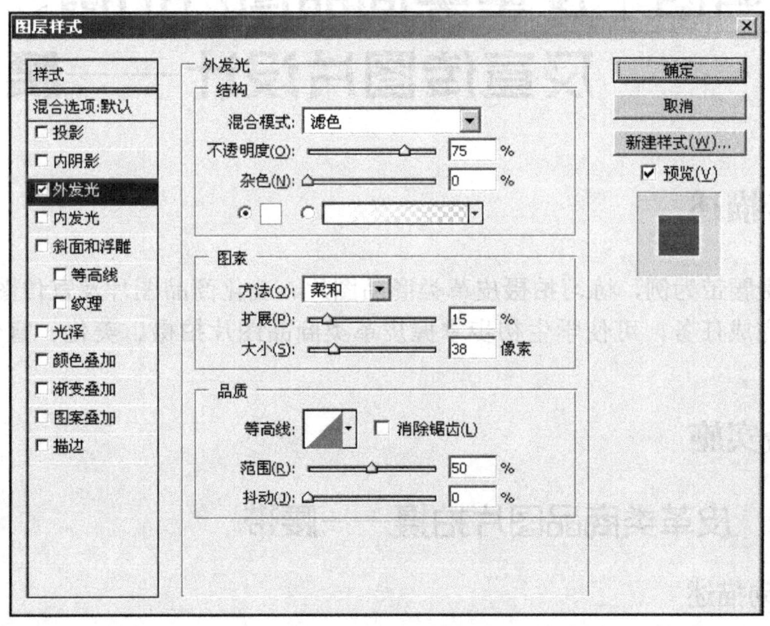

图 2-77 图层样式参数设置

（4）为灯泡主体跟 40W 设置倒影以增强视觉效果，如图 2-78 所示。

图 2-78　最终效果图

应用技术：

（1）钢笔工具。

（2）自定义图形。

（3）渐变。

实训

1. 选择商品——玻璃水杯进行拍摄。
2. 对拍摄的图片进行美化处理。
3. 对商品进行宣传图片设计。

任务四　皮革类商品图片拍摄、美化及宣传图片设计——腰带

任务描述

1．以拍摄腰带为例，练习拍摄皮革类商品图片、美化商品图片及宣传图片设计。

2．通过完成任务，可使学生初步掌握皮革类商品图片拍摄、美化、宣传图片设计等技术。

任务实施

活动一　皮革类商品图片拍摄——腰带

活动描述

拍摄皮革类商品——腰带。

操作步骤

步骤1：拍摄前准备——相机设置

微距模式/闪光灯（关闭）/开启防抖功能/Ev（曝光值）+1/自动白平衡/对焦区——中心AF/ISO:100。

步骤2：布光与布景

在拍摄时，由于皮带是深色商品，为了突出腰带的款式，所以要选用白色作为主背景色，采用左侧顺光拍摄。

具体布景请参考图2-79。

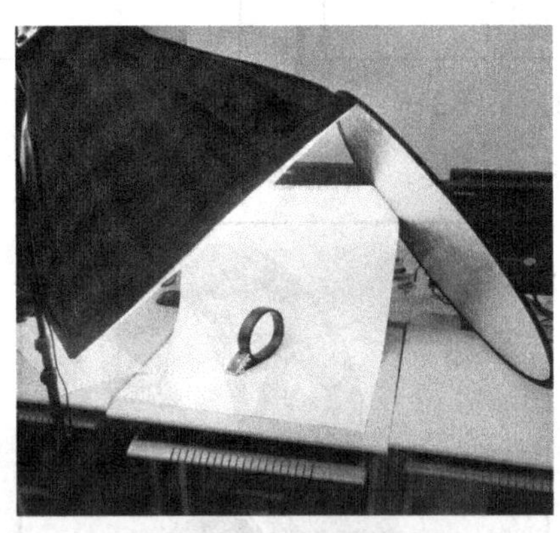

图2-79 具体布景图

注意：皮带的金属部分会显现出摄影者和周围环境，可以利用反光板进行遮盖，或者利用柔光罩减少皮带部分的反光。将照相机隐藏起来，只要不让皮带的金属部分反射周围的事物即可。可以根据拍摄要求使用A4纸自行制作简易反光板或者柔光罩。

步骤3：商品摆放及拍摄

皮带是很常见的网店商品，其拍摄难点在于表现皮带锁扣的金属质感以及皮革的质感，皮质腰带在拍摄时可以卷曲或平铺摆放，拍摄时要注意俯视，这样就不会出现过多的反光。

（1）拍摄效果表现锁扣的金属质感，如图2-80所示。皮带的特点是细而长，在摆拍的时候要注意将皮带摆放得有延伸感。

（2）拍摄效果体现腰带的整体外观及表面带着光泽的皮革，如图2-81所示，这样会呈现出具有高级质感的效果。

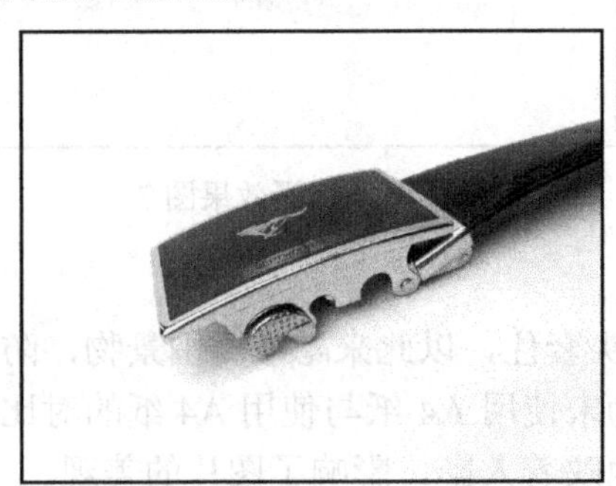

图2-80 拍摄效果图1

图2-81 拍摄效果图2

（3）拍摄效果体现腰带缝合细节，如图 2-82 所示。

（4）拍摄效果体现腰带 LOGO 部分，如图 2-83 所示。

图 2-82　拍摄效果图 3

图 2-83　拍摄效果图 4

（5）拍摄效果体现腰带整体效果，如图 2-84 所示。

图 2-84　拍摄效果图 5

（6）拍摄效果体现腰带锁扣细节，如图 2-85 和图 2-86 所示。需特别注意金属腰带锁扣的反光问题。

图 2-85　拍摄效果图 6

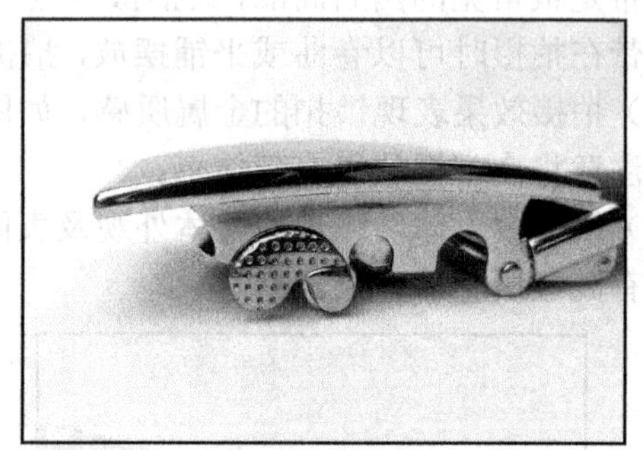

图 2-86　拍摄效果图 7

步骤 4：拍摄技巧

在拍摄时，一定要借助 A4 纸将照相机镜头套住，以此来隐藏周围景物，防止周围景物反射在腰带金属锁扣上，图 2-87 和图 2-88 为未使用 A4 纸与使用 A4 纸的对比效果。可以看出没有使用 A4 纸拍出的腰带锁扣上清晰地映着人影，影响了图片的美观。

图 2-87　未使用 A4 纸拍摄效果图

图 2-88　使用 A4 纸后拍摄效果图

活动二　皮革类商品图片美化——腰带

活动描述

美化皮革类商品图片。

操作步骤

皮革类商品图片美化前后对比如图 2-89 和图 2-90 所示。

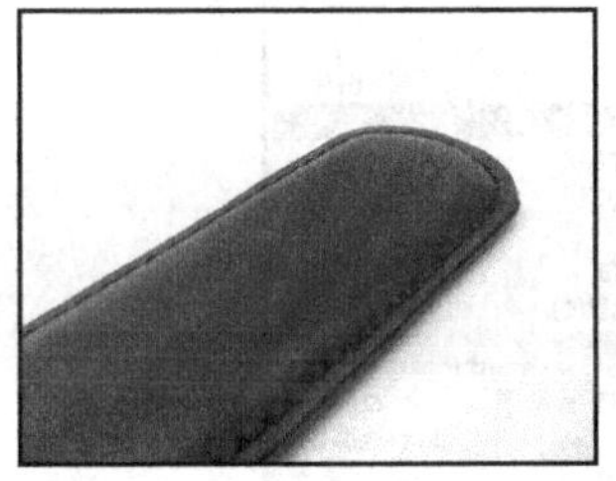

图 2-89　美化前的图片

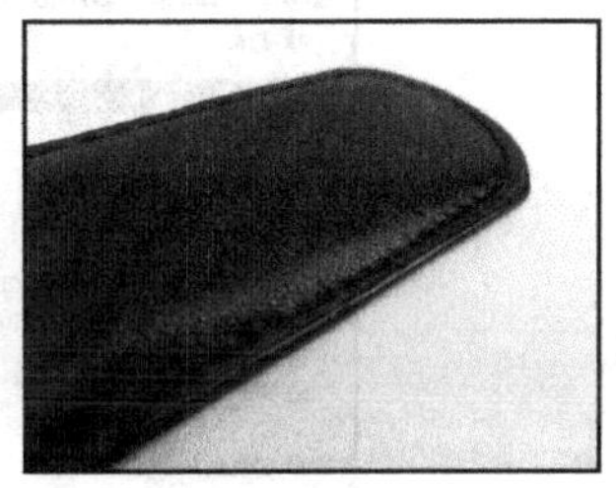

图 2-90　美化后的图片

操作提示

（1）分析素材照片存在的问题，并根据设计需要选择截取恰当的位置。

（2）使用 Photoshop 软件中的修图功能对素材照片进行美化。

（3）将想要体现出来的细节部分加强。

步骤 1：分析素材照片存在的问题

从素材照片可以看出，由于拍摄前未做好清洁处理，导致腰带上有灰尘杂物，并且无法看清该腰带的皮质纹理，影响了商品图片的整体效果，如图 2-89 所示。

步骤 2：使用 Photoshop 对素材图片进行美化

（1）选择软件中的修补工具（J），将比较明显的灰尘圈起来，如图 2-91 所示。

（2）使用鼠标向选区附近的区域拖动后松手，如图 2-92 所示。

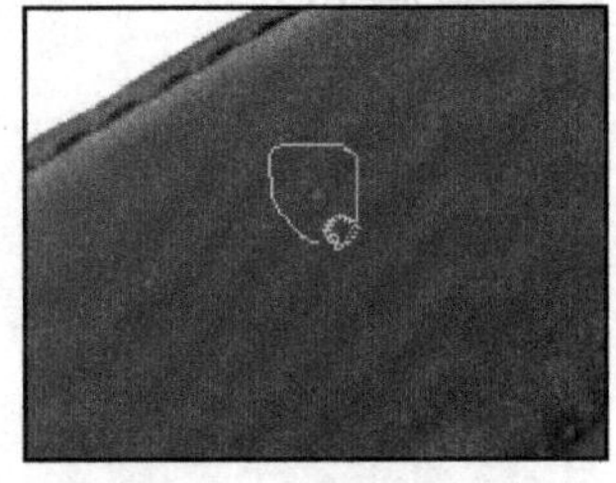

图 2-91　修改图片 1

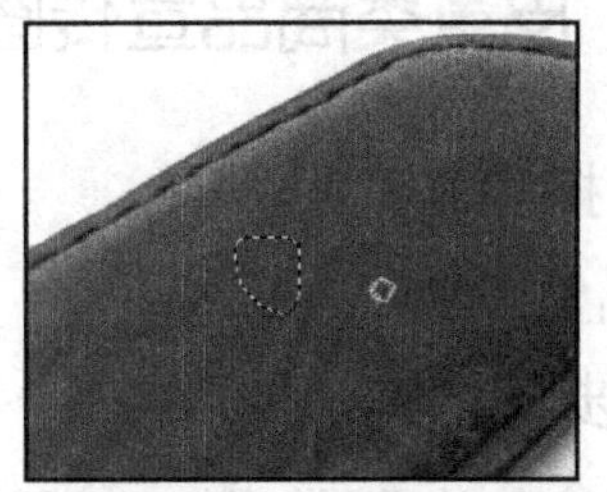

图 2-92　修改图片 2

可以看出，修复后腰带上的灰尘杂物已经没有了，如图 2-93 所示。

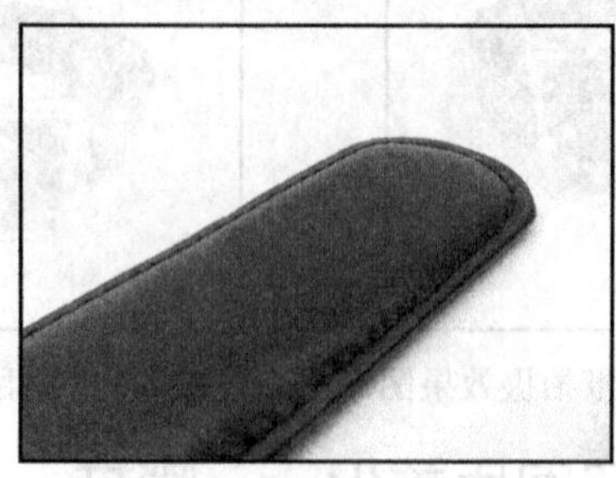

图 2-93　修改后的效果图

步骤 3：细节加强

为了得到更好的图片效果，可以对画面细节进行进一步处理，让皮质腰带的纹理更加清晰，皮质光泽更加明显。需要使用图像调整中的自动颜色、自动对比度、自动色阶工具进行处理，如图 2-94 所示。

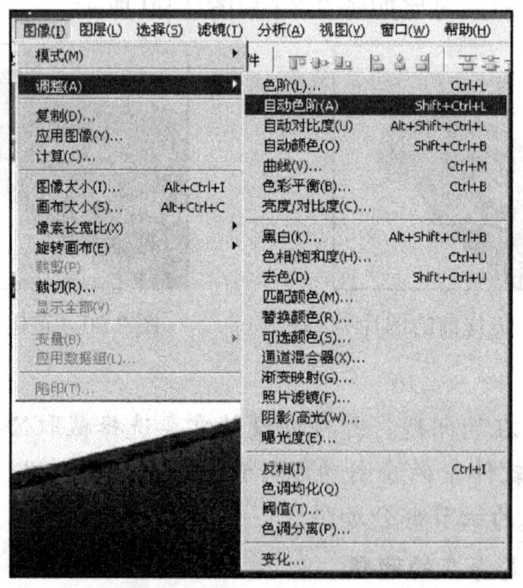

图 2-94　自动色阶工具

此外，还要使用滤镜—锐化—智能锐化工具进行修饰，具体参数要根据所拍摄皮质商品的纹理来决定，只要清晰地体现出纹理即可。也可以对图片进行自由变换来调节其透视关系。

活动三　皮革类商品宣传图片设计——腰带

活动描述

皮革类商品宣传图片设计。

操作步骤

皮革类商品宣传效果图如图 2-95 所示。

图 2-95 宣传效果图

操作提示

(1) 绘制宣传图主背景，确定整体画面风格。

(2) 根据商品特性确立绘图风格。

(3) 添加文字以及图形信息，并进行微调。

步骤1：绘制宣传图主背景，确定整体画面风格

(1) 新建文件，具体参数设置如图 2-96 所示。

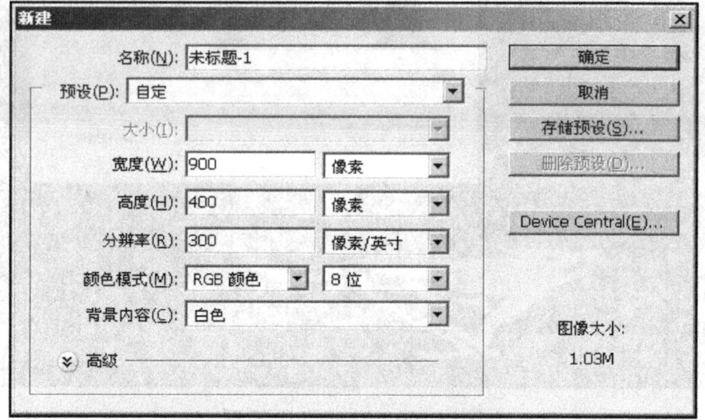

图 2-96 参数设置

(2) 将两张素材图片拖入新文件中作为主背景，如图 2-97 所示。

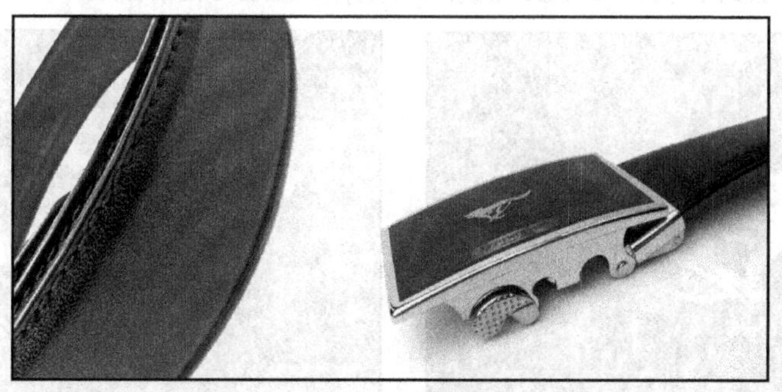

图 2-97 宣传图主背景设计效果图

步骤2：根据商品特性确立绘图风格

(1) 打开素材图片，选取皮质腰带金属锁扣上的七匹狼 LOGO，如图 2-98 所示。

（2）新建图层填充黑色，截取椭圆形 LOGO，如图 2-99 所示。

图 2-98　腰带金属扣 LOGO

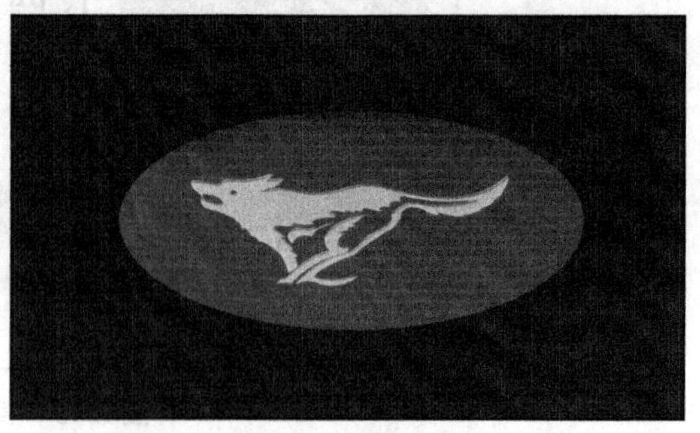

图 2-99　设计效果图

（3）选中椭圆形 LOGO 图层，选择图像—调整—色阶，当 LOGO 背景色与黑色图层融于一体时即可，色阶参数设置如图 2-100 所示。

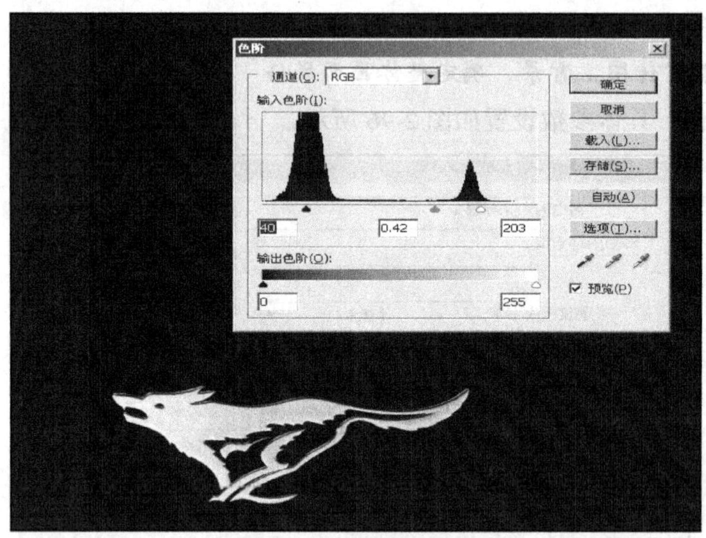

图 2-100　色阶参数设置

（4）反复调整色阶，使 LOGO 中的狼型图案更加明显，效果如图 2-101 所示。

（5）使用魔棒工具将狼形 LOGO 选出，效果如图 2-102 所示。

图 2-101　反复调整色阶设计效果图

图 2-102　使用魔棒工具设计效果图

步骤 3：添加文字以及图形信息，并进行微调

（1）将准备好的商品信息、促销信息、LOGO 等素材摆放到适当位置，效果如图 2-103 所示。

图 2-103　设计效果图

（2）绘制圆形选区，选择渐变工具绘制图形，参数设置如图 2-104 所示。

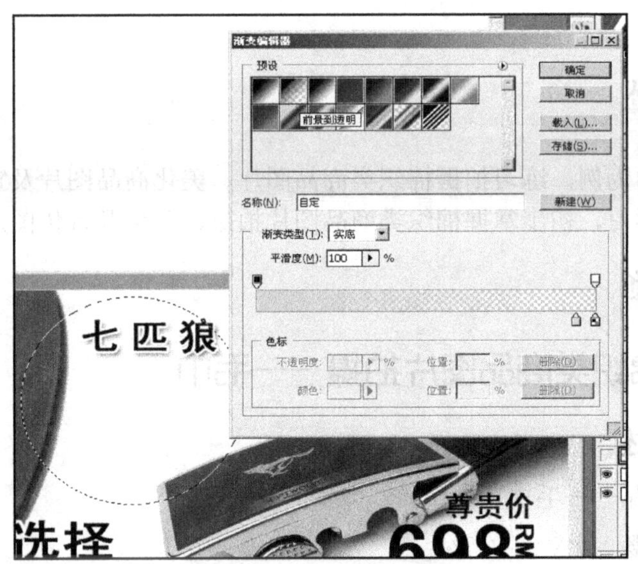

图 2-104　参数设置

（3）完成以上步骤后，最终设计效果图如图 2-105 所示。

图 2-105　最终效果图

应用如下技术：

（1）钢笔工具；

（2）自定义图形；

（3）渐变。

实训

1. 选择商品——皮革钱包进行拍摄。
2. 对拍摄的图片进行美化处理。
3. 对商品进行宣传图片设计。

任务五 棉织类商品图片拍摄、美化及宣传图片设计——毛巾

任务描述

1. 以拍摄毛巾为例，练习拍摄棉织类商品图片、美化商品图片及宣传图片设计。
2. 通过任务学习，初步掌握棉织类商品图片拍摄、美化及宣传图片设计。

任务实施

活动一　棉织类商品图片拍摄——毛巾

活动描述

拍摄棉织类商品——毛巾。

操作步骤

步骤 1：拍摄前准备——相机设置

微距模式/闪光灯（关闭）/开启防抖功能/Ev(曝光值)-1/自动白平衡/对焦区——中心 AF。

步骤 2：布光与布景

毛巾类商品属于吸光产品，它们对光的反射比较稳定，为了表现其层次质感，布光的灯位要以侧光、顺光为主，适当减少光源的输出，细腻的棉质材料可用柔和的光，光滑的材料比较适合直接打光，这样可以使其层次和色彩都表现得更加完美。

具体布景请参考图 2-106 所示。

图 2-106 具体布景图

注意：不要将拍摄者的影子映在毛巾上面。

步骤3：商品摆放及拍摄

（1）棉织类通常带有刺绣和花边，所以在拍摄时最好使用微距模式对其进行细节描写，如图2-107所示。

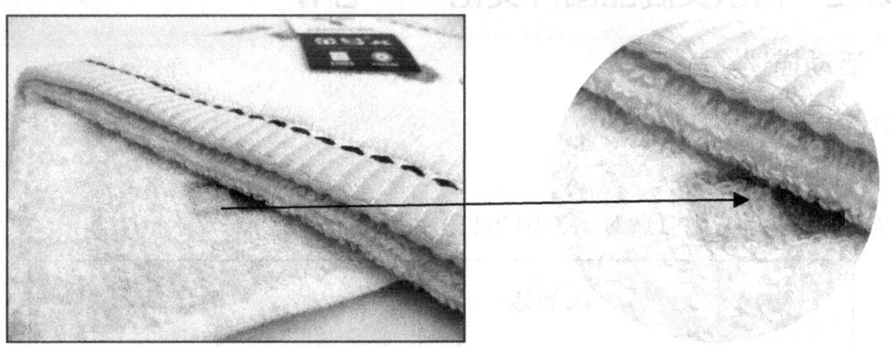

图 2-107 微距细节拍摄

（2）大件棉织类商品与毛巾类商品只要标注清楚尺寸参数即可，没必要展示全貌，如果需要展示其材质厚度质感，可以截取一部分横断面予以展示，因为这类商品的形状众所周知，而且吸引顾客购买的主要因素是毛巾的花纹及材质，如图2-108所示。

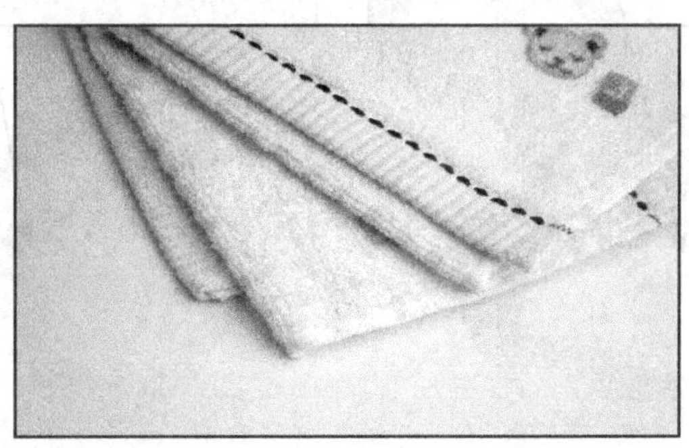

图 2-108 截取横断面细节拍摄

（3）拍摄时一定要将毛巾摆放平整后再进行拍摄。拍摄前可以将毛巾折叠出合适的造型，将不同颜色的毛巾摞在一起拍摄，既能使画面简约，也能达到想要的效果。拍摄时将闪光灯关掉，拍摄效果会更好，一定要选用微距模式抓住针脚纹理细节，如图 2-109 所示。

图 2-109　细节拍摄

总结：拍摄时注意所拍摄毛巾不能与背景融于一体，要清晰可辨，使用微距模式将要体现的部位清晰放大，合适的布光可以将毛巾类商品的柔软质地体现出来。

活动二　棉织类商品图片美化——毛巾

活动描述

美化棉织类商品图片。

操作步骤

棉织类商品图片美化前后对比如图 2-110 和图 2-111 所示。

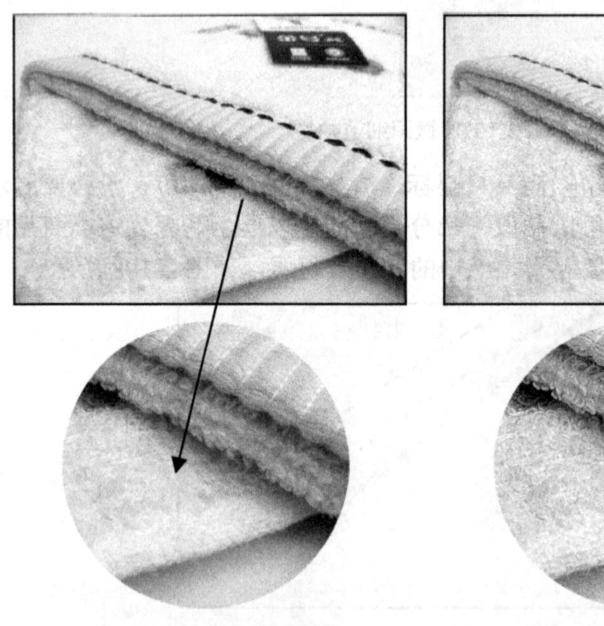

图 2-110　美化前的图片　　图 2-111　美化后的图片

操作提示

（1）分析素材照片存在的问题，并根据设计需要选择截取恰当的位置。

（2）使用 Photoshop 软件中的修图功能对素材照片进行美化。

（3）将想要体现出来的细节部分加强。

步骤 1：分析素材照片存在的问题

从素材照片可以看出，由于拍摄时布光不足，导致商品颜色偏暗，与商品实物颜色存在偏差，并且毛巾棉织纹理不明显，如图 2-112 所示。

图 2-112　素材照片

步骤 2：使用 Photoshop 对素材照片进行美化

综合步骤 1 所述问题，可以用 Photoshop 软件中的曲线工具对图片素材进行修改。

（1）选择图像—调整—曲线，具体曲线参数设置如图 2-113 所示。

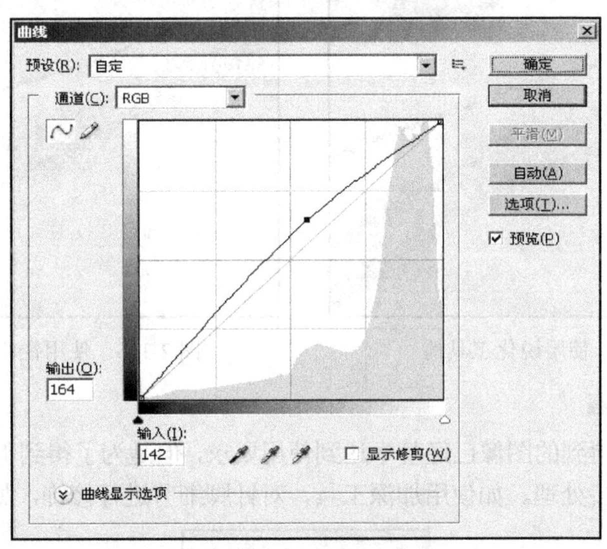

图 2-113　曲线参数设置

（2）通过以上步骤可以得到颜色与商品实物相符的图片，但是为了体现商品的纯棉质感，就要使用锐化工具，使得棉织纹理更加突出、明显。

选择滤镜—锐化—智能锐化，具体参数设置如图 2-114 所示，其中数量/半径参数根据拍摄毛巾质地决定，只要突出纹理即可。

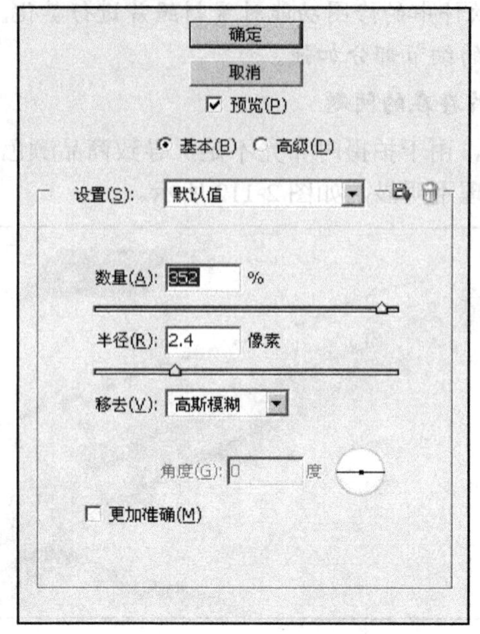

图 2-114 滤镜—锐化—智能锐化参数设置

注意：锐化后会使图片噪点增多，可以使用滤镜—杂色—减少杂色对图片进行调节。

使用锐化工具前后效果对比如图 2-115 和图 2-116 所示。

图 2-115 使用锐化工具前

图 2-116 使用锐化工具后

步骤 3：细节加强

综合以上步骤，得到的图像已经基本达到使用要求，但是为了得到更好的图片效果，可以对画面细节进行进一步处理。如使用加深工具，对针脚细节进行修饰，如图 2-117 所示。

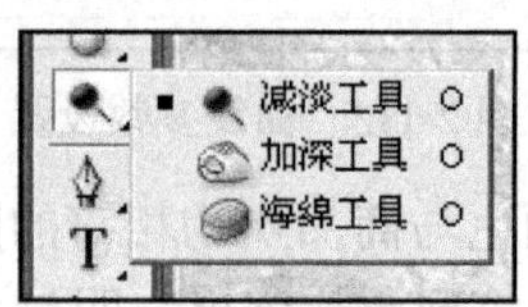

图 2-117 加深工具

经过以上步骤，得到处理好的商品毛巾图片最终效果如图 2-118 所示。

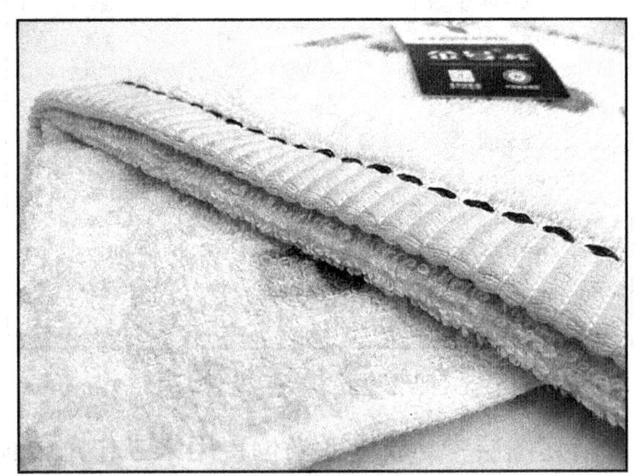

图 2-118　最终效果图

活动三　棉织类商品宣传图片设计——毛巾

活动描述

棉织类商品宣传图片设计。

操作步骤

棉织类商品宣传效果图如图 2-119 所示。

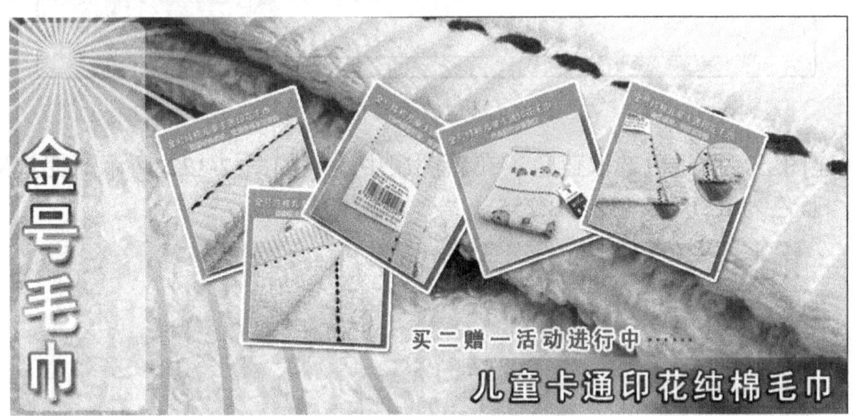

图 2-119　宣传效果图

操作提示

（1）绘制宣传图主背景，确定整体画面风格。
（2）根据商品特性确立绘图风格。
（3）添加文字以及图形信息，并进行微调。

步骤 1：绘制宣传图主背景，确定整体画面风格

（1）新建文件，具体参数设置如图 2-120 所示。

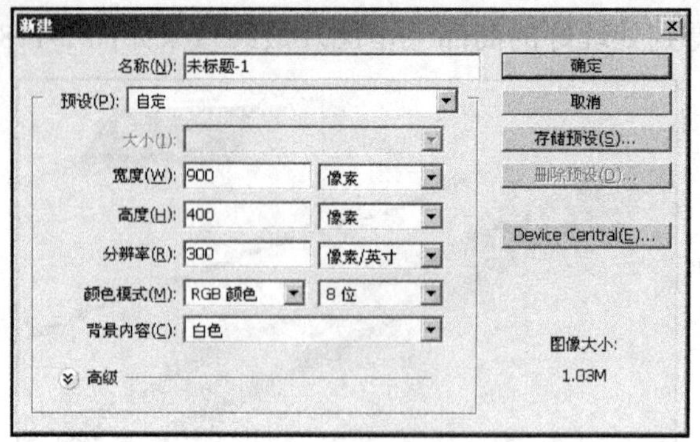

图 2-120　参数设置

（2）将素材图片拖入新建图层中，放置适当位置用来当作宣传画主体背景，如图 2-121 所示。

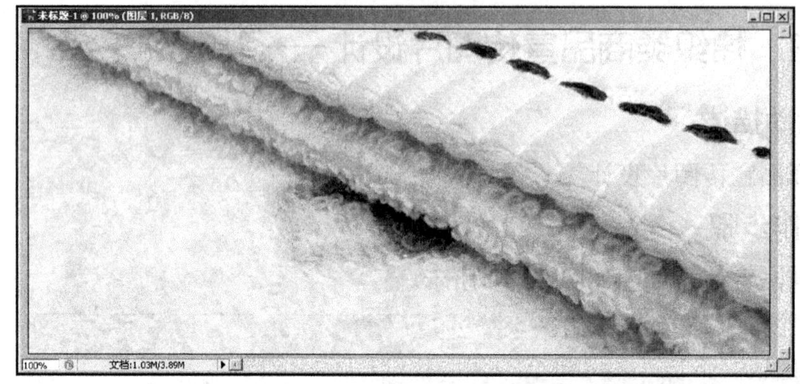

图 2-121　放入素材图片

（3）新建图层，前景色选取蓝色，在新图层中绘制如图 2-122 所示渐变效果（前景色到背景色）。蓝色为 R:0　G:132　B:255。

图 2-122　渐变效果

（4）将渐变图层的图层混合模式设为颜色加深，如图 2-123 所示。

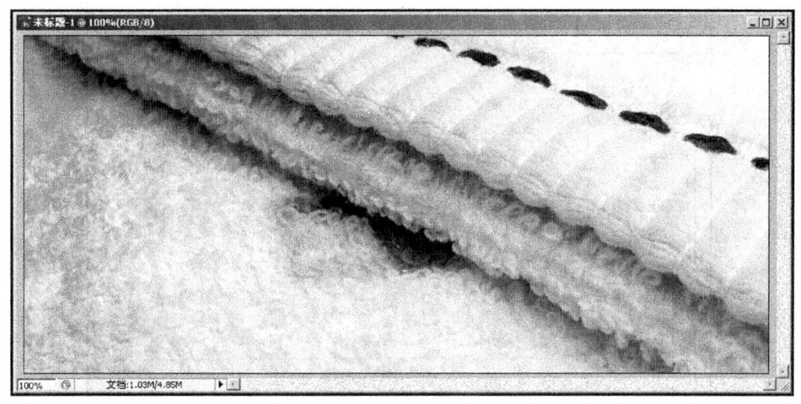

图 2-123　颜色加深效果

（5）选择自定义图形，如图 2-124 圆角矩形，绘制图形并设置图层不透明度为 57%，如图 2-125 所示。

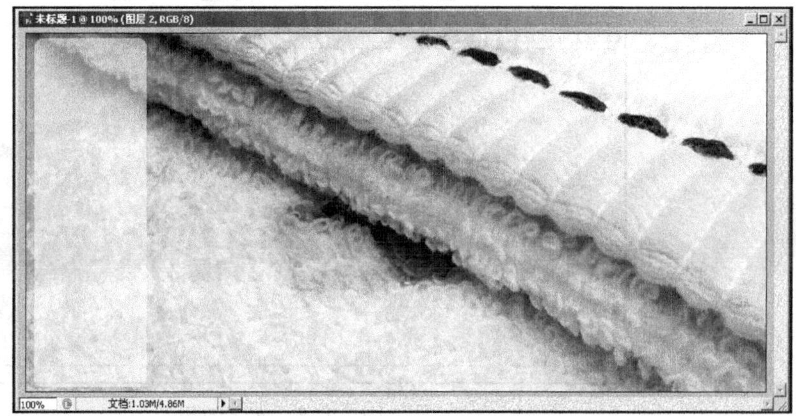

图 2-124　圆角矩形　　　　图 2-125　设置图层透明度

（6）新建文字图层并输入“金号毛巾”，对其进行混合选项设置，如图 2-126 与图 2-127 所示。文字效果如图 2-128 所示。

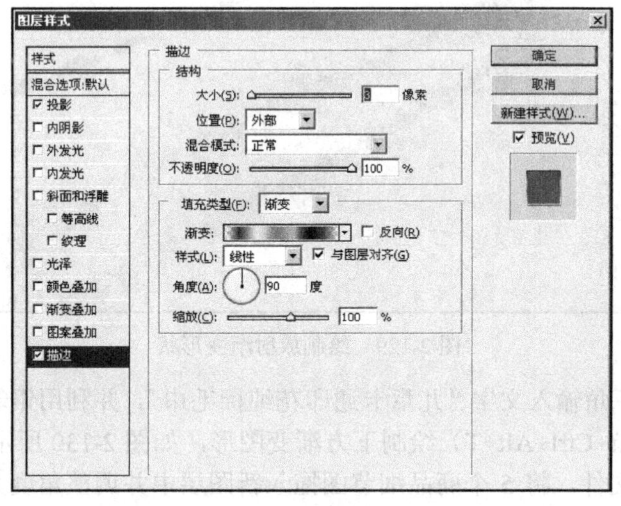

图 2-126　混合选项设置——描边

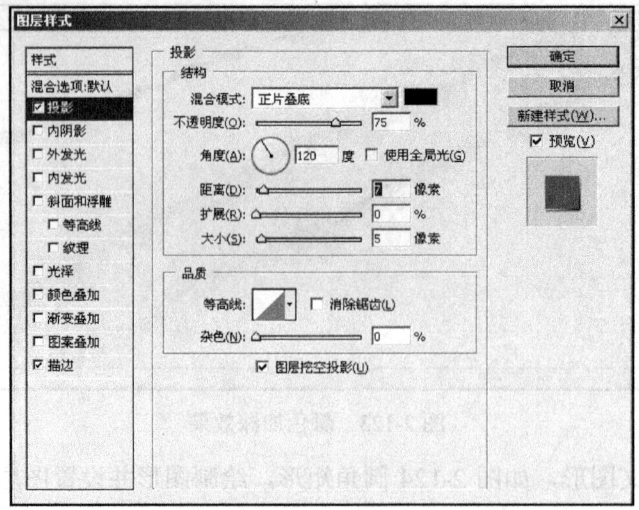

图 2-127　混合选项设置——投影

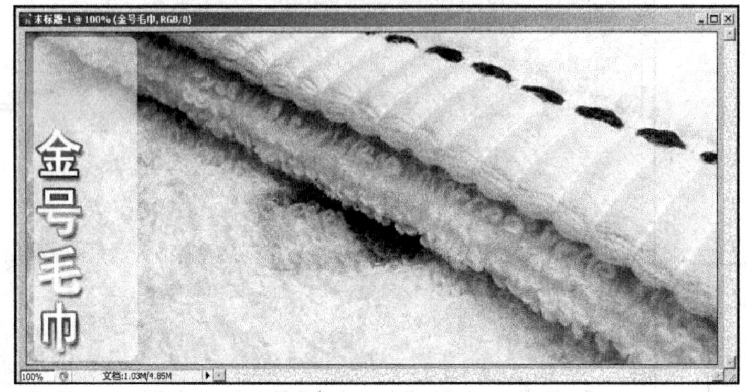

图 2-128　文字效果

（7）新建图层，绘制如图 2-129 所示橙黄色放射渐变形状，使用橡皮擦工具（E）对其进行右侧擦除。

图 2-129　绘制放射渐变形状

（8）在图片右下角输入文字“儿童卡通印花纯棉毛巾”，并利用钢笔工具绘制一条曲线后使用组合键（Shift+Ctrl+Alt+T）绘制下方渐变图形，如图 2-130 所示。

（9）打开素材文件，将 5 个商品细节图拖入新图层中并调整角度大小，并输入促销信息，效果如图 2-131 所示。

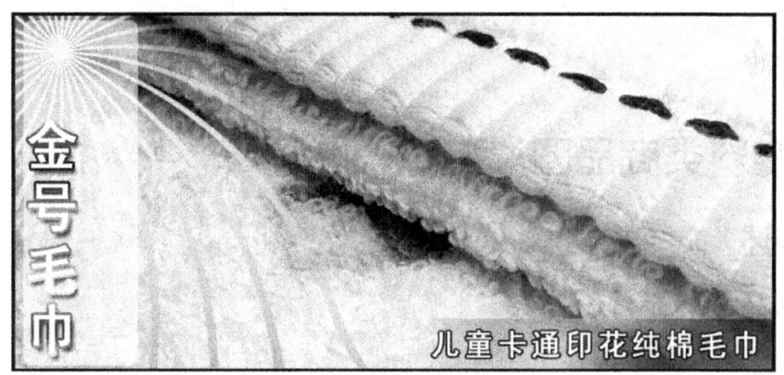

图 2-130 输入文字效果

图 2-131 最终效果图

注意：该细节图是对商品的细节展示，可自行设计。

应用技术：

（1）图层混合样式。

（2）自定义图形。

实训

1. 选择商品——棉织百洁布进行拍摄。
2. 对拍摄的图片进行美化处理。
3. 对商品进行宣传图片设计。

任务六 塑料类商品图片拍摄、美化及宣传图片设计——牙膏

任务描述

1. 以拍摄牙膏为例，练习拍摄塑料类商品图片、美化商品图片及宣传图片设计。
2. 通过任务学习，初步掌握塑料类商品图片拍摄、美化及宣传图片设计。

任务实施

活动一　塑料类商品图片拍摄——牙膏

活动描述

拍摄塑料类商品——牙膏。

操作步骤

步骤 1：拍摄前准备——相机设置

微距模式/闪光灯（关闭）/开启防抖功能/Ev(曝光值)-1/自动白平衡/对焦区——中心AF/ISO :80。

步骤 2：布光与布景

在拍摄时，我们可以选用洁净的纯白色卡纸作为背景，这样可以减少环境对商品颜色的影响。塑料商品的拍摄重点在于如何避免塑料材质的高光，但是还要体现它的质地。

具体布景请参考图 2-132 所示。

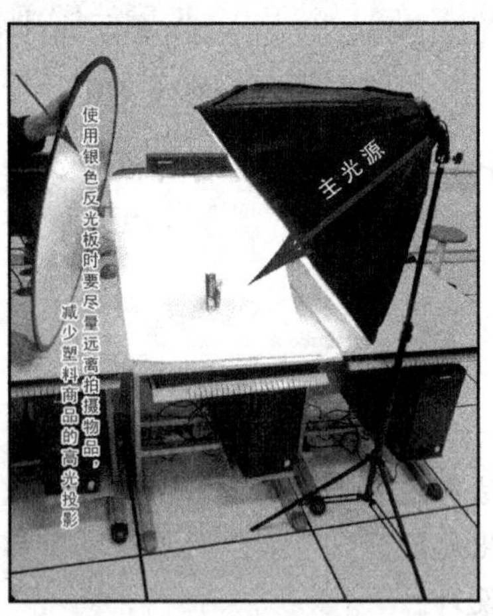

图 2-132　具体布景图

注意：可以根据拍摄要求使用 A4 打印纸自行制作简易反光板或者柔光罩来减少牙膏表面高光反射，如图 2-133 与图 2-134 所示。

图 2-133　简易反光板

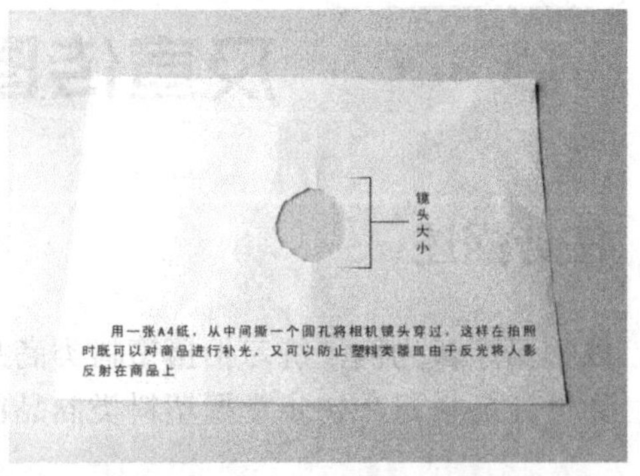

图 2-134　简易柔光罩

步骤 3：商品摆放及拍摄

在拍摄时，要注意尽量采用斜上方 45° 角拍摄，尽量把商品所包含的信息都集中在拍摄的照片素材中，有必要的话，可以将牙膏膏体挤在白纸上面，向购买者展示膏体外观，如图 2-135 所示。

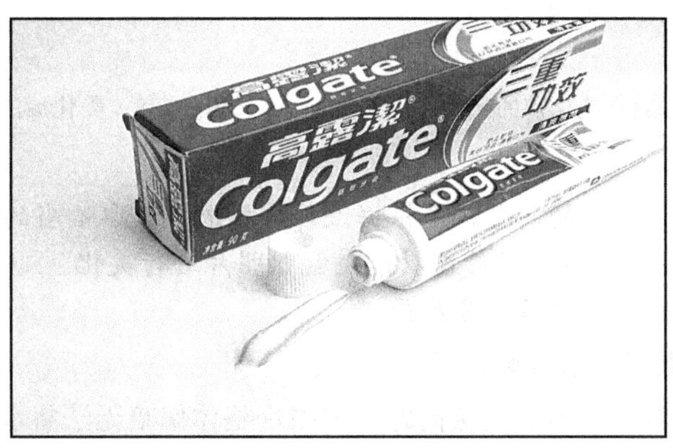

图 2-135　商品摆放图

在拍摄商品时，还可以将其竖立在背景中央，在左侧前方进行拍摄，给购买者更立体的感官刺激，如图 2-136 所示。

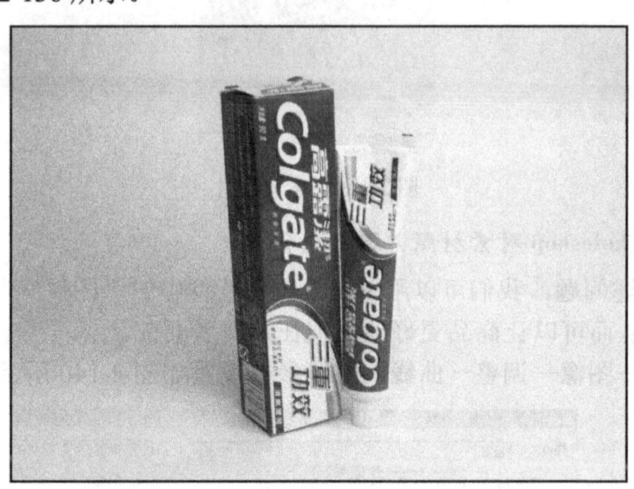

图 2-136　商品摆放图

总结：拍摄时一定要注意反光板的使用，如果光线过强会使该商品塑料表面高光过强，从而影响拍摄效果。

活动二　塑料类商品图片美化——牙膏

活动描述

美化塑料类商品图片。

操作步骤

塑料类商品图片美化前后对比如图 2-137 和图 2-138 所示。

图 2-137 美化前的图片

图 2-138 美化后的图片

操作提示

（1）分析素材照片存在的问题，并根据设计需要选择截取恰当的位置。

（2）使用 Photoshop 软件中的修图功能对素材照片进行美化。

（3）将想要体现出来的细节部分加强。

步骤 1：分析素材照片存在的问题

从素材照片可以看出，由于拍摄问题导致照片整体偏暗无法将水晶牙膏晶莹剔透的感觉体现出来，而且由于牙膏包装灰暗显得不洁净，如图 2-139 所示。

图 2-139 素材照片

步骤 2：使用 Photoshop 对素材照片进行美化

综合步骤 1 所述问题，我们可以用 Photoshop 软件中的“图像—调整”菜单下的工具对素材进行修饰，从而可以让商品更好地展现在消费者面前。

选中素材图层—图像—调整—曲线，曲线参数设置如图 2-140 所示。

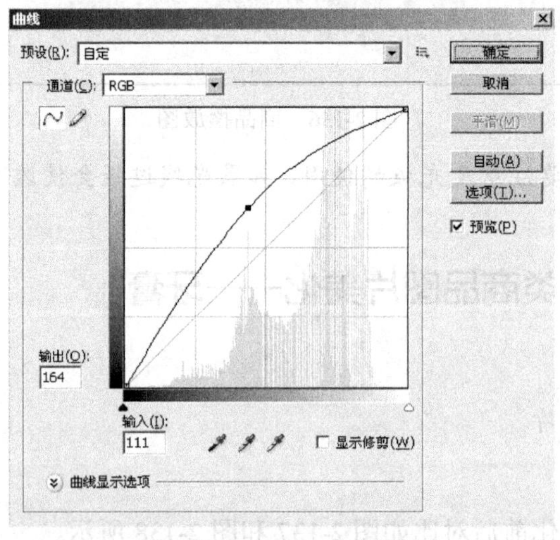

图 2-140 曲线参数设置

步骤 3：细节加强

为了防止网络用户盗图，可以为素材照片加上水印，这样既可以防止盗图，又可以美化图片，水印的正确添加可以起到锦上添花的作用。

将准备好的水印拖至素材照片并放置于适当位置，调节不透明度，使水印与素材照片完美融合，如图 2-141 所示。

图 2-141 添加水印效果

活动三 塑料类商品宣传图片设计——牙膏

活动描述

塑料类商品宣传图片设计。

操作步骤

塑料类商品宣传效果图如图 2-142 所示。

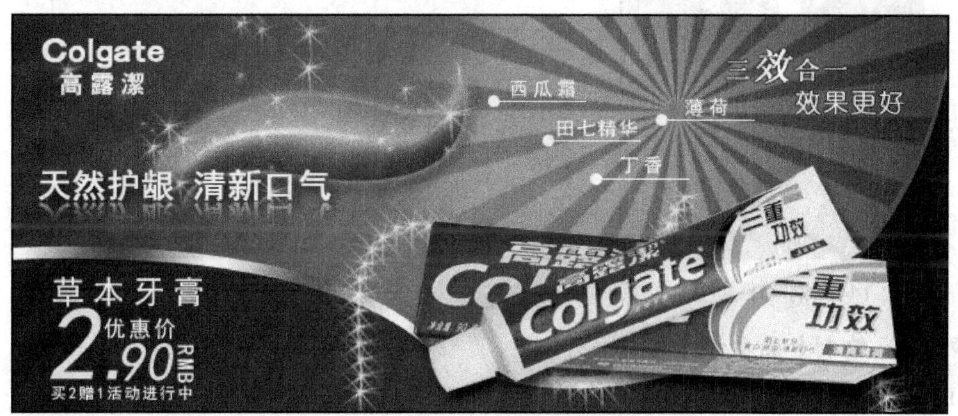

图 2-142 宣传效果图

操作提示

（1）绘制宣传图主背景，确定主体颜色。

（2）利用钢笔工具绘制水晶牙膏膏体。

（3）添加文字信息，并进行微调。

步骤 1：绘制主体背景

（1）新建文件（宽度 900、分辨率 400），选择渐变工具，设置（前景到背景）色值为前景色（#00283e）、背景色（#00a5f0），如图 2-143 所示。

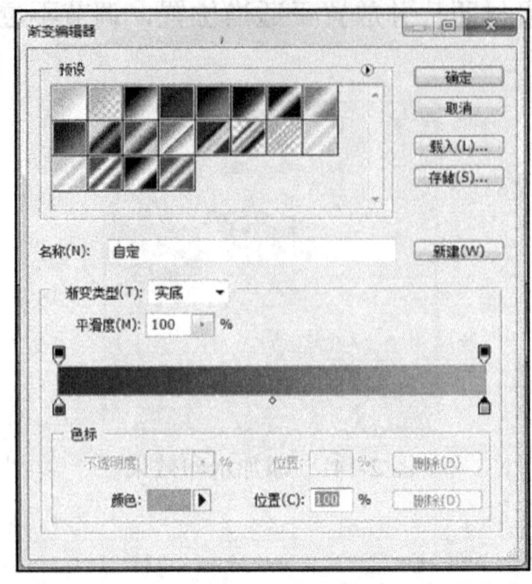

图 2-143　绘制主体背景

（2）利用钢笔工具（P）绘制如图 2-144 所示形状，并利用组合键（Ctrl+Shift+Alt+T）将形状复制一圈合并后选择图层混合模式——叠加，用橡皮工具（E）将图形左侧擦掉，如图 2-145 所示。

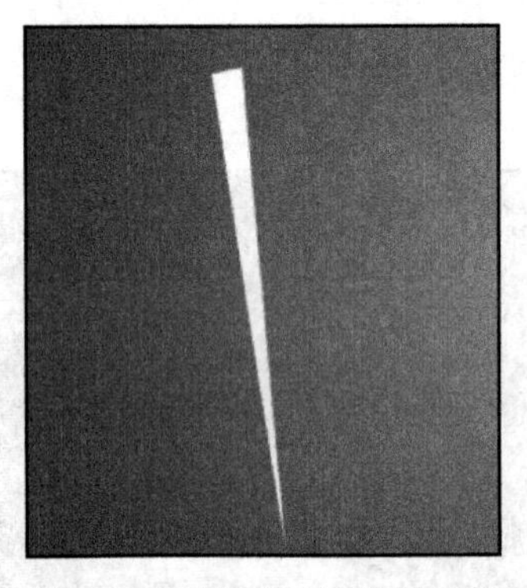

图 2-144　钢笔工具绘制形状

图 2-145　效果图

步骤 2：绘制水晶牙膏膏体

（1）新建图层，使用钢笔工具绘制图形，如图 2-146 所示。

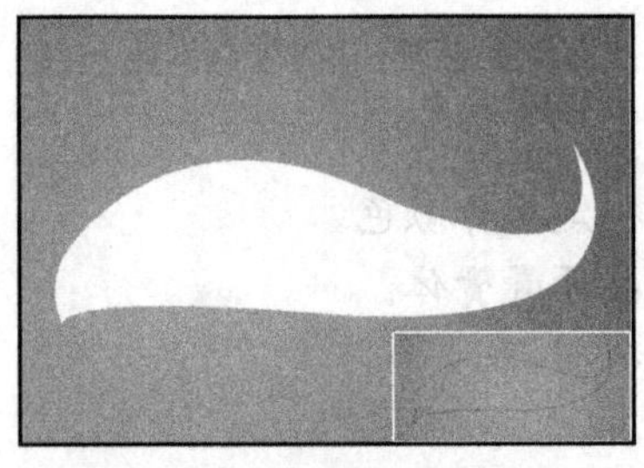

图 2-146　钢笔工具绘制图形

（2）右键单击形状图层选择混合选项，如图 2-147 所示。

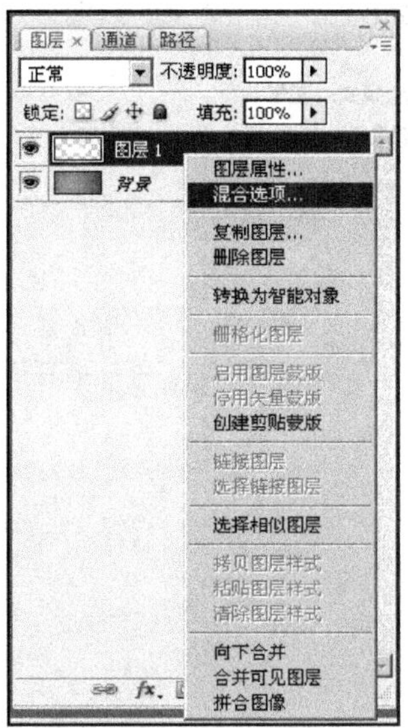

图 2-147　混合选项

（3）设置斜面和浮雕，如图 2-148 所示。

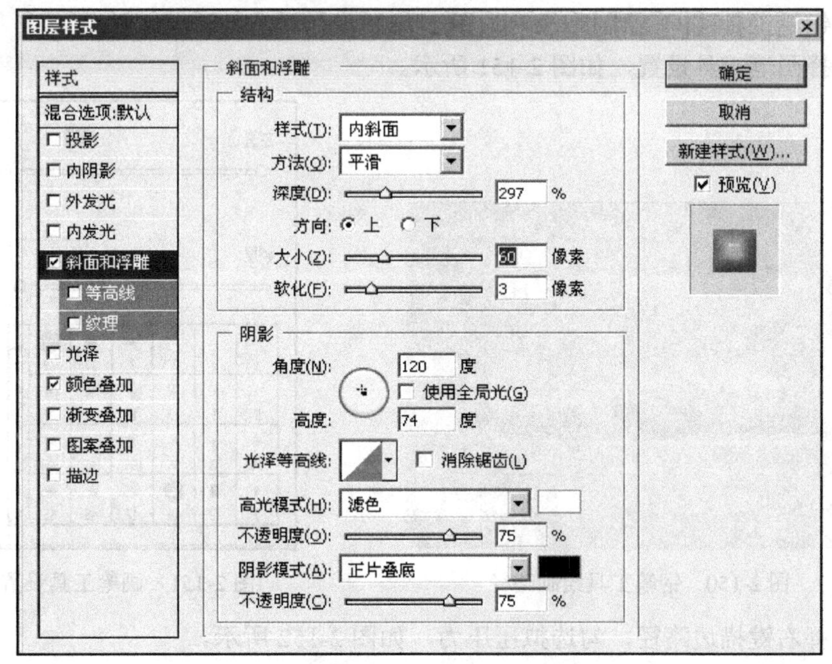

图 2-148　斜面和浮雕

（4）设置叠加颜色为-#00ff2a，如图 2-149 所示，并设置外发光（颜色为白色、扩展为 2、大小为 8）

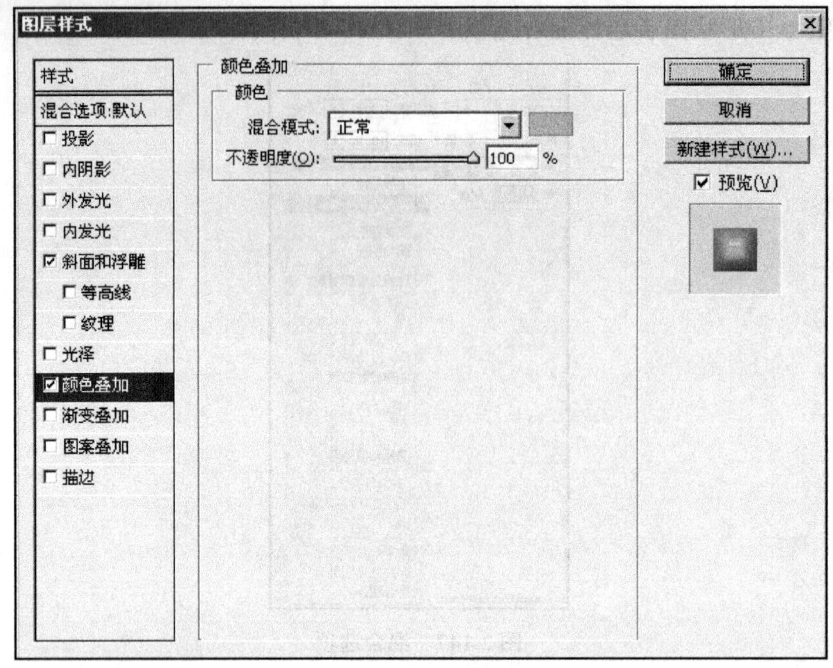

图 2-149　颜色叠加

（5）用钢笔工具（P）绘制路径，如图 2-150 所示。

（6）选择画笔工具设置，如图 2-151 所示。

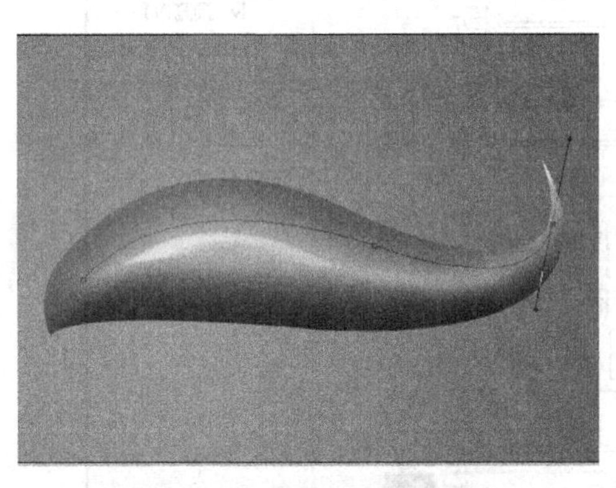

图 2-150　钢笔工具绘制路径

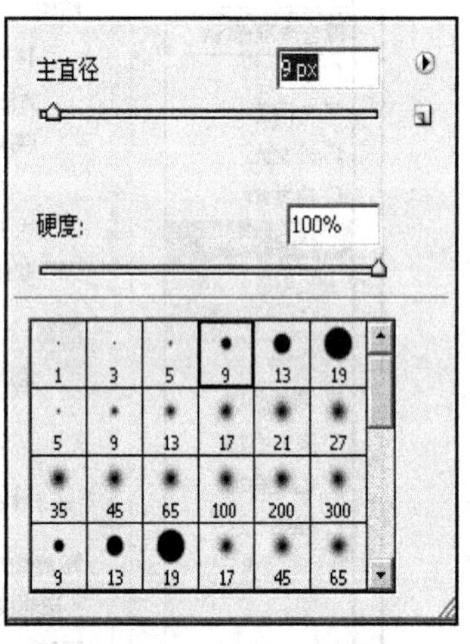

图 2-151　画笔工具设置

（7）选择右键描边路径，勾选拟压压力，如图 2-152 所示。

（8）选择滤镜—模糊—高斯模糊，如图 2-153 所示。

（9）新建图层，选择画笔工具设置，如图 2-154 所示。

（10）设置形状动态参数，如图 2-155 所示。

图 2-152 描边路径

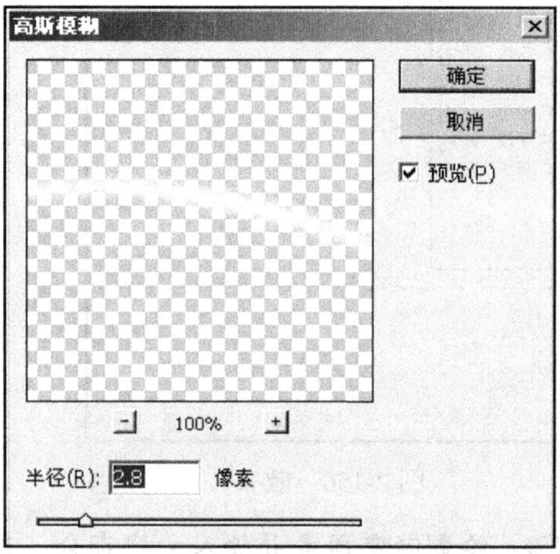

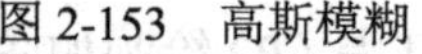

图 2-153 高斯模糊

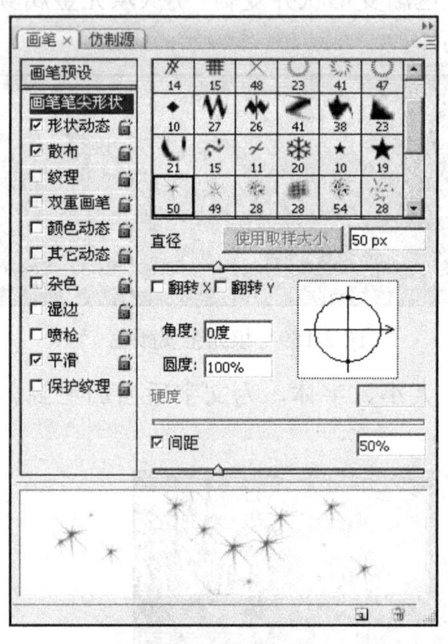

图 2-154 画笔工具

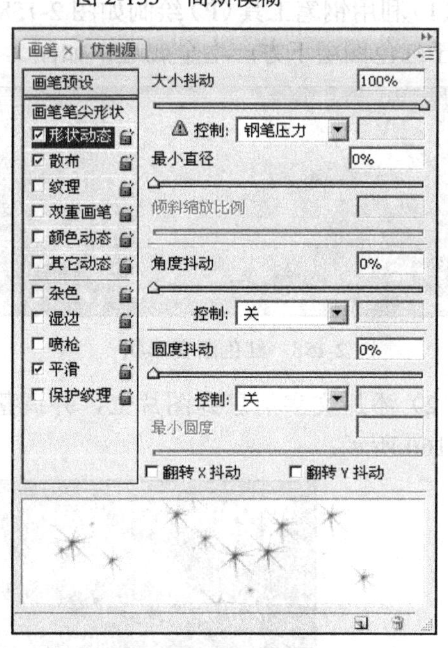

图 2-155 形状动态

（11）设置散布，如图 2-156 所示。

（12）用定义后画笔在牙膏膏体上面画出散布星星效果，如图 2-157 所示。

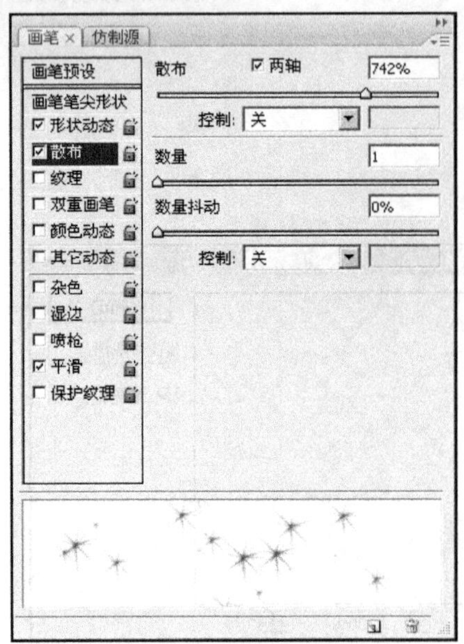

图 2-156　散布

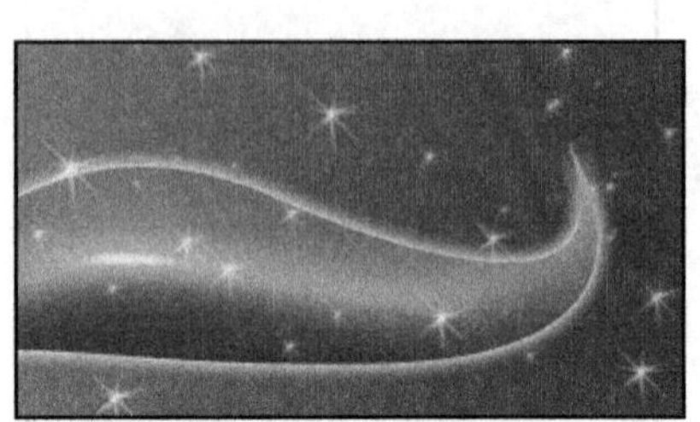

图 2-157　星星效果

步骤 3：绘制渐变图案并输入文字部分，进行组合微调

(1) 利用钢笔工具（P）绘制如图 2-158 所示红色渐变形状并复制一层（填充金属颜色），放置于红色图层下方产生金属边，如图 2-159 所示。

图 2-158　红色渐变形状

图 2-159　填充金属颜色

(2) 添加文字信息到图片上，并调整颜色、大小、字体，为文字适当加上倒影，如图 2-160 所示。

图 2-160　添加文字信息

(3) 使用钢笔工具（P）将牙膏原素材抠出放置于宣传图上，并适当调整图像—曲线等效果，使牙膏颜色明亮符合宣传图整体，效果如图 2-161 所示。

图 2-161　最终效果图

应用技术：

（1）钢笔工具。

（2）渐变工具。

（3）画笔工具。

实训

1. 选择商品——塑料饭盒进行拍摄。
2. 对拍摄的图片进行美化处理。
3. 对商品进行宣传图片设计。

任务七　纸质类商品图片拍摄、美化及宣传图片设计——笔记本

任务描述

1. 以拍摄笔记本为例，练习拍摄纸质类商品图片、美化商品图片及宣传图片设计。
2. 通过任务学习，初步掌握纸质类商品图片拍摄、美化及宣传图片设计。

任务实施

活动一　纸质类商品图片拍摄——笔记本

活动描述

拍摄纸质类商品——笔记本。

操作步骤

步骤 1：拍摄前准备——相机设置

微距模式/闪光灯（关闭）/开启防抖功能/Ev(曝光值)+1/自动白平衡/对焦区——中心

AF/ISO：100。

步骤 2：布光与背景拍摄技巧

（1）背景的选择：在拍摄时，要根据拍摄商品的颜色和材质来选择背景纸，由于案例为灰色，所以选用白色背景纸（如果拍摄商品为纯白色，也可以选用蓝色背景纸来衬托，但是要解决好背景纸颜色对拍摄商品的影响）。

（2）拍摄技巧：因为纸质商品是吸光物体，所以不会有高光过重的困扰，但是一定要注意相机的 ISO 调节，本例中分别使用了 ISO：80 与 ISO：100 两种数值进行拍摄，由于 ISO 设定值不同，拍摄出来的效果有很大差别，如图 2-165 与图 2-166 所示。（在数码相机中，ISO 表示 CCD 或者 CMOS 感光元件的感光速度。ISO 数值越高就说明该感光元器件的感光能力越强。高 ISO 值在光线不足的情况下使用）

由于图 2-162 的相机 ISO 参数值为 100，所以显得整洁明亮；而图 2-163 的 ISO 参数值为 80，所以拍摄出来的商品显得昏暗，由此我们可以总结出，想要得到画面较为明亮的商品图片，可以适当增加 ISO 的参数值。

图 2-162　ISO：100 效果

图 2-163　ISO：80 效果

注意：纸质商品的布光要注意对光源的柔化，尽量让主光源的光均匀地打在拍摄商品上，避免商品局部过暗。

步骤 3：商品摆放及拍摄

对笔记本进行拍摄时，一定要很直观地让购买者能够一眼看得出笔记本的厚度，在商品图片处理中可以对其进行尺寸的简单标注，让消费者看到商品时一目了然，如图 2-164 所示。

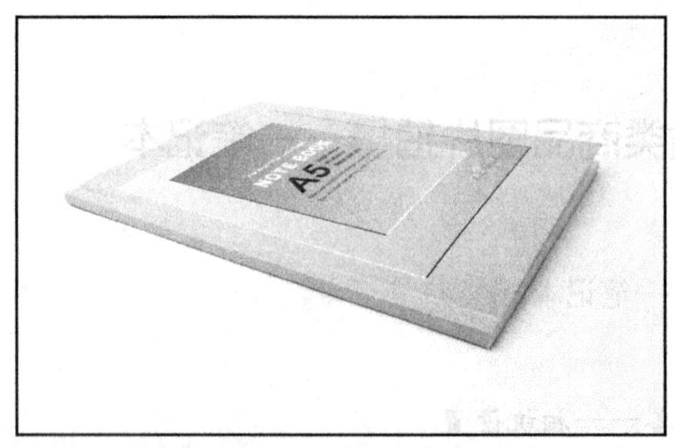

图 2-164　呈现笔记本厚度

购买者如果要选购该商品，一定会注意笔记本的内页纸张材质以及横格的印刷质量，所以，要向购买者展示笔记本的内页，如图 2-165 所示。

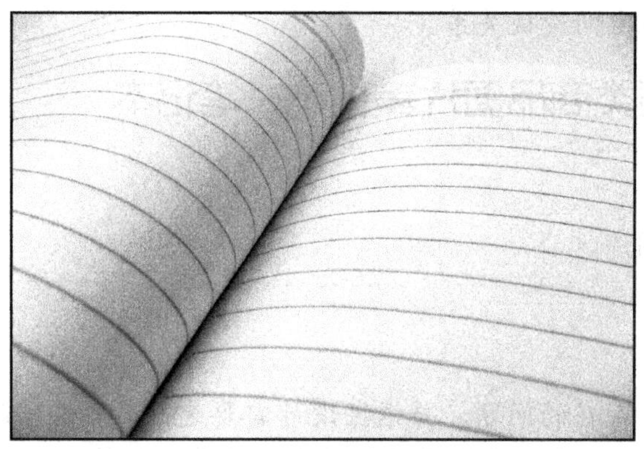

图 2-165 展示笔记本内页

在拍摄时，要尽可能地向购买者展示笔记本的整体外观以及封面设计、相关信息等内容，让购买者更加清晰直观地了解该商品，如图 2-166 所示。

图 2-166 呈现整体外观

同时，还可以用手翻动笔记本内页的方式来展示笔记本内页纸张的颜色、硬度、材质等信息，如图 2-167 所示。

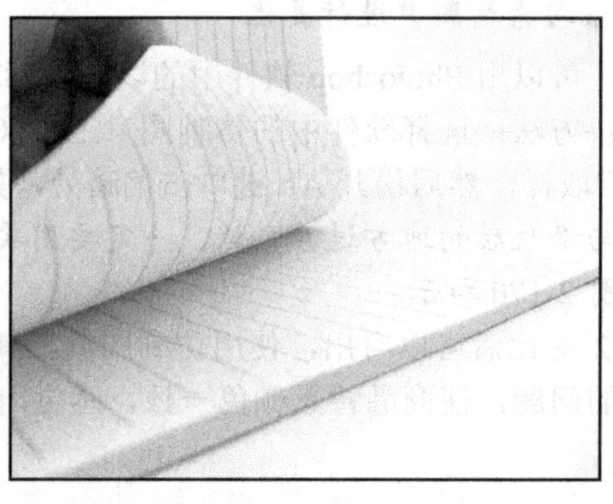

图 2-167 展示笔记本内页纸张颜色、硬度

总结：在对纸质商品进行拍摄时，要注意整体画面的清新，拍摄前要注意对拍摄物品的简单修整，减少小瑕疵对整体拍摄画面的影响，还要注意拍摄时不要垂直拍摄，最好有一定的倾斜角度来体现空间透视关系。

活动二　纸质类商品图片美化——笔记本

活动描述

美化纸质类商品图片。

操作步骤

操作提示

（1）分析素材照片存在的问题，并根据设计需要选择截取恰当的位置。

（2）使用 Photoshop 软件中的修图功能对素材照片进行美化。

（3）将想要体现出来的细节部分加强。

步骤 1：分析素材照存在的问题

从素材照片可以看出，由于拍摄时打光不均匀，导致素材照片右上方箭头所指的地方偏暗；另外，图片中下方处由于笔记本本身侧棱面材质问题影响了整体美观，所以针对以上两点明显缺陷进行修改。设定素材右上方偏暗部分为问题①，中下方侧棱面为问题②，如图 2-168 所示。

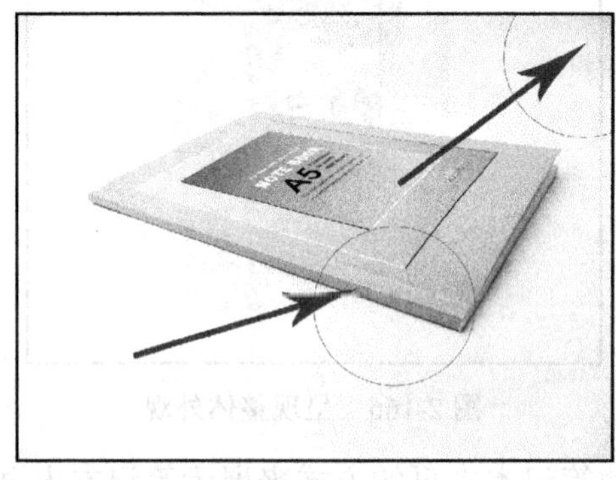

图 2-168　素材照片

步骤 2：使用 Photoshop 对素材照片进行美化

综合步骤 1 所述问题，可以用 Photoshop 软件中的以下步骤对图片素材进行修改。

（1）针对问题①的解决方法：选择软件中的仿制图章工具（S），在偏暗处周围颜色较为明亮的地方按住 Alt 键后取样，然后松开 Alt 键单击偏暗处，如图 2-169 所示。

注意：为了让取样点与修改后的地方过渡自然，一定要用柔角笔触进行修复，如果选用尖角则会过度生硬，如图 2-170 所示。

由图 2-171 与图 2-172 对比后可以看出，使用仿制图章工具后，素材画面变得和谐很多，消除了局部画面偏暗的问题，使商品背景颜色一致，感觉清新。

图 2-169 取样

图 2-170 用柔角笔触进行修改

图 2-171 使用仿制图章工具前

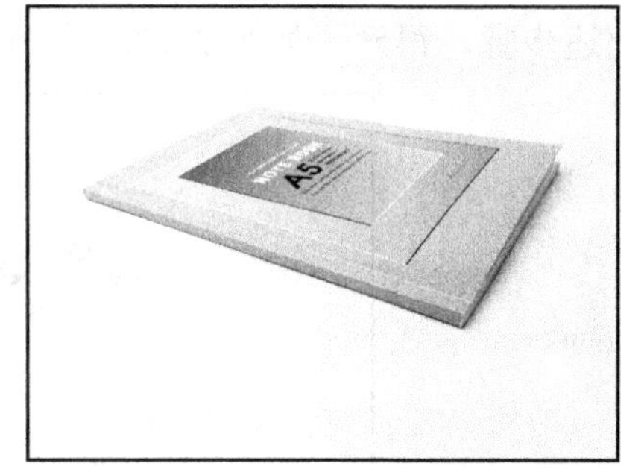

图 2-172 使用仿制图章工具后

（2）针对问题②的解决方法：

首先，选择软件中的钢笔工具（P），沿着笔记本侧棱面绘制路径，如图 2-173 所示。

其次，选中素材图片图层，建立选区并设置羽化半径为 1 像素，如图 2-174 所示。

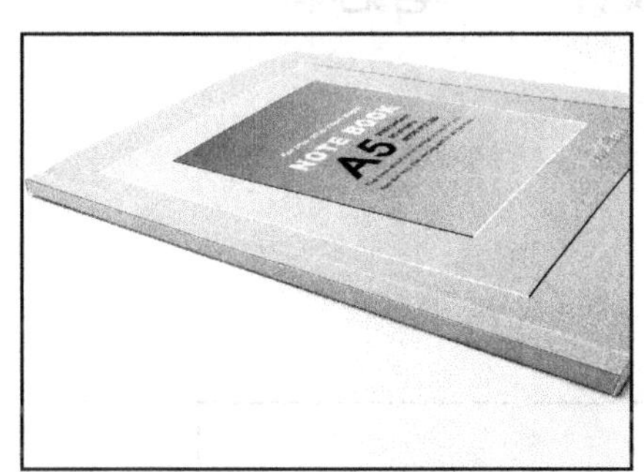

图 2-173 绘制路径

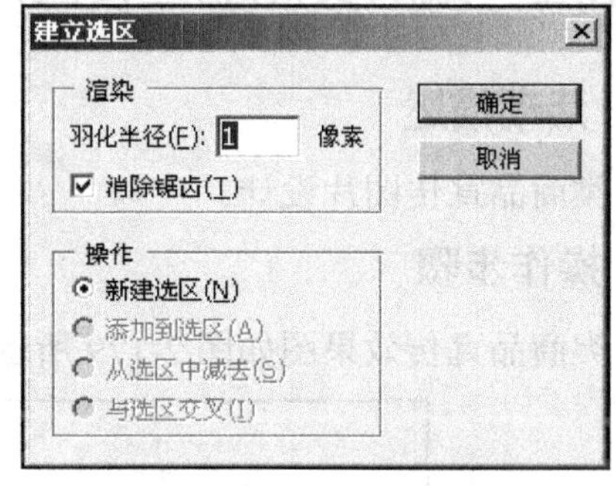

图 2-174 羽化设置

最后，选择软件中的减淡工具（O），对其进行如图 2-175 所示参数设置后，对钢笔选取颜色较深的地方进行涂抹，涂抹前后效果对比如图 2-176 与图 2-177 所示。

图 2-175 参数设置

注意：1. 要想让修补效果过渡自然，要像问题①中的注意一样选用柔角笔触进行修补。

2. 建立选区时一定不要将棱角线选中，以免减淡后让立体商品变成平面。

图 2-176　涂抹前效果

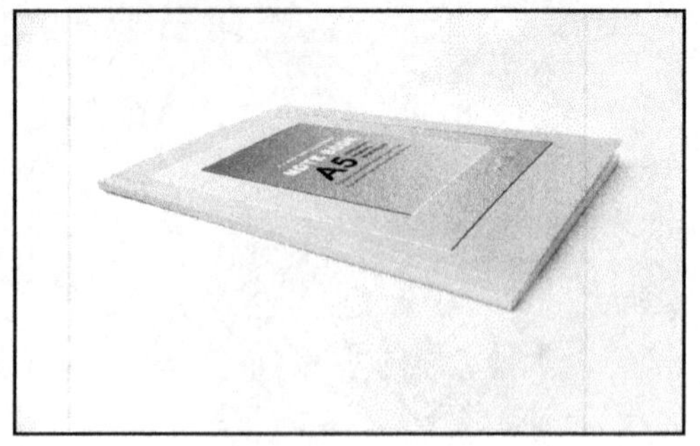

图 2-177　涂抹后效果

综合上述步骤，得到了如图 2-178 所示的画面整洁清新、商品颜色纯正的商品图片。

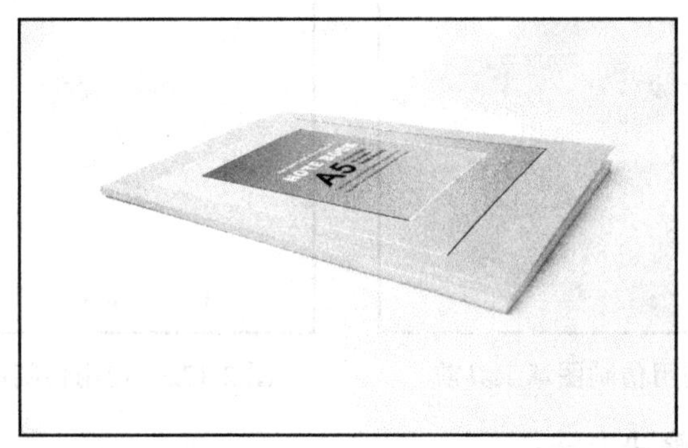

图 2-178　修改好的效果图

活动三　纸质类商品宣传图片设计——笔记本

活动描述

纸质类商品宣传图片设计。

操作步骤

纸质类商品宣传效果图如图 2-179 所示。

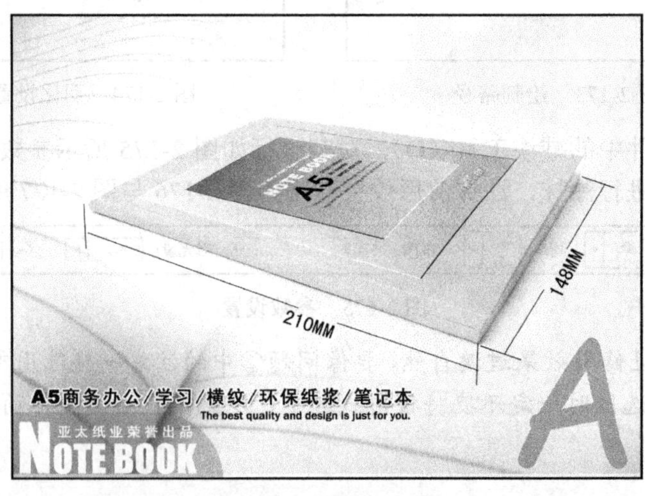

图 2-179　宣传效果图

操作提示

（1）绘制宣传图主背景，确定整体画面风格。

（2）添加文字以及图形信息，并进行微调。

步骤 1：绘制宣传图主背景，确定整体画面风格

（1）打开处理好的商品素材图片将其设为宣传图主背景，如图 2-180 所示。

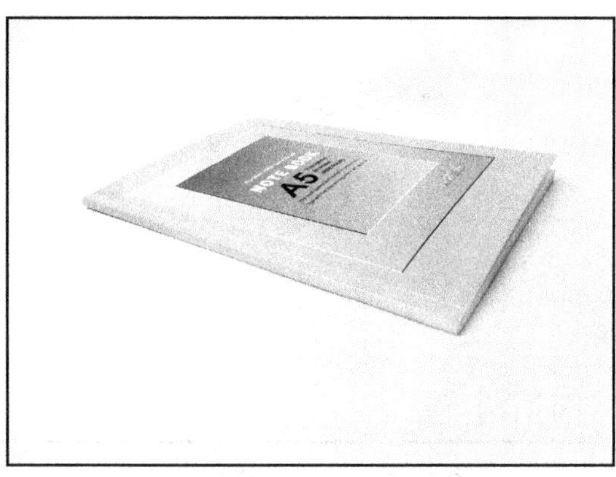

图 2-180　宣传图主背景

（2）打开处理好的商品素材图片，将其托至（1）中的图层之上，设置图层混合模式为颜色加深，选用橡皮工具（E）对其进行擦除，不透明度为 70%，效果如图 2-181 所示。

图 2-181　设置图层混合模式

（3）选择圆角矩形工具（U），设置半径为 33 厘米，图层不透明度为 37%，绘制如图 2-182 所示的图形。

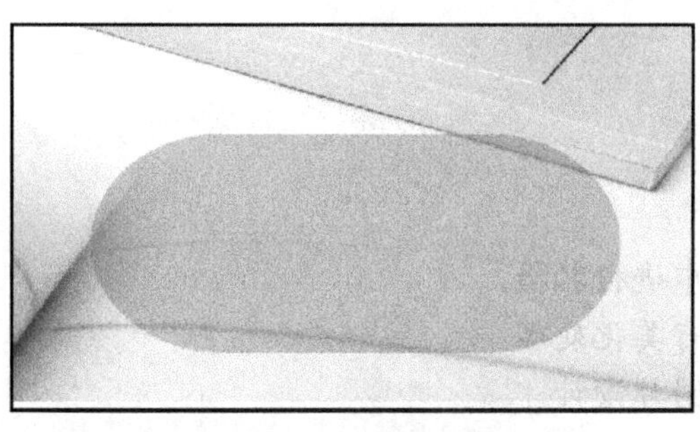

图 2-182　绘制圆角图形

步骤 2：添加文字以及图形信息，并进行微调

（1）将绘制的圆角矩形拖至图片左下角后，新建文字图层，输入文字后效果如图 2-183 所示。

图 2-183 输入文字后效果

（2）输入商品信息及装饰性文字图形，如图 2-184 所示。

图 2-184 输入商品信息

应用技术：

（1）钢笔工具。

（2）自定义图形。

（3）渐变。

实训

1. 选择商品——纸巾进行拍摄。
2. 对拍摄的图片进行美化处理。
3. 对商品进行宣传图片设计。

任务八 大件商品图片拍摄、美化及宣传图片设计

任务描述

1. 商品拍摄前对表面进行处理、调整合适的角度与布光，进行拍摄。
2. 利用 Photoshop 软件调整照片曝光、修复画面遗憾、调整照片色调。
3. 利用 Photoshop 软件完成电商平台行李箱促销海报的设计与排版。

任务实施

活动一 大件商品图片拍摄

活动描述

首先，在拍摄商品前要对商品的表面进行相应的处理，凸显产品的质感，以达到最佳的拍摄效果；其次，安排商品摆放的角度，要让消费者了解商品的长宽比例，安排布光，要让消费者看清商品的全部细节；最后，选择合适的拍摄模式、设置好光圈快门、ISO 感光度、白平衡、对焦和测光模式、曝光补偿等参数后，根据宣传海报创意的需求进行构图拍摄。

操作步骤

步骤 1：行李箱表面处理

（1）在选择拍摄样本的时候，要仔细观察样本的表面是否有划痕、凹凸和颜色花纹不均匀的情况，务必选择表面完美的样本进行拍摄。

（2）用干净的棉布或海绵清理商品表面的灰尘和手印，切忌使用卫生纸，因为卫生纸容易掉毛，擦拭干净后如果要挪动商品要戴白色棉布手套，这样就不会在商品表面留下手印。

（3）用干净的棉布或海绵蘸取少量食用油涂抹在商品表面，以增强商品材质的质感，注意抹油不要过多，否则会在商品表面增加不必要的高光点。

步骤 2：摆放商品的角度

要使商品与机位的角度关系为 45°，因为 45° 角是表现商品立体感的最佳角度，然后根据宣传海报的创意需求选择俯拍或仰拍，如图 2-185 所示。

步骤 3：商品布光与背景颜色选择

（1）对商品进行全光源布光，就是在保证商品立体感的前提下，将商品的每个面、每个细节全部照亮，无死角，目的是要让消费者看清商品的全部细节，这就要求商品的上、

左、右、前、后都有光，如图 2-186 所示。

图 2-185　商品摆放角度示意图

图 2-186　商品布光示意图

（2）拍摄背景的颜色一般选择无彩色（黑白灰），无彩色的背景适合大多数商品拍摄的需要，注意不要顺色。例如，商品颜色为白色，背景也选择白色，这样会给后期抠图带来巨大的麻烦。

步骤 4：设置相机参数

（1）由于商品拍摄的对象一般是静止的状态（特殊商品除外，比如宠物），所以要把曝光模式选择为 Av 光圈优先的曝光模式，根据需要控制光圈，得到适当的景深范围，如图 2-187 所示。

图 2-187　曝光模式选择

（2）由于我们要详尽地展示产品的全部细节，所以光圈不能过大，大光圈会使景深变小，就会出现前实后虚的画面效果，因此，大光圈不适合商品全景拍摄的需求（适合特写的拍摄），所以要将光圈设置为 F6.3，如图 2-188 所示。

（3）为了获得较为细腻的画面效果，要把 ISO 感光度设置为 100，ISO 感光度过高会增加画面的噪点，影响成像质量，如图 2-189 所示。

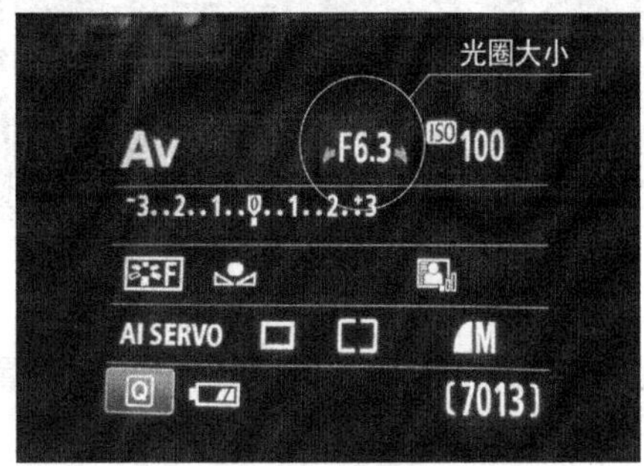

图 2-188　光圈的选择

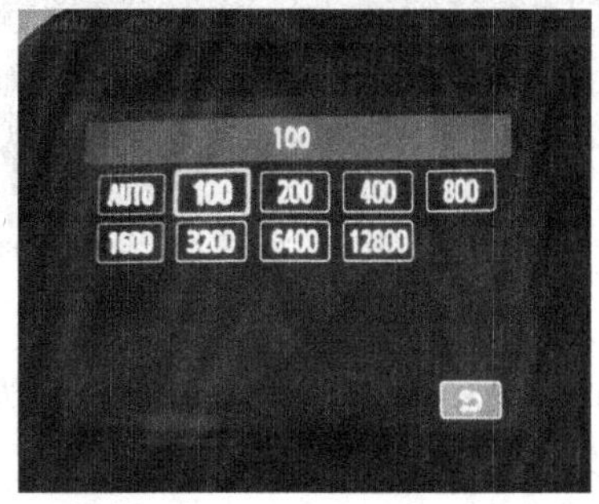

图 2-189　ISO 感光度的选择

（4）为了如实再现商品的颜色，不产生色偏的现象，要把白平衡设置为 AWB 自动，如图 2-190 所示。

图 2-190　白平衡的选择

（5）由于商品拍摄的对象一般是静止状态，所以要把对焦模式设置为 AF（自动对焦）；把自动对焦操作设置为 ONE SHOT（单次自动对焦）；自动对焦方式设置为快速模式，如图 2-191 至图 2-193 所示。

图 2-191　对焦模式的选择

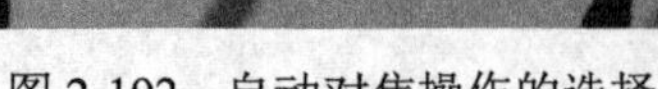

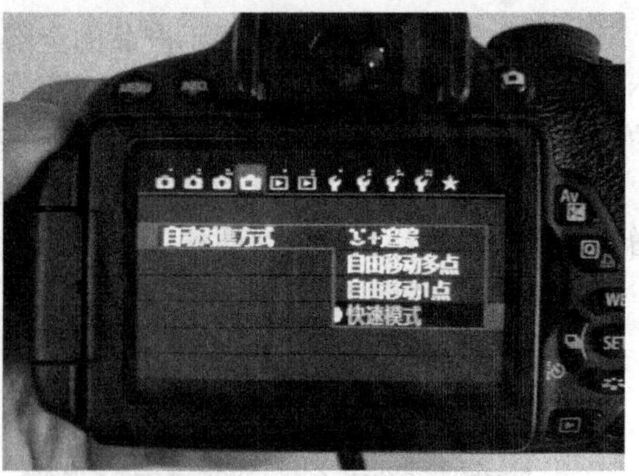

图 2-192　自动对焦操作的选择　　图 2-193　自动对焦方式的选择

（6）商品拍摄测光模式一般设置为中央重点平均测光，把相机的测光模式设置为中央重点平均测光，如图 2-194 所示。

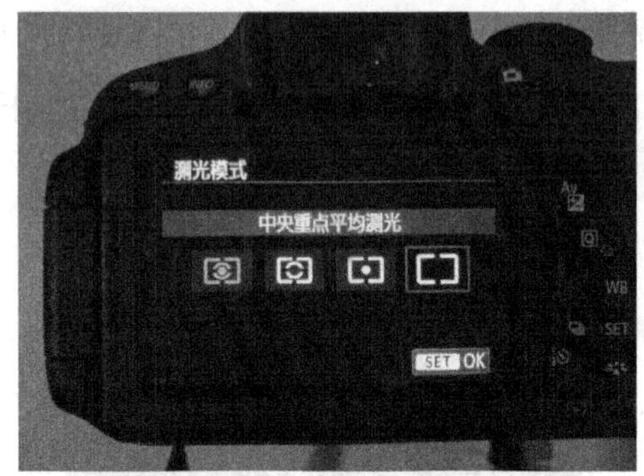

图 2-194　自动对焦方式的选择

步骤 5：开始拍摄

（1）首先进行试拍，根据画面效果调整曝光补偿，画面过亮，证明曝光过度；画面过暗，证明曝光不足，可以利用曝光补偿进行调整。

（2）按住机身上的曝光补偿按钮，如图 2-195 所示；转动机身上的多功能转盘，如图 2-196 所示；即可控制曝光补偿值从+3 到−3，如图 2-197 所示；正数可以使当前画面变亮，负数可以使当前画面变暗，以到达最佳的曝光效果。

图 2-195　曝光补偿按钮

图 2-196 多功能转盘

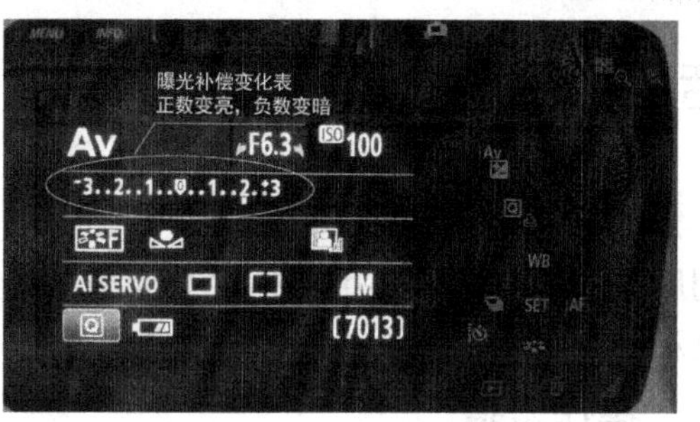

图 2-197 曝光补偿表

（3）调整好适当的曝光补偿值后，开始正式拍摄，按快门键时，先半按快门，进行自动对焦与测光，当听到蜂鸣声后再全按快门键，即可完成拍摄，如图 2-198 所示。

图 2-198 快门键

（4）照片拍摄完成后，可以按机身上的播放键，播放照片，如图 2-199 所示；按机身上的缩小键与放大键，可以对照片进行缩放，如图 2-200 所示；放大照片的目的在于观察细节，如果不满意拍摄效果，可以按机身上的删除键，将照片删掉，重新拍摄，删除键及拍摄样片，如图 2-201 所示。

图 2-199 播放键

图 2-200 缩放键

图 2-201 删除键和拍摄样片

活动二　大件商品图片美化

活动描述

利用 Photoshop 软件中的色阶命令和修复工具对照片的曝光度和画面遗憾进行处理；利用色彩平衡命令调整照片的色调变化。

操作步骤

步骤 1：调整照片曝光度

（1）从照相机中取出 SD 卡，利用读卡器将 SD 卡中的照片复制到计算机的硬盘上。

（2）照片拍摄完成以后，很可能会因为照相机自身测光系统不准确而出现曝光不正确的现象，可以利用 Photoshop 对照片曝光进行调整。

（3）打开 Photoshop 软件，执行文件命令菜单中“打开”命令，打开刚刚拍摄的商品照片，如图 2-202 所示，然后利用“图像”命令菜单中的“调整”命令里的“色阶”命令，调整照片曝光，如图 2-203 所示，认真观察照片色阶曲线图，确认属于下面三种情况中的哪一种。一般情况很难拍出像第一种，色阶非常正确的照片，色阶正确说明曝光正好；能拍出第二种不正确的色阶也可以，通过 Photoshop 软件中的色阶命令进行曝光弥补；如果拍出第三种色阶，那么这张照片基本就无法通过软件挽救曝光了，如图 2-204 所示。

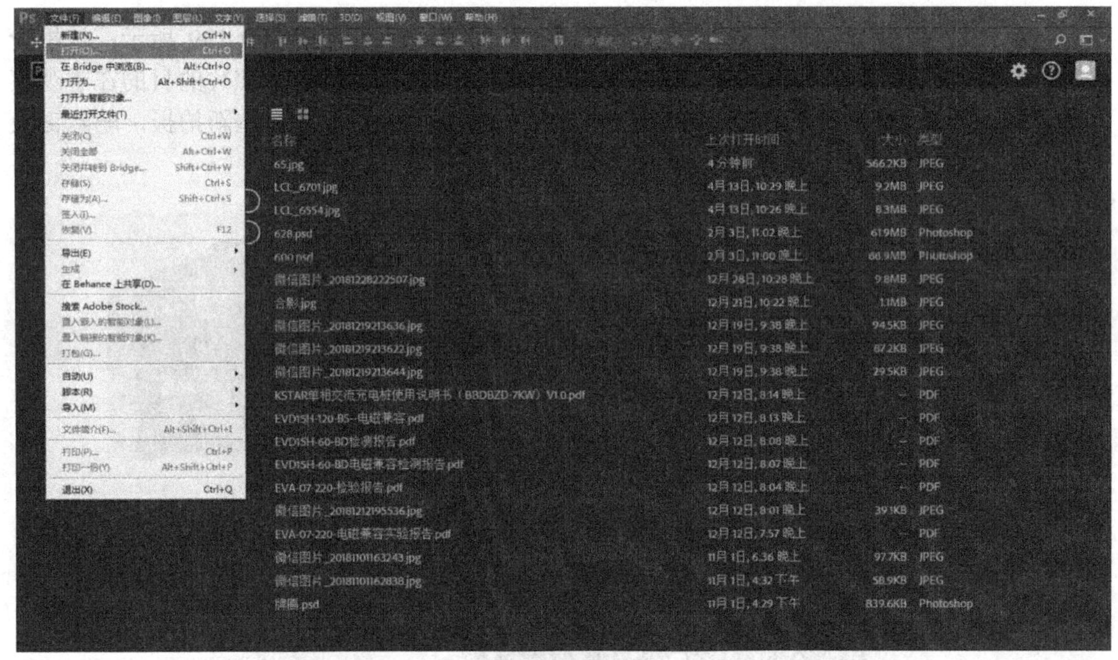

图 2-202　“打开”命令菜单

（4）具体调整曝光的方法，就是将色阶对话框中左侧的暗场滑块向右侧移动，移动到色阶曲线的开始位置，然后将色阶对话框中右侧的亮场滑块向左侧移动，移动到色阶曲线的结束位置即可完成曝光的控制，如图 2-205 所示。

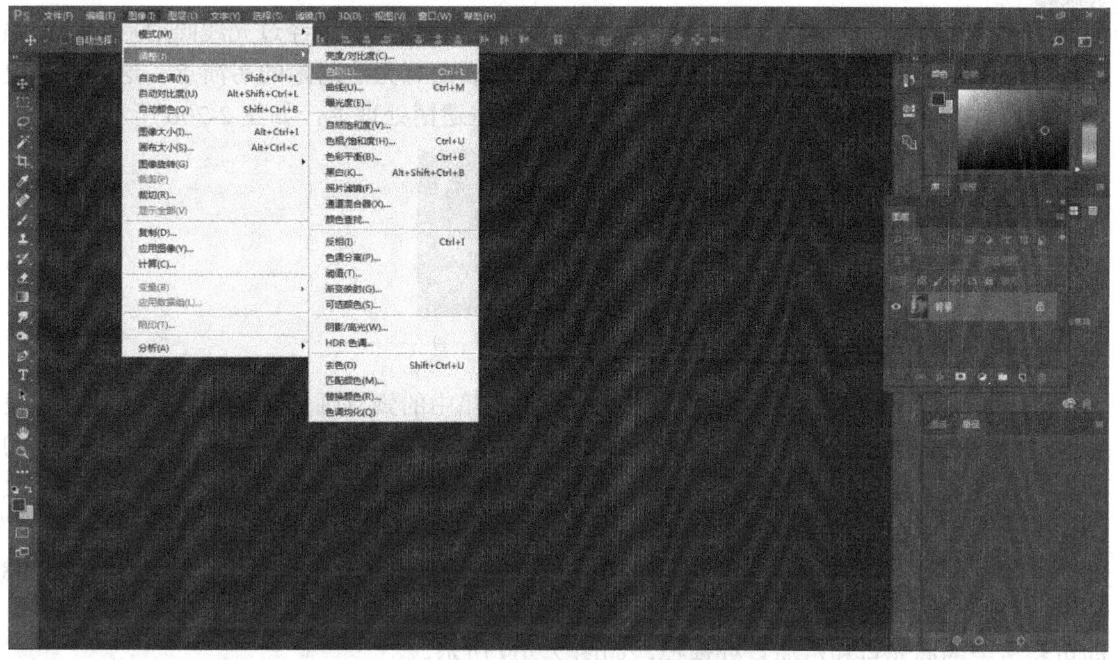

图 2-203 “色阶”命令菜单

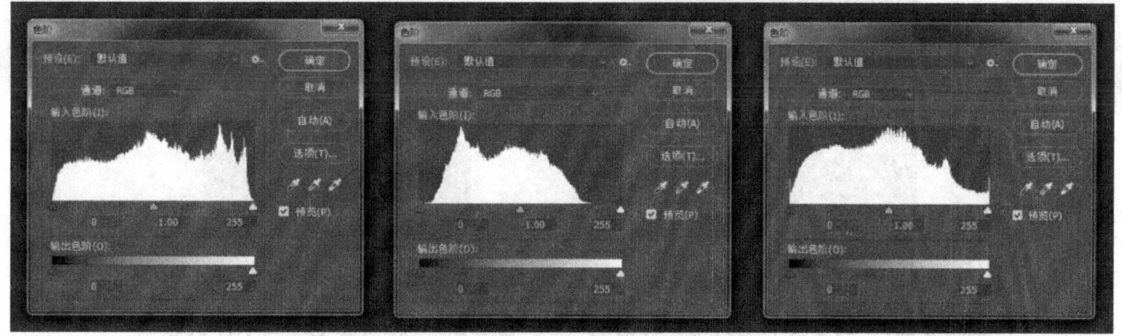

图 2-204 三种色阶情况

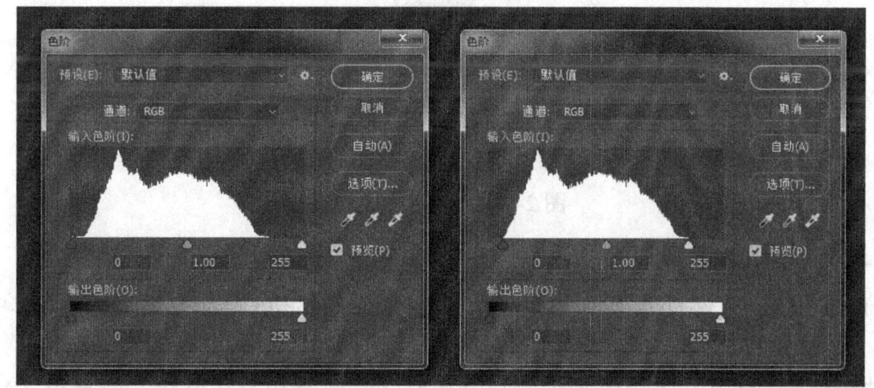

图 2-205 色阶调整方法示意图

步骤 2：利用修复画笔工具对照片中的遗憾进行修复

（1）在商品拍摄过程中，由于商品表面不平，局部有凹陷（有可能是商品自身结构有凹凸的结构，也有可能是由外界因素导致商品表面出现的遗憾），经过光线照射后这些凹陷区域的边缘就会出现多余的高光点；或者由于商品表面有无法清除的污渍点。这两种情况都可以通过 Photoshop 软件中的修复画笔工具将这些遗憾处理掉，如图 2-206 所示。

图 2-206　修复画笔工具

（2）修复画笔工具的具体使用方法，选中工具箱中的修复画笔工具，首先进行参数设置，在画面上任意位置右击鼠标，在弹出的画笔参数对话框中，通过调节滑块设置画笔的大小和硬度值，画笔大小要根据照片中多余的高光点和污渍点的大小进行调整，使画笔大小略大于高光点和污渍点，硬度值要设置为 0，如图 2-207 所示。然后按住键盘上的“Alt”键在高光点和污渍点的附近进行取样（按住“Alt”键单击鼠标左键完成取样）如图 2-208 所示，取样完成后，释放“Alt”键，用鼠标对准高光点和污渍点单击鼠标左键进行覆盖，即可将多余的高光点和污渍点处理掉，如图 2-209 所示。

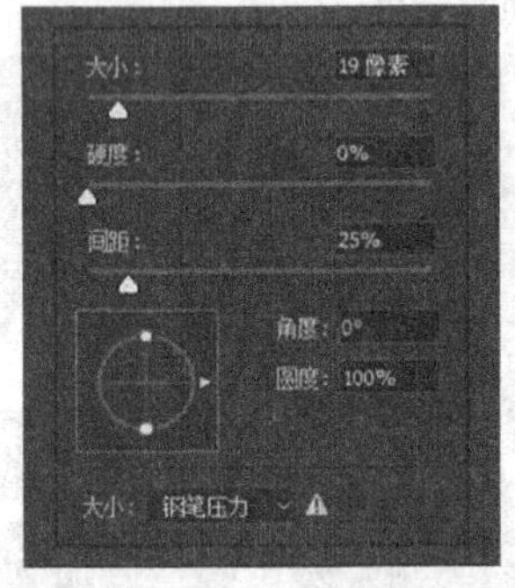

图 2-207　修复画笔工具设置对话框

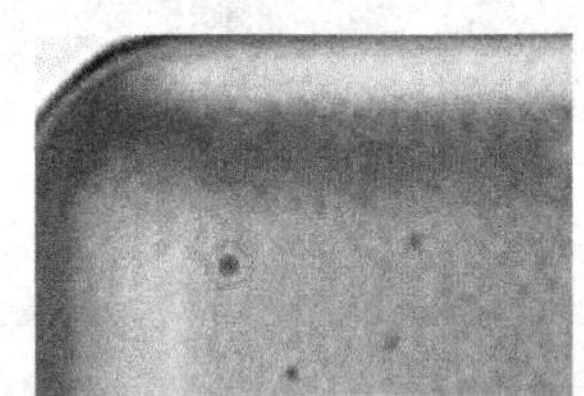

图 2-208　修复画笔工具取样状态

图 2-209　修复完成效果

步骤 3：调整照片色相

利用 Photoshop 软件打开刚刚拍摄的商品照片，然后执行“图像”命令菜单中“调整”命令里的“色彩平衡”命令，如图 2-210 所示，然后弹出“色彩平衡”对话框，这个命令的作用是把照片上的颜色划分成 6 种颜色（R 红色、G 绿色、B 蓝色、C 青色、M 洋红色、Y 黄色），根据需要将滑块拖向某一颜色，照片的整体色调就会偏向那种颜色，如图 2-211 所示。

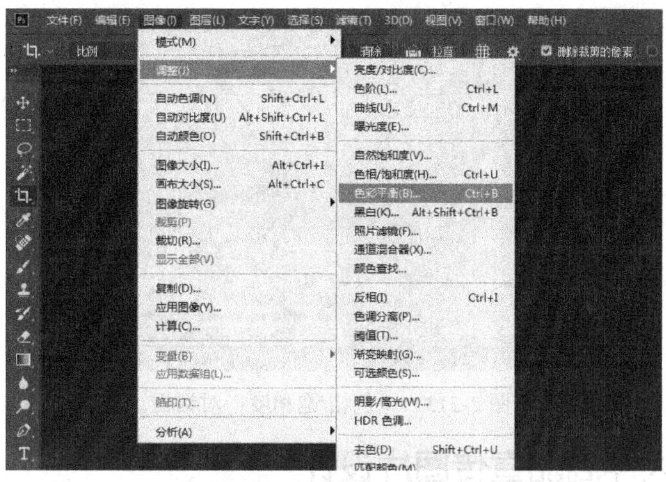

图 2-210 “色彩平衡”命令

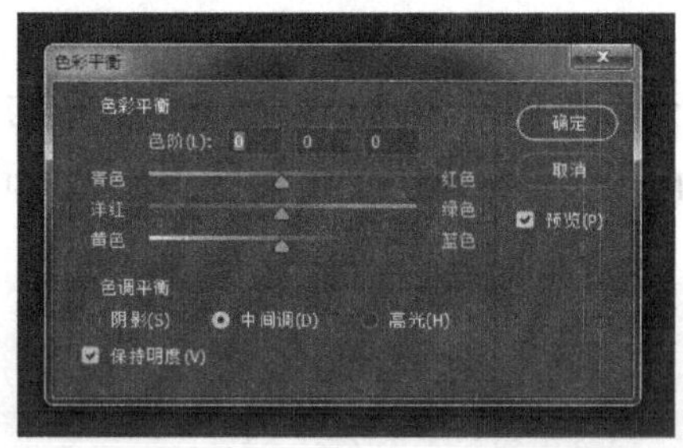

图 2-211 “色彩平衡”对话框

步骤 4：调整照片纯度和明度

利用 Photoshop 软件打开刚刚拍摄的商品照片，然后执行“图像”命令菜单中“调整”命令里的“色相/饱和度”命令，如图 2-212 所示，然后弹出“色相/饱和度”对话框，根据需要拖曳饱和度和明度滑块，可以调整照片颜色的纯度和明度，将调整滑块向左侧拖曳，照片颜色的纯度会下降，明度会变暗；将调整滑块向右侧拖曳，照片颜色的纯度会下降，明度会变亮，如图 2-213 所示。

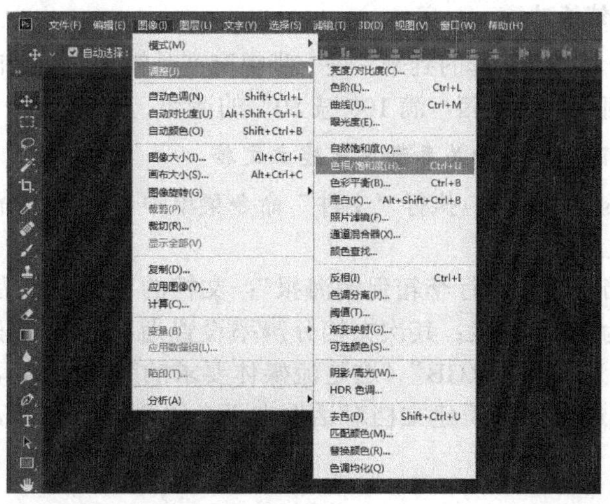

图 2-212 “色相/饱和度”命令

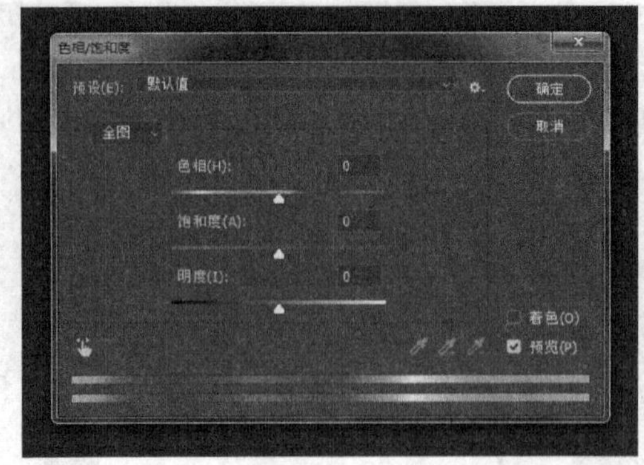

图 2-213 “色相/饱和度”对话框

活动三 大件商品宣传图片设计

活动描述

根据商品的特点归纳总结商品的最大卖点，创作广告语与广告文案；结合销售档期策划促销活动，利用 Photoshop 软件完成电商平台行李箱促销海报的设计与排版。

操作步骤

步骤 1：分析产品卖点

根据卖家的描述与介绍，归纳总结商品与众不同的卖点，最好是其他同类产品没有提出的卖点，经过分析与比对，最后得出“大容量”是这款产品相对与众不同的卖点。

步骤 2：创作广告语与广告文案

根据产品分析出的卖点，结合消费者的阅读习惯（简单易记、朗朗上口、卖点突出）创作出广告语“小身材大容量”。

结合春季适合旅游的这一时间特点，进一步煽动消费者的旅行情结，目的在于让消费者产生购买行为，创造出广告文案“你还在等什么，不要辜负这明媚的阳光，与大自然亲密邂逅”。

步骤 3：策划促销活动

为了配合“五一”销售旺季的到来，进一步提高产品销量，策划出促销方案“5 月 1～30 日购买此品牌任何一款行李箱，满 100 减 50”的活动。

步骤 4：根据电商平台的相关参数要求建立文档

（1）打开 Photoshop 软件，执行“文件”命令菜单中“新建”命令，在弹出的新建文档对话框中进行参数录入。

（2）首先给文档命名为“行李箱促销海报”；文档的单位设置为“像素”，宽度设置为 790 像素，高度为 1080 像素；其次文档分辨率设置为 72dpi（这是流媒体要求的分辨率），颜色模式设置为 8 位“RGB”（这是流媒体要求的颜色模式），再次将文档背景内容设置为“白色”，最后单击新建文档对话框右下角“创建”按钮，完成文档的建立，如图 2-214 所示。

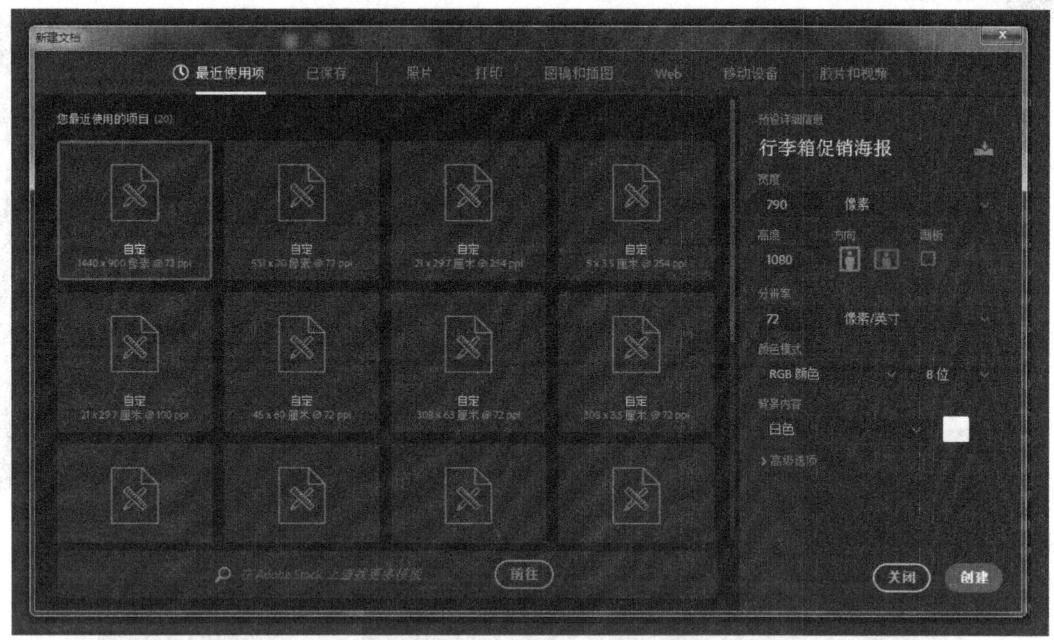

图 2-214 “新建文档”对话框

步骤 5：打开图片素材并完成抠图。

（1）执行“文件”命令菜单中“打开”命令，如图 2-215 所示，将拍摄好的商品照片和光盘中“海报素材”文件夹中提供的素材分别打开，如图 2-216 所示。

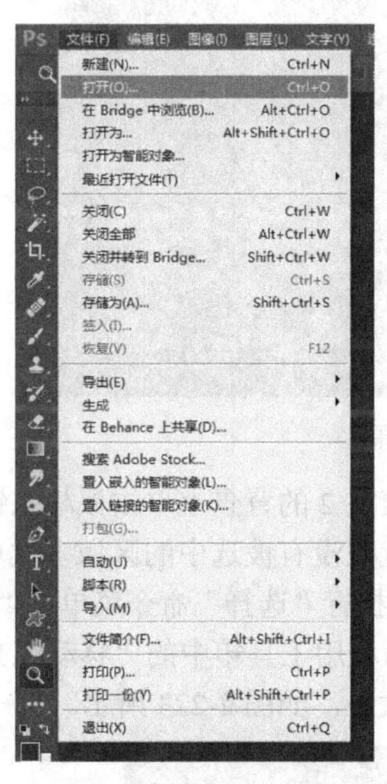

图 2-215 “打开”命令

图 2-216 拍摄的产品照片与素材图片

（2）利用工具箱中的“移动工具”，如图 2-217 所示，把“素材 4”拖曳到“行李箱促销海报”文档中，并利用“编辑”命令菜单中的“自由变换”命令，如图 2-218 所示，调整素材 4 的大小，满意后单击键盘“Enter”键确认，如图 2-219 所示。

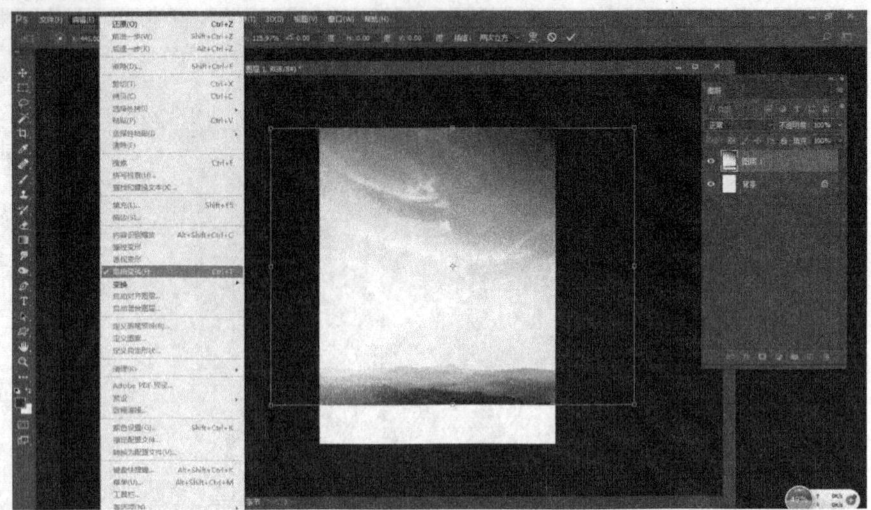

图 2-217　移动工具　　　　图 2-218　“自由变换”命令

图 2-219　调整素材大小后的效果

（3）利用工具箱中“魔棒工具”，如图 2-220 所示，在素材 2 的背景上单击鼠标左键，建立选框，单击一次如不能将素材 2 背景像素点全部选中，就在没有被选中的区域多次单击，直到将背景的像素点全部选中为止，如图 2-221 所示，然后执行“选择”命令菜单中“反选”命令，如图 2-222 所示，将素材 2 中的木头路牌选中，最后利用工具箱中的“移动工具”将木头路牌移动到“行李箱促销海报”文档中，并调整适当大小，如图 2-223 所示。

图 2-220　魔棒工具及属性栏参数

图 2-221　完成建立选框效果

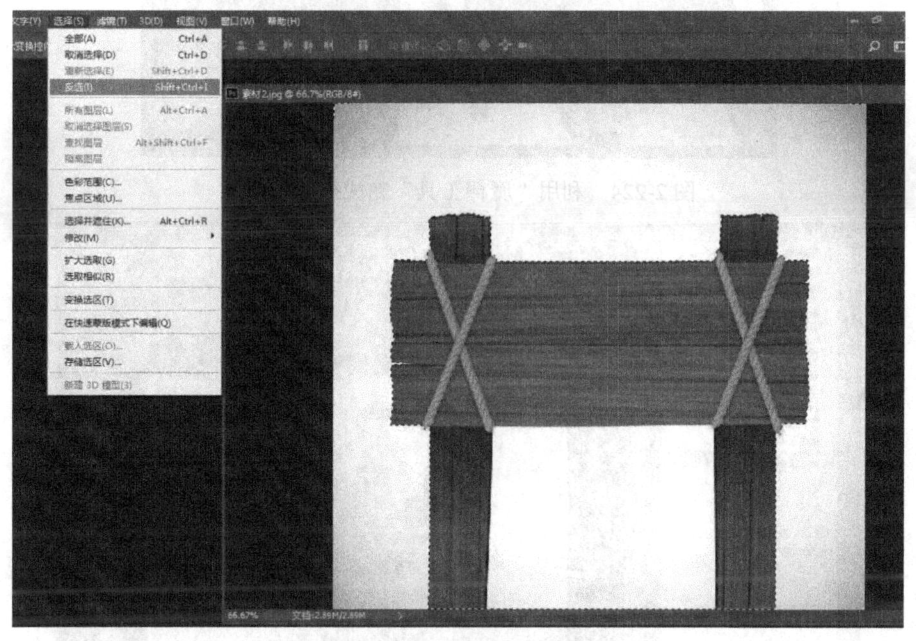

图 2-222　“反选”命令

图 2-223　利用工具箱中的“移动工具”后的效果

（4）拍摄完成的商品照片和素材 3 也采用相同的方法，利用“魔棒工具”完成抠图，并把完成抠图的照片和素材也移动到“行李箱促销海报”文档中，并调整适当大小，如图 2-224 所示。

（5）利用“选择”命令菜单中“主体”命令，如图 2-225 所示，将素材 1 中的长颈鹿选中，然后将长颈鹿移动到“行李箱促销海报”文档中，并调整适当大小，如图 2-226 所示。

图 2-224　利用“魔棒工具”完成抠图的效果

图 2-225　“主体”命令

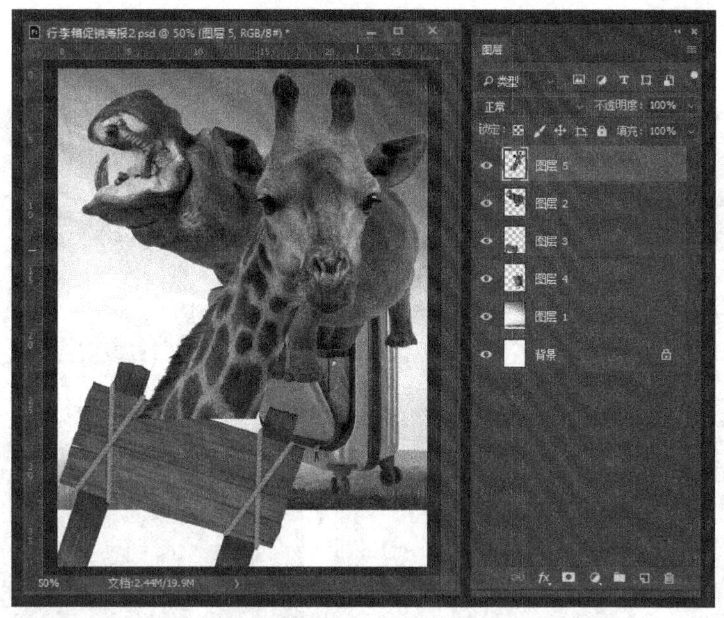

图 2-226 将长颈鹿移动到“行李箱促销海报”文档后的效果

步骤 6：完成河马与长颈鹿装入行李箱中的效果

（1）首先将长颈鹿图层进行隐藏，然后选中河马图层，将河马图层的透明度调整为 50%，最后调整河马的大小和角度达到满意状态，如图 2-227 所示。

图 2-227 调整河马图层

（2）利用 Photoshop 软件工具箱中的钢笔工具，首选沿着行李箱打开口的边缘绘制路径，结束时回到起始点形成封闭的路径，如图 2-228 所示，然后执行组合键（Ctrl+Enter）将路径转化成选框，并单击键盘上的“Delete”键，将选框中的部分河马删掉，这样就可以将河马装入行李箱中，这时将河马图层的透明度调回 100%，如图 2-229 所示，最后利用工具箱中的加深工具（注意加深工具属性栏中“曝光度”的数值）在河马层上加深河马身体与行李箱开口连接的区域，如图 2-230 所示。

图 2-228　路径绘制效果

图 2-229　将河马装入行李箱中

图 2-230　加深河马身体与行李箱开口连接区域

（3）用鼠标将长颈鹿图层拖曳到河马图层的下面，长颈鹿图层也可以采用同样的方法，将长颈鹿装入行李箱中，如图 2-231 所示。

图 2-231　将长颈鹿装入行李箱中

步骤 7：绘制抽象草地效果

（1）首先单击鼠标选择图层 1，然后单击图层浮动面板下方倒数第二个按钮，在图层 1 的上方建立新图层，如图 2-232 所示。

图 2-232　创建新图册

（2）利用工具箱中多边形套索工具绘制出草地的范围，如图 2-233 所示；然后用鼠标单击工具箱中的前景色，在弹出的“拾色器”对话框中，将前景色设置为草绿色，如图 2-234 所示；最后单击组合键（Alt+Delete），用前景色对选框进行填色，如图 2-235 所示。

图 2-233　选框绘制后效果

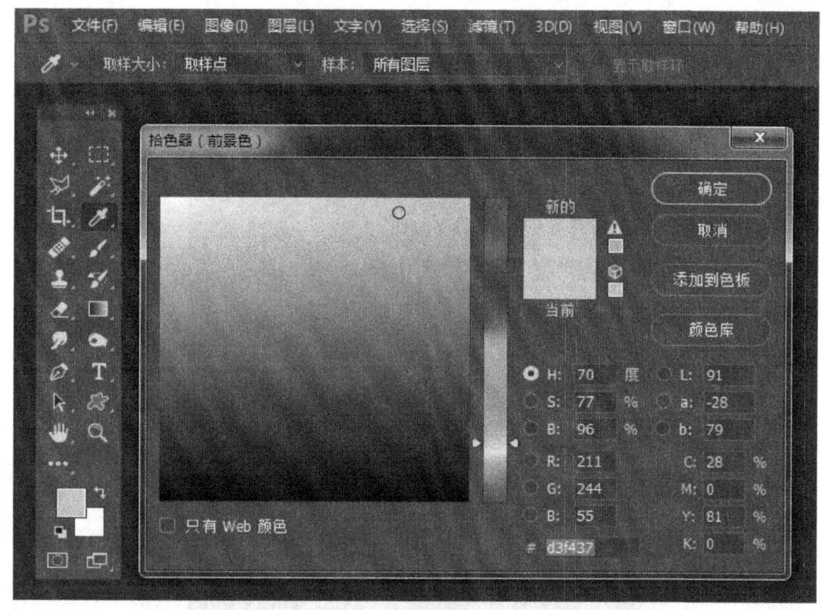

图 2-234 “拾色器”对话框

图 2-235 用前景色对选框进行填色效果图

（3）为新创建的草地层，添加“投影”图层样式，首先选中草地层，然后单击图层浮动面板下面第二个图层样式按钮，在弹出的下拉菜单中选择“投影”图层样式，如图 2-236 所示，在弹出图层样式对话框中按照图例设置参数，如图 2-237 所示。

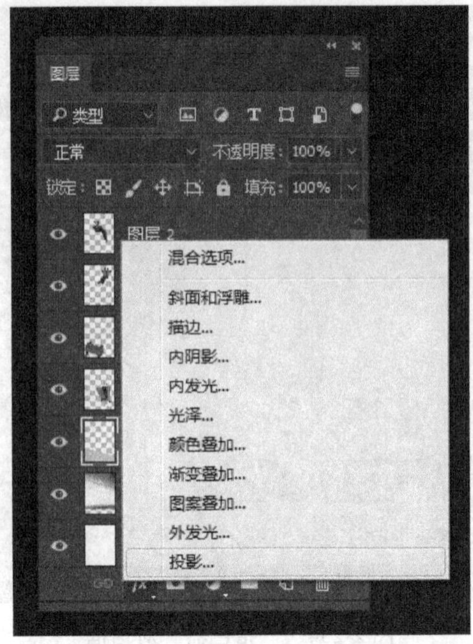

图 2-236　“投影”图层样式

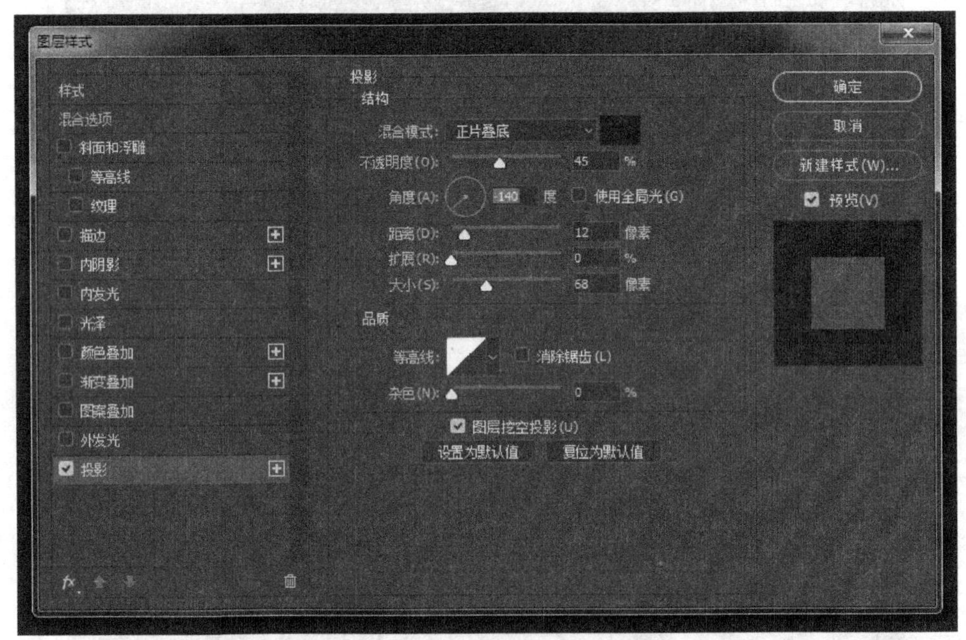

图 2-237　图层样式对话框

（4）利用鼠标把草地层拖曳到新建图层按钮上（图层浮动面板下方倒数第二个按钮），对草地层进行复制，然后再次选中原始草地层，执行“编辑”命令菜单中“变换”命令里的“水平翻转”命令，如图 2-238 所示，将原始草地层左右镜像，如图 2-239 所示。

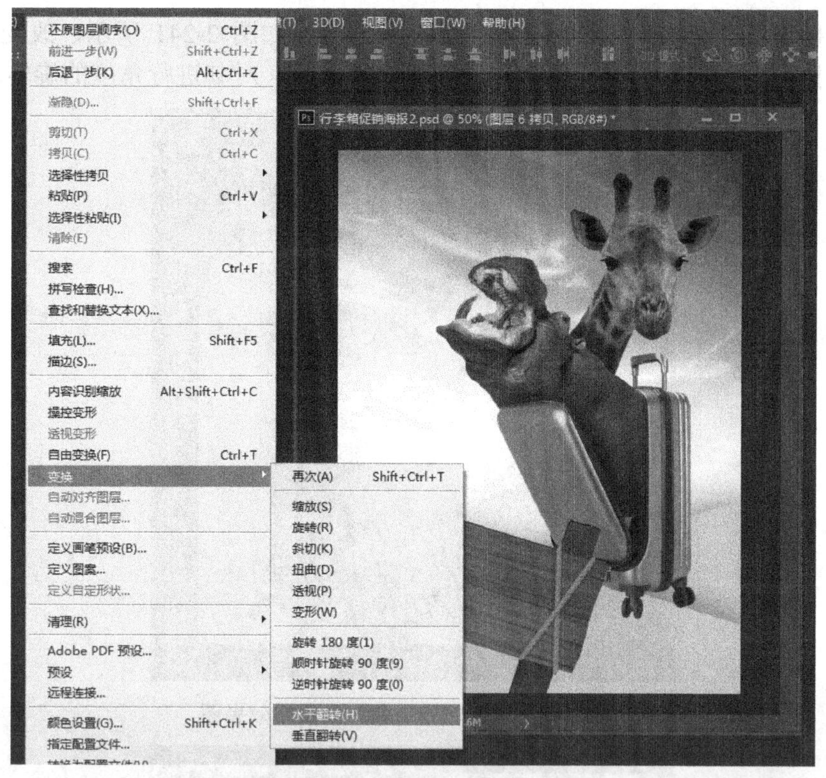

图 2-238 “水平翻转”命令

图 2-239 将原始草地层左右镜像效果图

步骤 8：制作广告语与广告文案

（1）利用工具箱中的文字工具，在页面上任意位置单击录入广告语和广告文案，如图 2-240 所示，如需换行，可以单击“Enter”键进行换行，可以通过窗口命令菜单中“字符”浮动面板设置文字字体、颜色、字号等相关内容，如图 2-241 所示，改变广告文案的行文角度，执行“编辑”命令菜单中“自由变换”命令，对其进行角度的旋转。

图 2-240　录入广告语和广告文案效果图

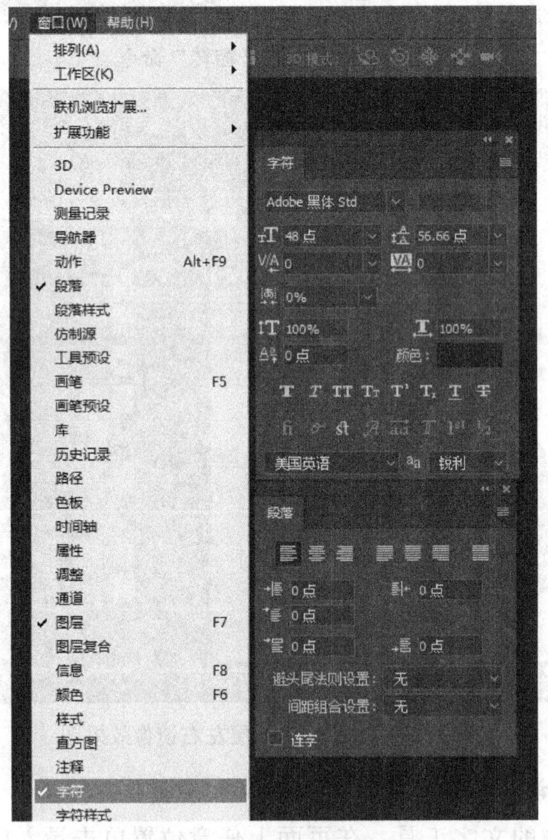

图 2-241　字符与段落浮动面板

（2）为广告语与广告文案设置描边图层样式，首先选中需要添加描边图层样式的文字图层，单击图层浮动面板下方第二个按钮，在弹出的下拉菜单中选择“描边”图层样式，在弹出的图层样式对话框中按照图例设置参数，如图 2-242 所示。

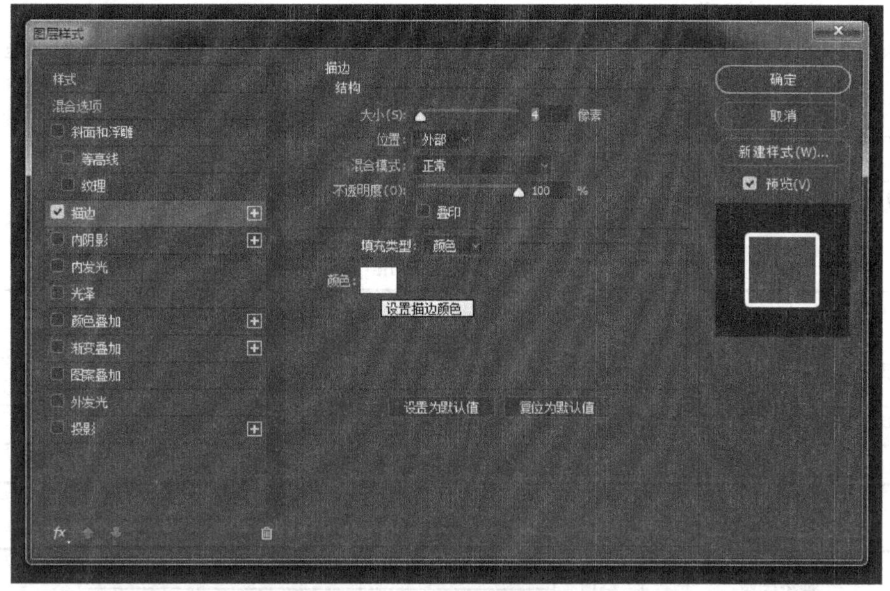

图 2-242 “描边”图层样式

步骤 9：行李箱促销海报最终效果

行李箱促销海报最终效果如图 2-243 所示。

图 2-243 最终效果图

实训：

1. 选择一件 T 恤，男、女均可，首先对 T 恤进行整理，去掉上面的褶皱，然后进行全面拍摄，从整体到局部。

2. 利用 Photoshop 软件对拍摄后的照片进行后期处理，把 T 恤上的遗憾去掉（比如无法擦掉的污渍、无法熨平的褶皱），并进行调色。

3. 利用处理好的 T 恤素材进行促销海报的设计。

项目评价

项目评价标准

等级	等级说明	评价
一级任务	能自主完成项目所要求的学习任务	合格（不能完成任务定为不合格等级）
二级任务	能自主、高质量完成拓展学习任务	良好
三级任务	能自主、高质量完成拓展学习任务，并能帮助别人解决问题	优秀

项目评价表

项目	评价内容	分值	评分				所占价值	项目得分
			自评（30%）	组评（40%）	师评（30%）	得分		
职业能力	掌握不同材质商品图片的拍摄技巧	20					60%	
	掌握使用相关软件对商品图片进行美化处理	20						
	掌握商品图片的简单设计	25						
	掌握了电商海报拍摄、修片、策划、排版的方法与技巧	35						
	合计	100						
通用能力	合作能力	20					40%	
	沟通能力	10						
	组织能力	10						
	活动能力	10						
	自主解决问题能力	20						
	自我提高能力	10						
	创新能力	20						
	合计	100						

项目总结

本项目介绍了不同材质商品图片的拍摄技巧以及使用相关软件对商品图片进行美化处理、对美化后的商品图片进行设计。通过完成 8 个任务的学习，初步掌握商品图片的拍摄、美化处理及宣传图片设计。

项目拓展

任务一：请选择不同材质的日用商品进行拍摄练习：塑料类有牙膏、塑料饭盒等；棉织类有毛巾、百洁布等；金属类有电池、金属挂钩等；皮革类有腰带、钱包等；玻璃类有灯泡、水杯等；木质类有毛笔、木质衣架、木梳等；纸质类有笔记本、纸巾等。

任务二：请根据任务一练习拍摄的图片进行七类商品的图片处理。

任务三：根据任务二练习得到的图片进行商品图片设计。

任务四：选择一个大件商品进行拍摄并对图片进行美化处理及海报设计。

第二部分

店铺装修和平台操作

项目 3 店铺装修（淘宝店铺）

项目目标

熟悉淘宝店铺装修流程。
了解店铺装修风格。
熟悉页面布局单元及模块。
能完成店标、店招及店铺导航的添加与设置。

项目探究

在淘宝网上开店并不是制作几张图片那么简单，还需要完成店铺、店标、店招等的设置。本项目重点学习淘宝店铺的装修，包括店铺模板应用、页面布局单元及模块添加、店标、店招及店铺导航的添加，本项目通过对一个基本“糖果”类淘宝店铺进行装修，使学生们掌握店铺装修的基本流程，为淘宝店铺的开设及后续销量的提高奠定基础。

项目实施

本项目通过三个任务学习淘宝店铺装修的相关知识；应用淘宝店铺模板并选择样式；个性化添加页面布局单元和模块；完成店标、店招及店铺导航的添加等。

任务一 应用模板装修店铺

任务描述

1．进入淘宝“卖家中心”后台挑选并应用店铺模板。
2．对选定的店铺模板进行样式的修改。

任务实施

活动一　选择模板

活动描述

进入淘宝“卖家中心”后台挑选并应用店铺模板。

操作步骤

步骤1：进入淘宝“店铺装修”后台

（1）使用账号登录淘宝，进入“卖家中心”后台，选择左侧菜单栏中的“店铺管理”选项，找到子菜单中“店铺装修”选项，如图3-1所示。

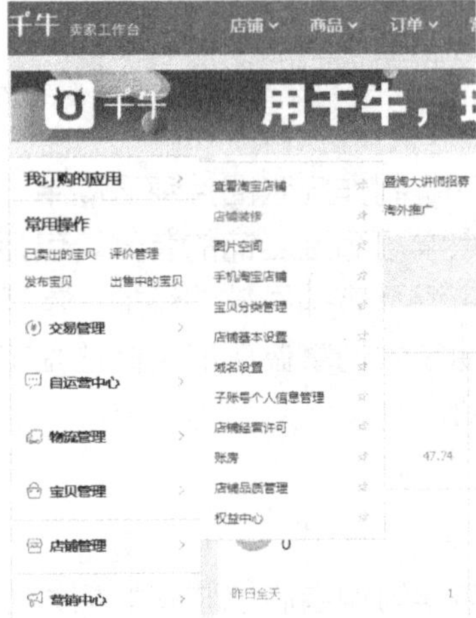

图3-1　淘宝“卖家中心”后台

（2）单击“店铺装修”，即可进入店铺装修后台，如图3-2所示。

图3-2　店铺装修后台

步骤2：查看模板

（1）单击左侧的“模板”菜单，选择“PC端”。（手机端参考PC端，基本操作一致）

（2）进入“模板”选择界面，可以看到当前可用的模板以及该模板价格、特点、到期时间等信息，还可以单击页面下方的“装修模板市场”找到更多模板，如图3-3所示。

图3-3　模板列表

步骤3：选择模板

（1）根据本项目，我们制作一个“糖果”类网店，选择风格为“简约时尚官方模板”。

（2）选择“可选配色”后，单击“应用”按钮，便可以使用该模板了，如图3-4所示。

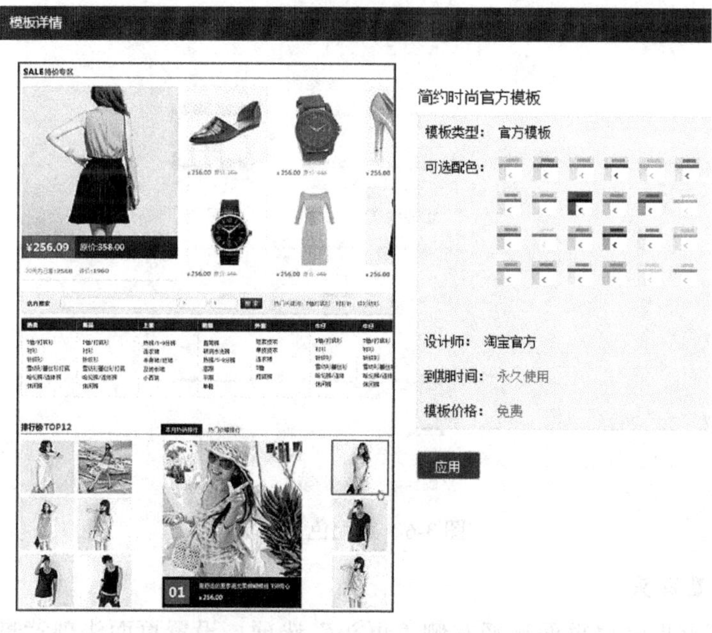

图3-4　模板选择界面

步骤 4：发布模板

应用所选择的模板后，会自动跳转至店铺首页装修页面，该界面可以完成模板的效果预览，单击顶部右侧的“发布站点”按钮，即可完成模板的选择并保存操作，如图 3-5 所示。

图 3-5　发布模板

活动二　定义样式

活动描述

对选定的店铺模板进行配色、页头、页面等样式的修改。

操作步骤

步骤 1：选择配色

在店铺首页装修页面选择左侧“配色”选项，可以选择满足自己店铺风格的配色，这里选择“天蓝色”，如图 3-6 所示。

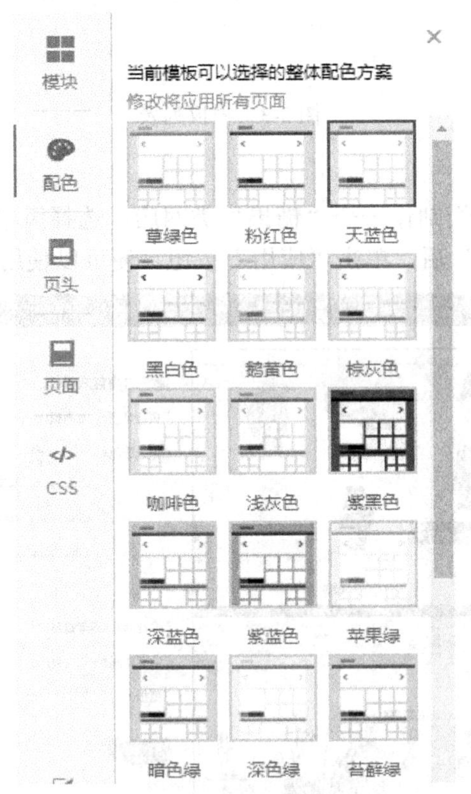

图 3-6　“配色”菜单

步骤 2：设置页头

（1）在店铺首页装修页面选择左侧“页头”选项，设置页面头部背景颜色为不显示，页头下边距 10 像素关闭。

（2）选择一张制作好的页头背景图，单击“更换图”按钮，页头背景图要求格式为 GIF、JPG 或 PNG，文件大小在 200KB 以内，最好选择规则图案且可重复的图像当作背景，下方还可以设置背景平铺格式和对齐格式，如图 3-7 所示。

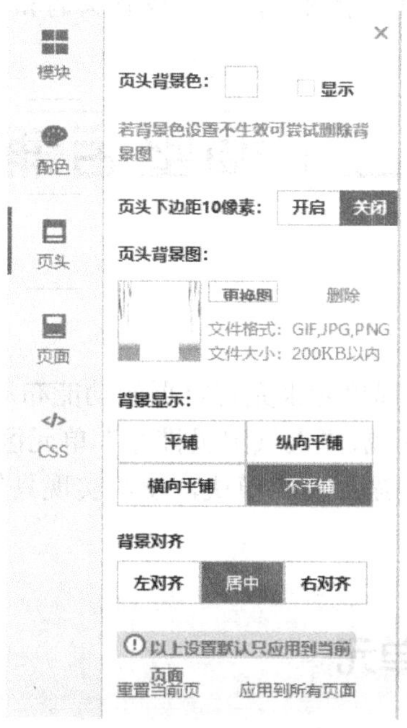

图 3-7　更换页面页头

（3）可以单击“重置当前页”按钮完成设置的重置，也可以单击“应用到所有页面”按钮将页头设置应用于网店的所有页面上。

步骤 3：设置页面

在店铺首页装修页面左侧单击“页面”选项，同样可以设置页面背景颜色、背景图等，页面背景图要求格式为 GIF、JPG 或 PNG，文件大小在 1MB 以内，这里可以上传一张页面背景图，如图 3-8 所示。完成后单击“发布站点”按钮以保存设置。

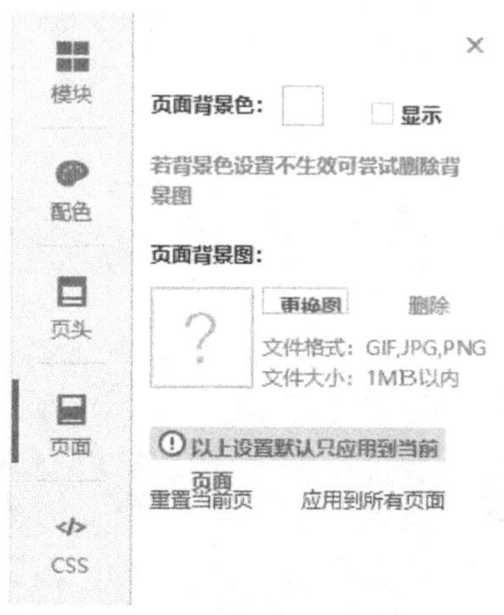

图 3-8　页面设置菜单

实训

1. 根据自己店铺所售商品选择风格适合的模板，并完成发布。
2. 为选择的模板设置搭配的配色。
3. 为模板页头选择适合的背景图片，并完成页头的相关设置。

任务二 调整店铺结构

任务描述

1. 通过在店铺首页添加布局单元来完善首页的功能布局框架，例如添加“宝贝搜索条”单元区域、“店铺公告”单元区域、“人气宝贝推荐”单元区域、“客服中心”单元区域等。

2. 在添加好的布局单元中添加功能模块，使其实现具体的功能。

任务实施

活动一 添加布局单元

活动描述

通过在店铺首页添加布局单元来完善首页的功能布局框架，例如添加“宝贝搜索条”单元区域、“店铺公告”单元区域、“人气宝贝推荐”单元区域、“客服中心”单元区域等。

操作步骤

步骤1：进入“布局管理”页面

（1）在顶部菜单栏中选择“布局管理”选项，进入布局管理页面，可以看到首页默认的布局，如图3-9所示。

图3-9 “布局管理”页面

（2）选择顶部菜单栏中的“首页”选项，可以选择需要更改布局的页面，也可以新建页面，如图3-10所示。

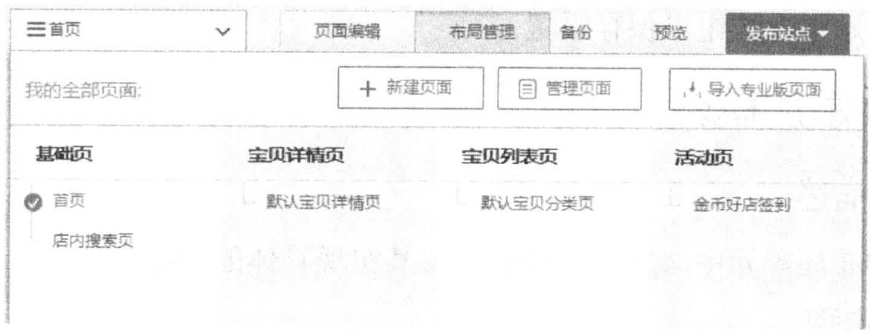

图3-10　选择页面

步骤2：添加布局单元

（1）在页面底部找到“添加布局单元”选项，如图3-11所示。

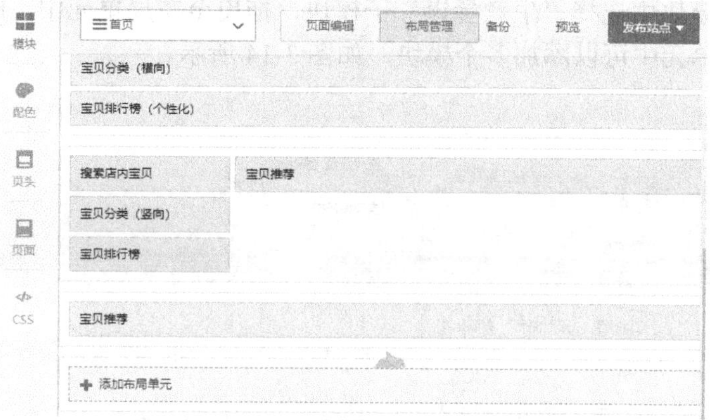

图3-11　添加布局单元

（2）在弹出的“布局管理”对话框中有三种选择，这里分别添加“950/1920（通栏）”和“190　750”两个布局单元，如图3-12和3-13所示。

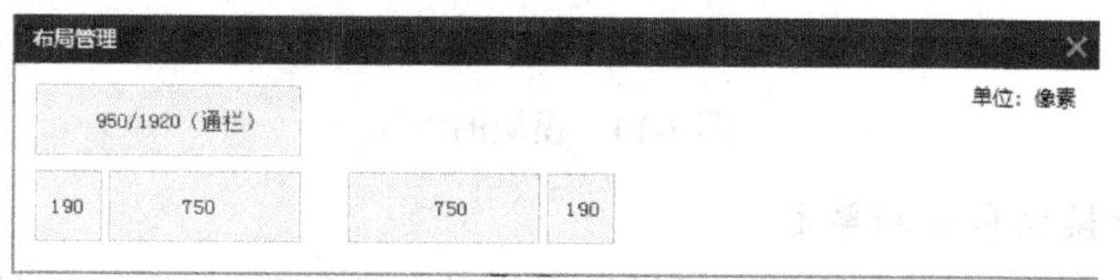

图3-12　布局通栏的设置

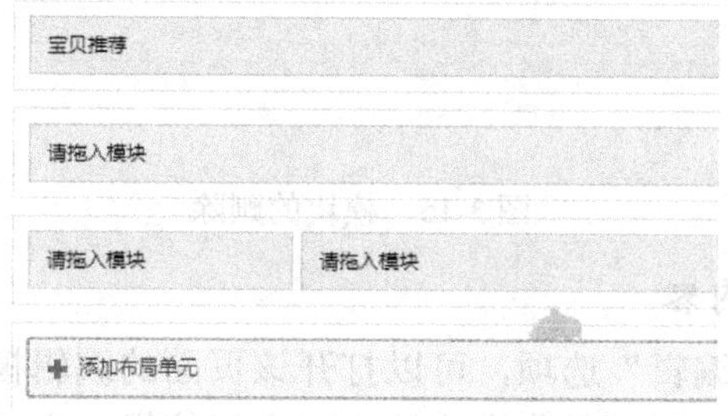

图3-13　通栏设置的效果

步骤 3：调整布局单元的位置

在新添加的布局单元右侧，单击拖曳图标，可以将该布局单元调整至需要的位置。完成后单击“发布站点”按钮以保存设置。

活动二　添加模块

活动描述

在添加好的布局单元中添加功能模块，使其实现具体的功能。

操作步骤

步骤 1：在布局单元中添加模块

（1）在“卖家中心”后台，选择左侧“模块”选项，在弹出的子菜单中可以选择需要添加的模块。

（2）在基础模块中选择“生意参谋”子模块，拖曳至布局单元中，即可完成模块的添加，同一个布局单元中可以添加多个模块，如图 3-14 所示。

图 3-14　模块的添加

步骤 2：删除模块和布局单元

通过单击已添加的“布局单元”或模块右侧的“删除”按钮，可以删除该布局单元或模块，如图 3-15 所示。

图 3-15　模块的删除

步骤 3：为模块添加内容

选择顶部菜单“页面编辑”选项，可以打开该页面的编辑模式，鼠标移入想要编辑的模块，单击“编辑”按钮，可以对该模块的内容进行编辑。完成后单击“发布站点”按钮以保存设置，如图 3-16 所示。

图 3-16　为模块添加内容

实训

1．为自己的店铺首页添加三个布局单元，即“店铺公告”、“人气宝贝推荐”和“客服中心”。

2．调整布局单元的位置。

3．为三个布局单元添加相应的功能模块。

4．分别为各个模块添加内容。

任务三　添加店标、店招及店铺导航

任务描述

1．根据自己店铺的风格设计店标和店招，并完成上传设置。

2．完成店铺导航条的设置，使顾客能更便捷地找到所需要的商品。

任务实施

活动一　添加店标及店招

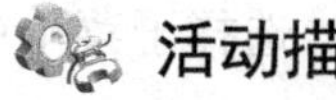

活动描述

根据自己店铺的风格设计店标和店招，并完成上传设置。

操作步骤

步骤 1：进入“店铺基本设置”界面

在“卖家中心”后台，选择左侧菜单栏中的“店铺管理”选项，选择子菜单“店铺基本设置”，如图 3-17 所示。

图 3-17 “店铺基本设置”子菜单

步骤 2：设置店标

在右侧“店铺标志”下单击“上传图标”按钮，即可完成店标的上传，店标图片要求文件格式为 GIF、JPG、JPEG 或 PNG，文件大小在 80KB 以内，建议尺寸为 80PX×80PX。设置完成后单击页面下方的“保存”按钮以保存设置，如图 3-18 所示。

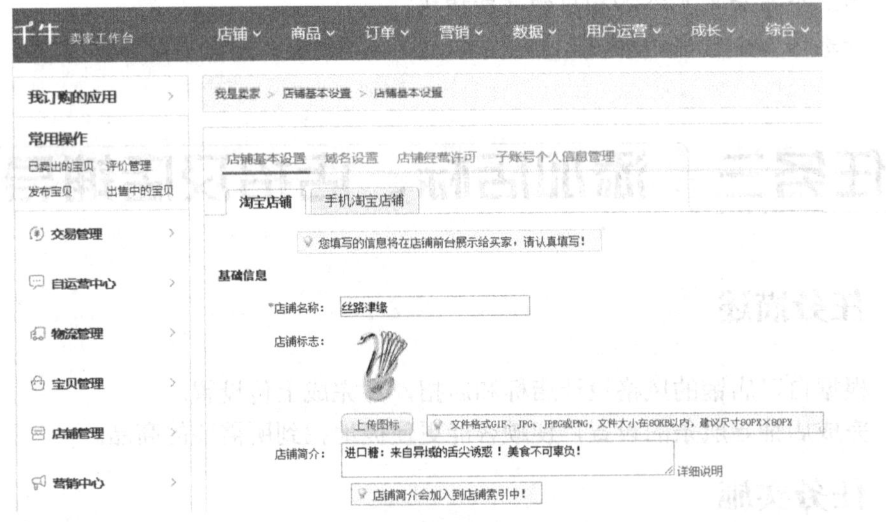

图 3-18 “店铺标志”设置页面

步骤 3：设置店招

（1）在“卖家中心”后台，选择左侧菜单栏中的“店铺管理”选项，选择子菜单中的“店铺装修”，接着进入电脑端首页装修页面。

（2）在“页面编辑”界面，将鼠标移入页面店招位置，单击“编辑”按钮，如图3-19所示。

图3-19　店招位置

（3）在弹出的“店铺招牌”对话框中，单击背景图右侧的“选择文件”按钮，即可上传已经制作好的店招图片。店招图片的适宜大小为120PX×950PX，如图3-20所示。

图3-20　店招编辑页面

（4）设置完成后单击“保存”按钮，接着单击“发布站点”按钮以保存设置。

活动二　添加店铺导航

活动描述

完成店铺导航条的设置，使顾客能更便捷地找到所需要的商品。

操作步骤

步骤1：进入“宝贝分类管理”界面

在“卖家中心”后台，选择左侧菜单栏中的“店铺管理”选项，选择子菜单中的“宝贝分类管理”，如图3-21所示。

图3-21　“宝贝分类管理”子菜单

步骤 2：添加宝贝分类

在“宝贝分类管理”界面中，单击“添加手工分类”按钮，按图示内容添加分类及子分类，完成后单击“保存更改”按钮，如图 3-22 所示。

图 3-22　分类管理页面

步骤 3：设置导航

（1）在“卖家中心”后台，选择菜单左侧栏中的“店铺管理”选项，选择子菜单中的“店铺装修”，接着进入电脑端首页装修页面。

（2）在“页面编辑”界面，将鼠标移入页面导航位置，单击“编辑”按钮，如图 3-23 所示。

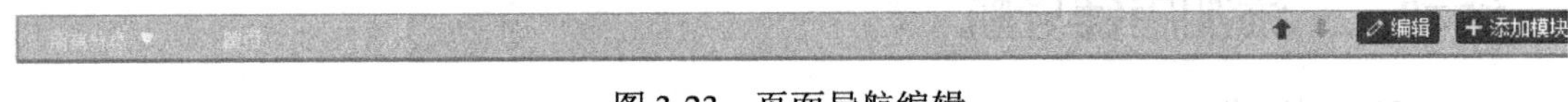

图 3-23　页面导航编辑

（3）在弹出的“导航”对话框中，单击“添加”按钮，在弹出的“添加导航内容”对话框中选择之前添加的宝贝分类，接着单击“确定”按钮，返回“导航”对话框中，再单击“确定”按钮，如图 3-24 所示。

图 3-24　导航编辑页面

（4）设置完成后单击“发布站点”按钮以保存设置。

实训

1. 为自己的店铺添加店标。
2. 为自己的店铺添加店招。
3. 为自己的店铺添加店铺导航。

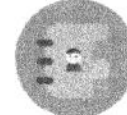

项目评价

项目评价标准

等级	等级说明	评价
一级任务	能自主完成项目所要求的学习任务	合格（不能完成任务定为不合格等级）
二级任务	能自主、高质量完成拓展学习任务	良好
三级任务	能自主、高质量完成拓展学习任务，并能帮助别人解决问题	优秀

项目评价表

项目	评价内容	分值	评分				所占价值	项目得分
			自评（30%）	组评（40%）	师评（30%）	得分		
职业能力	选择并应用店铺模板	10					60%	
	设置模板样式	10						
	首页布局单元的添加	25						
	添加相应的功能模块	25						
	设置店标和店招	20						
	设置店铺的导航	10						
	合计	100						
通用能力	合作能力	20					40%	
	沟通能力	10						
	组织能力	10						
	活动能力	10						
	自主解决问题能力	20						
	自我提高能力	10						
	创新能力	20						
	合计	100						

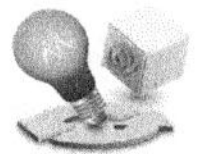

项目总结

本项目介绍了淘宝店铺装修的主要内容；掌握了店铺模板的应用与风格样式的设置、店铺布局单元和模块的添加以及店标店招导航的设置；通过对一个基本“糖果”类店铺进行装修，了解淘宝店铺装修的基本流程。

项目拓展

任务一：根据自己淘宝店铺宝贝的风格，进行店铺模板的选择，并形成统一的风格样式。

任务二：对自己的淘宝店铺首页完成销量排行、图片轮播和客服中心三个布局单元的添加并实现其功能。

任务三：根据自己淘宝店铺宝贝的风格，设计店铺店标、店招，并对所售商品进行正确的分类导航设置。

项目 4 平台操作（淘宝平台）

项目目标

熟悉商品分类的方法。

掌握商品分类模块的管理与美化。

掌握图片上传与管理的方法。

了解商品基本信息的构成。

掌握商品详情页的编辑方法。

项目探究

完成淘宝店铺的基本装修后，就要上架销售商品，首先要求店铺对销售商品进行合理的规划和分类，以方便客户浏览；接着上传商品图片、广告图片等，随着商品的增多，店铺的不断升级，图片也会越来越多，合理地管理图片空间，便于我们快速地构建浏览页面，后期会省去很多麻烦；最后就是对单一商品的详情页进行编辑，本项目继续通过对“糖果”类淘宝店商品分类、商品上架，把所销售的商品完整地展现给客户，合理美观且卖点突出的详情页设计，是商品销量的重要保证。

项目实施

本项目通过三个任务学习淘宝平台操作的相关知识；管理与美化商品分类；上传图片与管理图片空间；完成商品详情页的编辑等。

任务一 管理商品分类

任务描述

1．进入淘宝“卖家中心”后台，选择“分类管理”界面，添加商品分类、添加子类、调整分类位置或删除分类。

2．对商品分类进行美化，包括更换分类背景、添加符号及个性化设置等。

任务实施

活动一　添加商品分类

活动描述

在商品“分类管理”界面中，添加商品分类、添加子类、调整分类位置或删除分类。

操作步骤

步骤1：进入“宝贝分类管理”界面

在“卖家中心”后台，选择左侧菜单栏中“店铺管理”选项，选择子菜单中的“宝贝分类管理”。

步骤2：使用“自动分类”添加宝贝分类

（1）前面已经介绍了通过“添加手工分类”的方式添加宝贝分类，这里单击“添加自动分类”按钮。（“添加手工分类”的方式可参考本部分项目一任务三活动二）

（2）在弹出的“自动分类条件设置”对话框中选择“按属性归类”，按需要勾选品牌、种类、包装，完成后单击“确定”按钮，如图4-1所示。

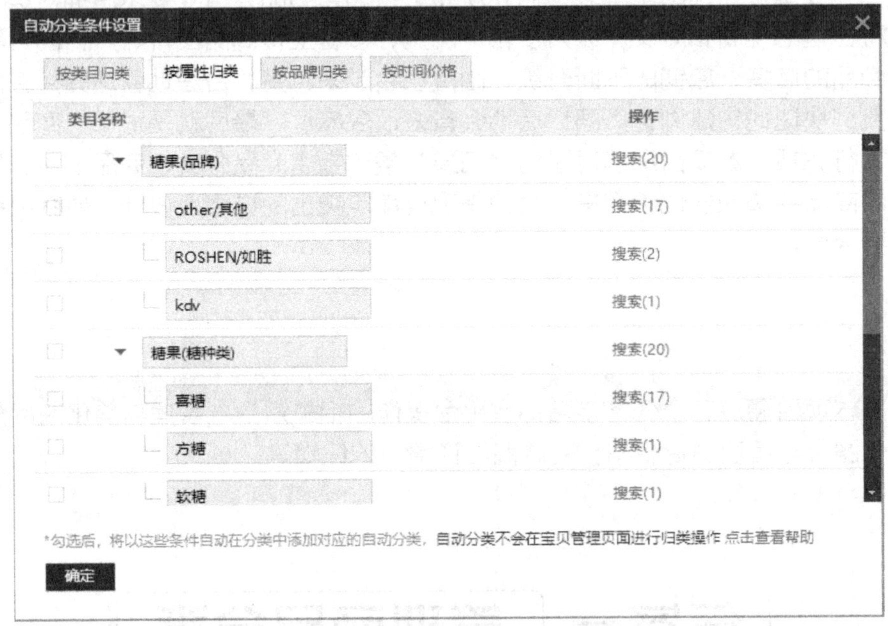

图4-1　自动分类设置

步骤3：添加子分类

单击“添加子分类”按钮，可以为当前分类添加一个子分类，需要注意的是，手动分类可以添加子类，自动分类不可以添加子类，如图4-2所示。

分类名称	分类图片	移动
糖	添加图片	
巧克力夹心	添加图片	
奶油夹心	添加图片	
巧克力威化	添加图片	
巧克力糖	添加图片	
添加子分类		
糖果(品牌)	添加图片	
other/其他	添加图片	
ROSHEN/如胜	添加图片	
kdv	添加图片	
糖果(糖种类)	添加图片	
糖果(包装种类)	添加图片	

图 4-2　添加子分类

步骤 4：删除分类及调整分类位置

（1）通过各个分类后面的“删除”操作，可以删除当前分类，如图 4-3 所示。

分类名称	分类图片	移动	默认展开	创建时间	分类类型	操作
糖	添加图片			2019-01-09	手动分类	删除　查看
巧克力夹心	添加图片			2019-01-09	手动分类	删除　查看

图 4-3　删除分类

（2）同样，可以通过各个分类后面的上、下箭头，调整各个分类的先后位置。

（3）调整完成后，单击“保存更改”按钮以保存设置。

活动二　管理与美化分类栏目

活动描述

对已经设定好的商品分类进行美化，包括更换分类背景、添加符号及个性化设置等。

操作步骤

步骤 1：通过特殊符号美化分类名称

在“宝贝分类管理”界面中可以直接更改分类的名称，通过使用特殊符号美化分类名称，如“◎、※、『、』”，按照图 4-4 所示完成分类名称的美化。

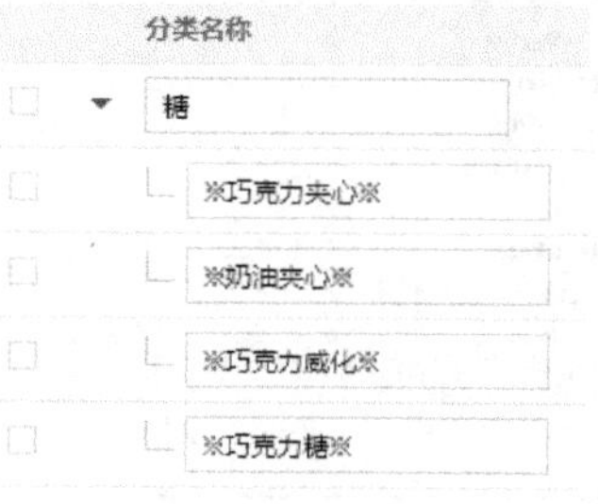

图 4-4　使用特殊符号

步骤 2：通过添加背景图片美化分类

通过单击分类右侧的“添加图片”按钮，可以为当前分类添加背景图片，以达到美化分类的目的，单击“添加图片”按钮后，在弹出的界面中选择“内部图片地址”或“插入图片空间图片”两种方式来完成图片的添加，如图 4-5 所示。

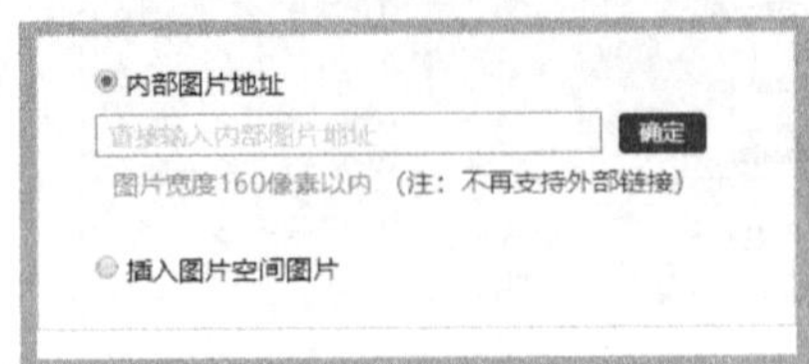

图 4-5　添加背景图片

步骤 3：通过添加“个性分类”模块美化分类

（1）进入“布局管理”页面，添加“个性分类”模块，如图 4-6 所示。

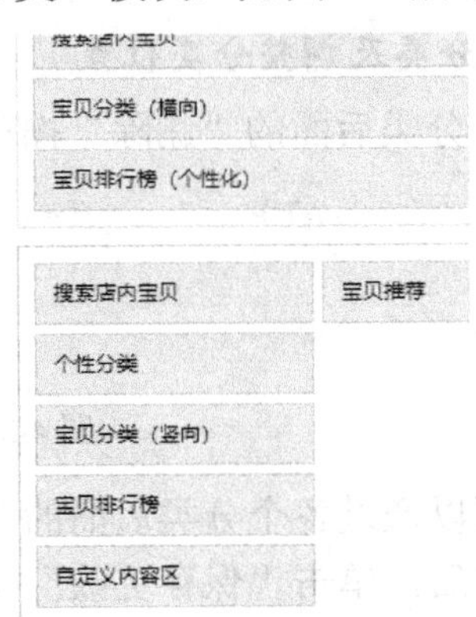

图 4-6　个性分类模块

（2）进入“页面编辑”界面，鼠标移入“个性分类”模块，并单击“编辑”按钮，在弹出的界面中选择要显示的分类类目，如图 4-7 所示。

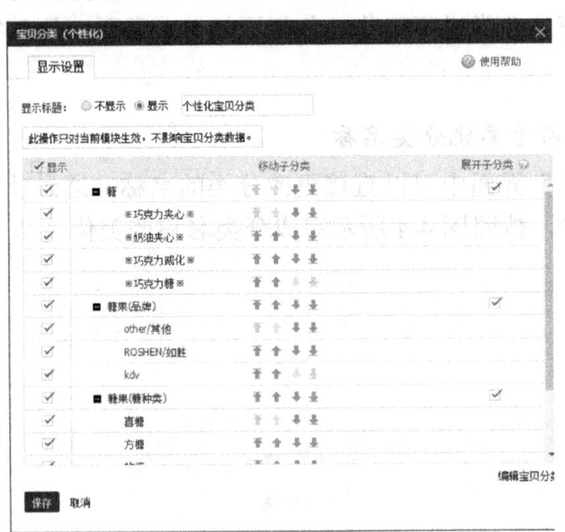

图 4-7　个性分类编辑页面

（3）调整后单击“保存”按钮，完成设置，分类效果如图 4-8 所示。

图 4-8　个性分类效果

实训

1. 按照所售卖的产品，为自己的店铺添加商品分类及子分类。
2. 调整分类的位置，并利用背景图、特殊符号等美化商品分类标签。

任务二　管理图片

任务描述

1. 将做好的商品主图、细节图或广告图等上传到淘宝图片空间，方便后期使用。
2. 利用淘宝图片空间提供的功能完成图片的管理。

任务实施

活动一　上传图片

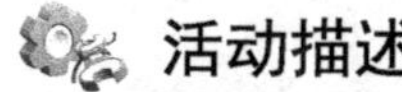

活动描述

进入淘宝图片空间，在新建的图片文件夹（或指定的图片文件夹）中上传商品及素材图片，以备发布商品时使用。

操作步骤

步骤 1：进入淘宝“图片空间”界面

在“卖家中心”后台，选择左侧菜单栏中的“店铺管理”选项，选择子菜单中的“图片空间”，如图 4-9 所示。

图 4-9　“图片空间”子菜单

步骤 2：进入图片目录

（1）在左侧目录导航中，可以选择“图片”“视频”“音乐”“动图”四个类目，每一个类目都有自己的子目录，这里选择“图片”类目，如图 4-10 所示。

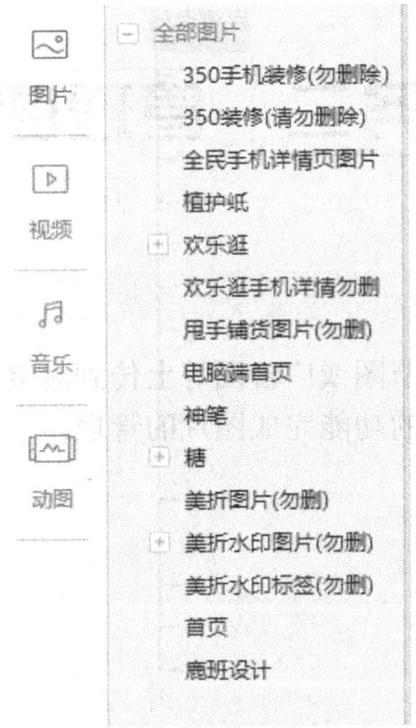

图 4-10　素材目录列表

（2）在左侧目录导航中选择一个文件夹，或者在右侧视图中双击文件夹都可以进入该文件夹中，如图 4-11 所示。

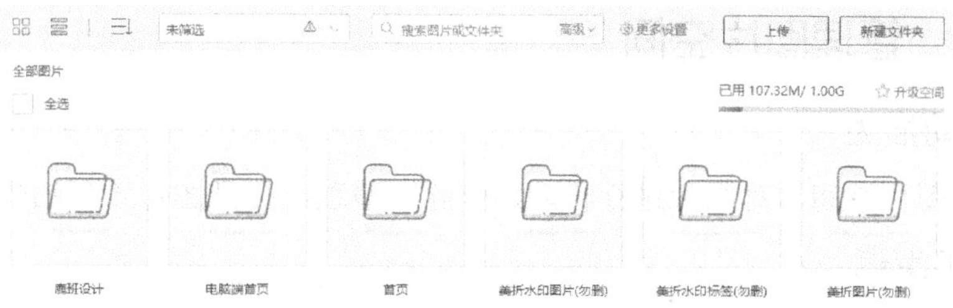

图 4-11 素材目录视图

步骤 3：新建文件夹

（1）单击右侧视图上方的“新建文件夹”按钮。

（2）在弹出的对话框中输入文件夹的分组名称，输入“2019 款方糖”，接着单击“确定”按钮即可，如图 4-12 所示。

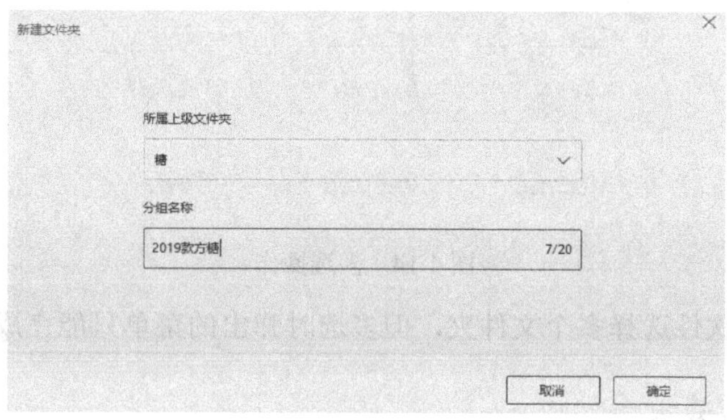

图 4-12 新建文件夹页面

步骤 4：上传图片

（1）进入新建的文件夹“2019 款方糖”中，单击右侧视图上方的“上传”按钮。

（2）弹出的对话框会自动定位到当前文件夹，也可以通过下拉列表改变上传的位置。接着将计算机上的图片文件或文件夹拖入下方区域，或者单击“上传”按钮浏览图片文件目录，最后单击“确定”按钮完成上传，如图 4-13 所示。

图 4-13 上传图片素材

活动二　管理图片空间

活动描述

进入淘宝图片空间，对图片进行移动、删除和整理，提升图片管理的效率。

操作步骤

步骤 1：文件夹的管理

（1）在图片空间的右侧视图中，勾选文件夹左上角的对勾“√”，会弹出操作按钮，可以完成文件夹的“重命名”“删除”“移动到”操作，如图 4-14 所示。

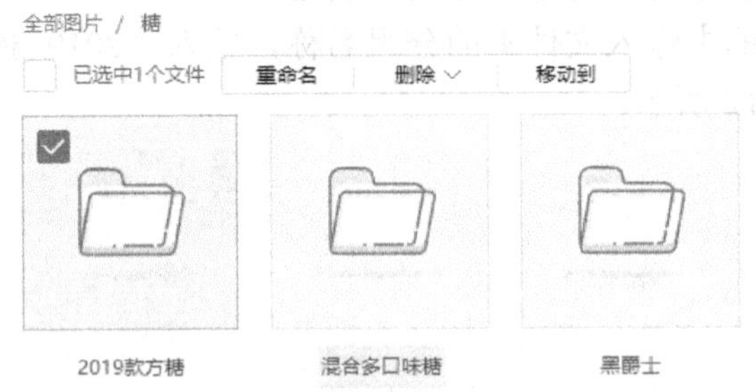

图 4-14　多选操作

（2）也可以一次性选择多个文件夹，但多选时弹出的菜单只能完成“删除”和“移动到”两种操作。

步骤 2：图片的管理

（1）在图片空间的右侧视图中，勾选图片文件左上角的对勾“√”，会弹出操作按钮，可以完成图片的“编辑”“复制”“删除”“替换”“移动到”“查看引用”“适配手机”操作，如图 4-15 所示。

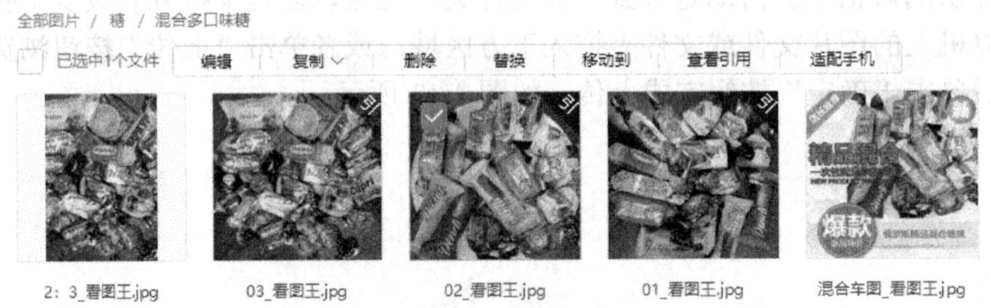

图 4-15　图片的管理

（2）另外，也可以一次性选择多个图片文件，当鼠标移入图片文件时，会在图片下方弹出编辑操作，包括“复制图片”“复制链接”“复制代码”“删除”等。“复制链接”可以复制该图片在图片空间中的链接，便于在其他代码编辑中使用。

实训

1. 合理规划店铺的图片空间，建立层级关系合理的图片文件夹目录。
2. 按照目录分别上传对应商品的图片素材。

任务三 发布商品

任务描述

1．在淘宝“宝贝管理”页面中选择“发布宝贝”，正确填写商品信息并选择图片空间中的图片完成商品的发布。

2．编辑商品图文描述信息，正确选择宝贝主图及描述细节图。

任务实施

活动一 编辑商品基本信息

活动描述

利用图片空间的图片完成商品的发布，并填写完善商品信息。

操作步骤

步骤 1：进入“发布宝贝”页面

在“卖家中心”后台，选择左侧菜单栏中的“宝贝管理”选项，选择子菜单中的“发布宝贝”，如图 4-16 所示。

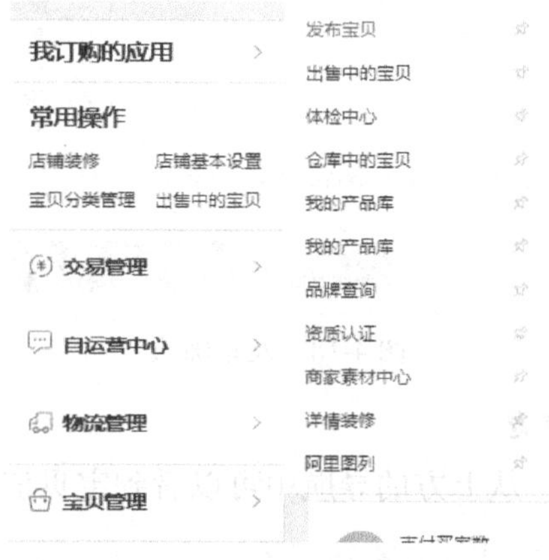

图 4-16 “发布宝贝”子菜单

步骤 2：选择宝贝类目

（1）进入“发布宝贝”页面，在左侧类目列表中选择所发布宝贝的类目，或选择最近使用的类目，这里首先发布一款糖果，选择类目“零食/坚果/特产>>糖果零食/果冻/布丁>>糖果”，如图 4-17 所示。

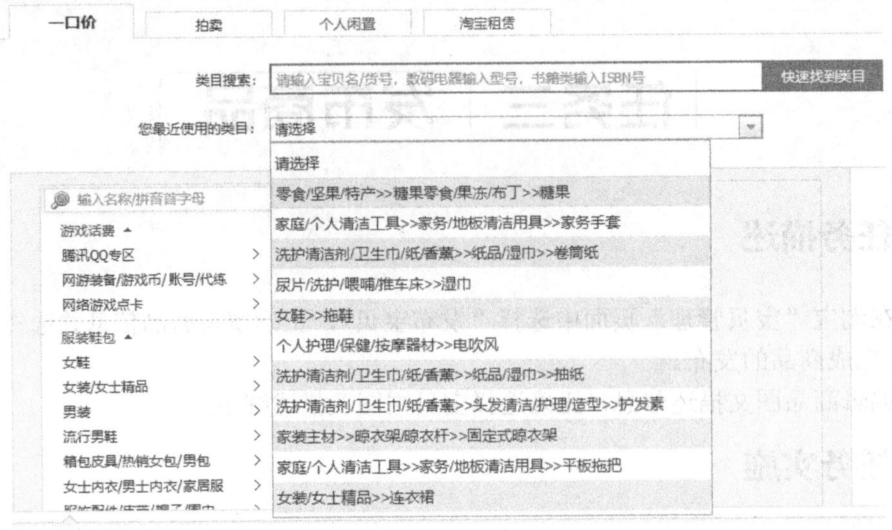

图 4-17　添加宝贝分类

（2）在弹出的确认界面中，单击“我已阅读以下规则，现在发布宝贝”按钮，如图 4-18 所示。

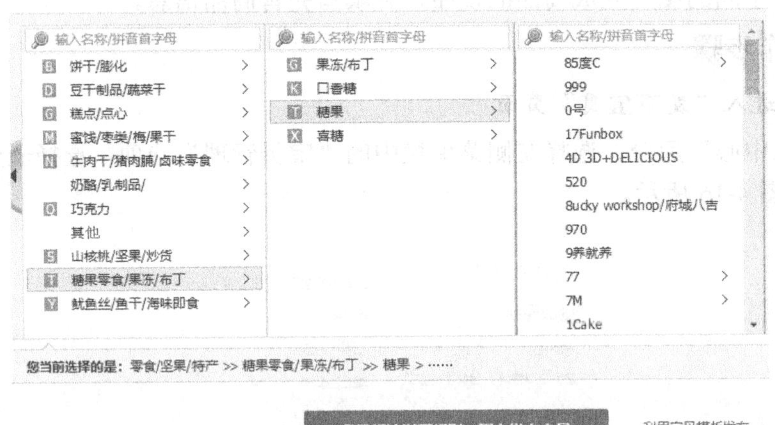

图 4-18　发布确认

步骤 3：填写宝贝基础信息

（1）进入宝贝编辑页面，从上方的导航中可以看到宝贝信息所包含的类目，如图 4-19 所示。

图 4-19　宝贝信息分类导航

（2）填写宝贝基础信息，基础信息会根据宝贝类目的不同而有所区别，常见的信息包括“宝贝标题”“品牌”“系列”“包装方式”“包装种类”“产品”“净含量”“产地”等信息，如图 4-20 所示。

图 4-20　宝贝基础信息

（3）宝贝标题一般包含宝贝品牌、名称、别称、规格、特点等，标题的好坏至关重要，会直接影响宝贝的搜索率。而且宝贝标题的命名还有一定的规则，如不能使用平台规定的违禁词等，具体可以单击宝贝标题下方的“商品一键体检”按钮来查看。比如输入“俄罗斯进口糖果散巧克力果仁夹心糖奶油威化紫皮混装零食年货喜糖”，如图 4-21 所示。

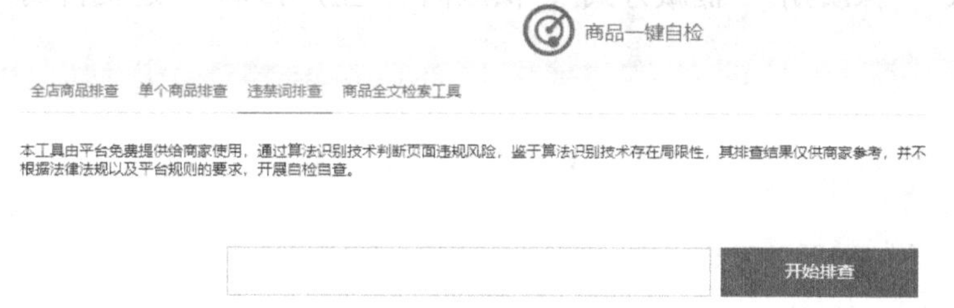

图 4-21　违禁词排查

（4）接着选择宝贝的“标签”“采购地”“发货地”，如果是进口宝贝，还需要选择“报关方式”，按图 4-22 所示选择即可。

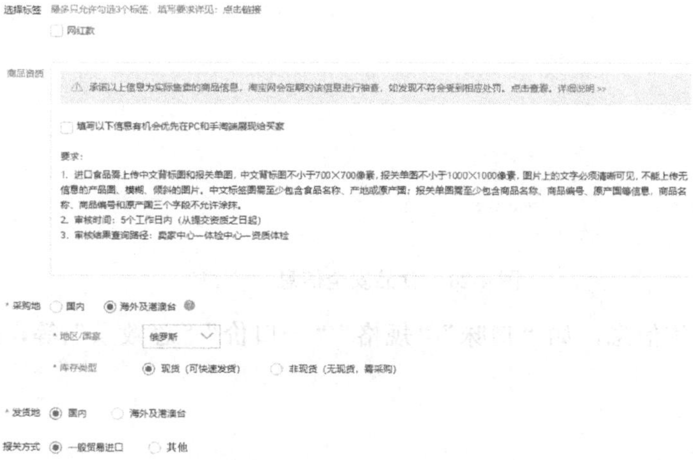

图 4-22　选择“报关方式”

（5）宝贝标签是宝贝平台归类和推广的一系列规则，常见的标签包括“明星款”“网红款”等，选择宝贝标签后，会弹出对应的资质要求选项，如“网红款”，包括“网红名”“粉丝数”和上传“资质照片”等要求，如图 4-23 所示。

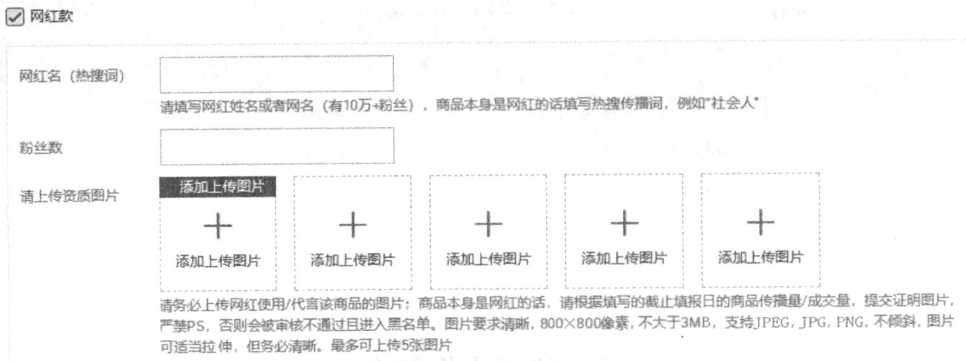

图 4-23　宝贝标签添加

步骤 3：填写宝贝其他信息

（1）宝贝的其他信息会根据所选择的宝贝类目而有所区别，比如选择的“糖果”属于食品类，就需要填写食品安全的相关信息，包括“食品添加剂”“厂名”“厂址”“厂家联系方式”“配料表”“保质期”“储藏方式”“供应商”“生产日期”“进货日期”等，如图 4-24 所示。

图 4-24　食品安全信息

（2）填写宝贝销售信息，如“口味”“规格”“一口价”“总数量”等，如图 4-25 和图 4-26 所示。

销售信息

口味 请输入自定义值 +添加

仙草味 卡布奇诺味 原味 巴旦木味 拿铁咖啡味 摩卡咖啡味 椴树蜜味
焦香花生味 特浓咖啡味 玫瑰味 白兰地味 竹盐味 红糖味 红茶味
绿茶味 芝麻味 菠萝味 蓝山咖啡味 蔓越莓味 血红枣味 青豌豆味
黑糖味 龟苓膏味 牛奶味 花生味 草莓味 香橙味 薄荷味
柠檬味 抹茶味 西瓜味 水蜜桃味 荔枝味 哈密瓜味 芒果味
蓝莓味 巧克力味 苹果味 其他 川贝枇杷 甘凉百草 酸奶味
可乐味 话梅味 综合果味 布丁味 榴莲味 葡萄味 蛋糕味
橘子味 高酸果味 莓果味 西柚味 炭烧咖啡 汽水味 ☑ 500g
☑ 1000g

开始排序

图 4-25 销售信息

宝贝销售规格 在标题栏中输入或选择内容可以进行筛选和批量填充 批量填充

口味	*价格（元）	*数量（件）	商家编码	商品条形码
500g	30.00	242		
1000g	60.00	295		

*一口价 30.00 元

*总数量 537 件

商家编码 0/64

商品条形码 0/32

图 4-26 宝贝销售规格

（3）填写宝贝的“支付信息”，如图 4-27 所示。

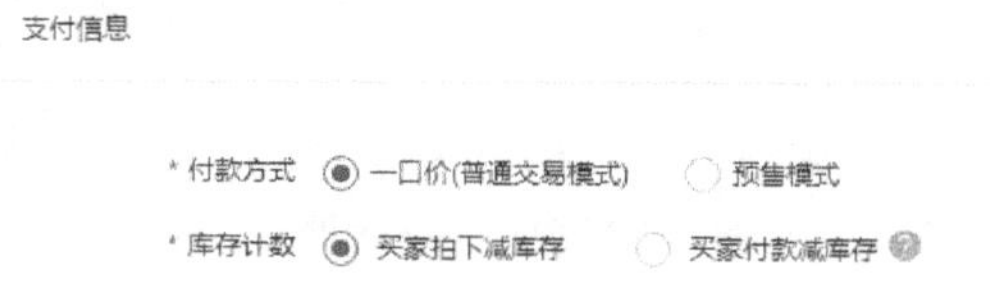

支付信息

*付款方式 ◉ 一口价(普通交易模式) ○ 预售模式

*库存计数 ◉ 买家拍下减库存 ○ 买家付款减库存

图 4-27 支付信息

（4）填写宝贝的“物流信息”，如图 4-28 所示。

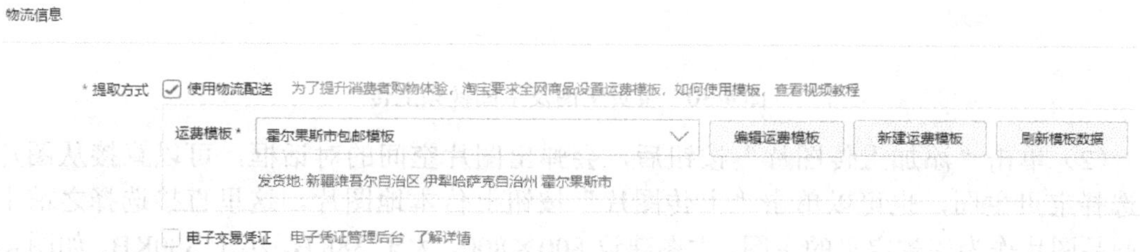

物流信息

*提取方式 ☑ 使用物流配送 为了提升消费者购物体验，淘宝要求全网商品设置运费模板，如何使用模板，查看视频教程

运费模板* 霍尔果斯市包邮模板 编辑运费模板 新建运费模板 刷新模板数据

发货地：新疆维吾尔自治区 伊犁哈萨克自治州 霍尔果斯市

☐ 电子交易凭证 电子凭证管理后台 了解详情

图 4-28 物流信息

（5）填写宝贝的“售后服务”，如图 4-29 所示。

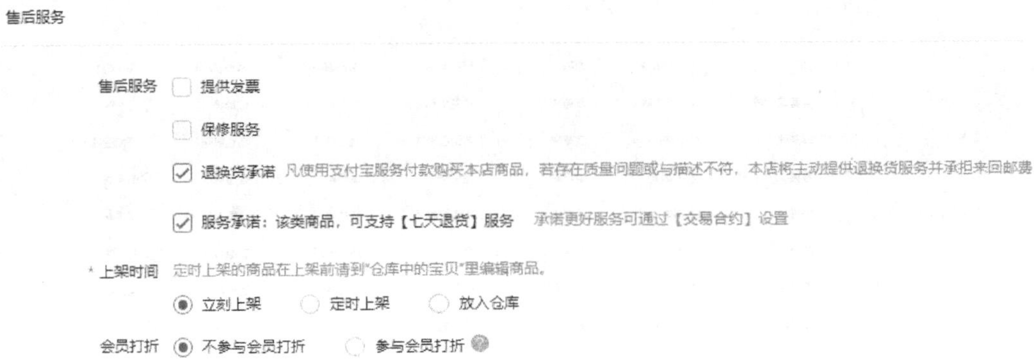

售后服务

售后服务 提供发票

保修服务

退换货承诺 凡使用支付宝服务付款购买本店商品，若存在质量问题或与描述不符，本店将主动提供退换货服务并承担来回邮费

服务承诺：该类商品，可支持【七天退货】服务 承诺更好服务可通过【交易合约】设置

* 上架时间 定时上架的商品在上架前请到“仓库中的宝贝”里编辑商品。

立刻上架 定时上架 放入仓库

会员打折 不参与会员打折 参与会员打折

图 4-29 售后服务

活动二 编辑商品图文描述信息

活动描述

对商品图文描述信息进行编辑，完成商品主图的选择、商品描述和商品细节的展示。

操作步骤

步骤 1：上传宝贝主图

（1）在宝贝编辑页面，找到图文描述部分的“电脑端宝贝图片”，可以通过单击“添加上传图片”按钮上传宝贝主图，如图 4-30 所示。

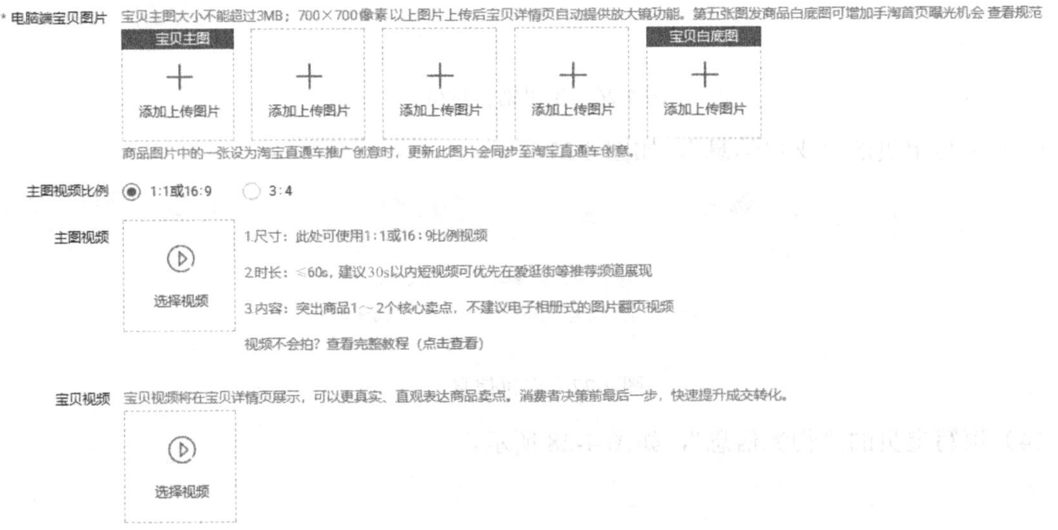

图 4-30 宝贝主图及主图视频上传

（2）单击“添加上传图片”按钮后，会弹出图片空间的对话框，可以直接从图片空间选择宝贝主图，也可以单击“上传图片”按钮上传本地图片。这里直接选择之前上传的商品图片作为该款宝贝的主图。主图建议 800×800，大于 38KB，小于 300KB，如图 4-31 所示。

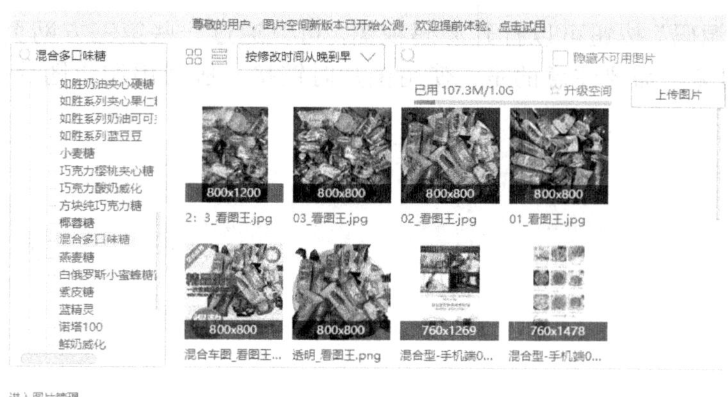

图 4-31　选择主图素材

（3）一般建议在上传第五张主图时，上传宝贝的白底图，以方便淘宝平台抓取，提高宝贝曝光率，白底图有严格的制作要求，具体如下。

- 必须为白底，图片尺寸：正方形，图片大小必须 800×800。
- 图片格式为 JPG，图片大小需大于 38KB 且小于 300KB。
- 无 LOGO、无水印、无文字、无拼接、无牛皮癣、无阴影。最好将素材抠图、边缘处理干净。
- 图片中不可以有模特，必须是平铺或者挂拍，不可出现衣架、商品吊牌等。
- 商品需要正面展现，不可侧面或背面展现。
- 图片美观度高，品质感强，商品展现尽量平整。
- 构图明快简洁，商品主体突出，要居中放置。
- 每张图片中只能出现一个主体，不可出现多个相同主体。
- 图片中商品主体完整，撑满整个画面不要留白边。

（4）还可以上传主图视频和宝贝视频。

步骤 2：编辑电脑端宝贝描述及细节展示

（1）选择“使用文本编辑”选项，会提供一个简单的图文编辑工具，如图 4-32 所示。

图 4-32　宝贝详情页编辑

（2）单击“图片”按钮，可以在弹出的图片空间对话框中插入图片。

（3）单击“源码”按钮可以打开源码视图，可以通过一些第三方网页工具先制作好，再把代码粘贴过来。需要注意的是，使用图片时链接一般使用淘宝图片空间的链接，如图 4-33 所示。

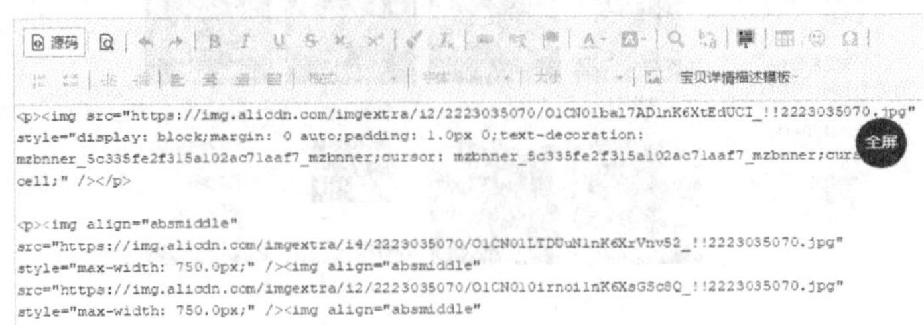

图 4-33　详情页源码编辑

（4）同时，也可以对文字和图片添加链接，单击链接按钮，可以为内容添加链接，如图 4-34 所示。

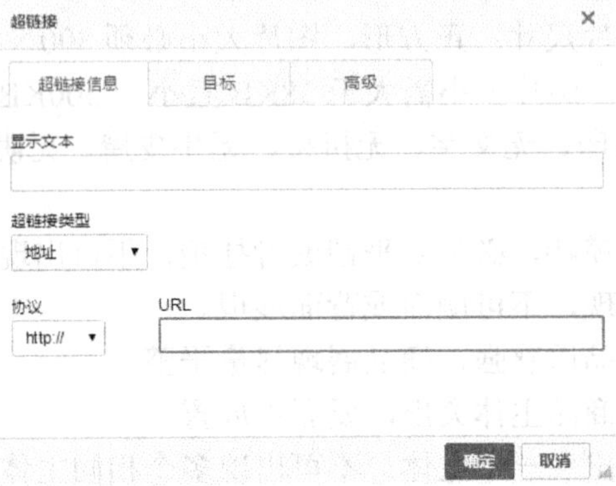

超链接
超链接信息　目标　高级
显示文本
超链接类型
地址
协议　URL
http://
确定　取消

图 4-34　链接的添加

步骤 3：编辑手机端宝贝描述及细节展示

方法基本和电脑端类似，这里提供了由电脑端向手机端转化的编辑方式，单击“导入电脑端描述”按钮，平台会自动将电脑端的宝贝图文描述转化为适合手机端的图文描述，如图 4-35 所示。

图 4-35　手机端详情页编辑

步骤4：保存设置

单击该页面下方的“提交宝贝信息”按钮，可以将设置好的内容进行发布。

步骤5：对已发布的宝贝再次进行编辑

（1）在“卖家中心”后台，选择左侧菜单栏中的“宝贝管理”选项，选择子菜单中的“出售中的宝贝”，如图4-36所示。

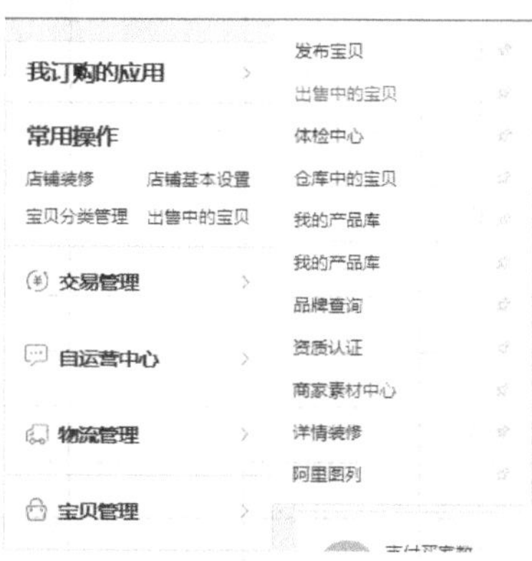

图4-36 “出售中的宝贝”子菜单

（2）找到需要编辑的宝贝，单击右侧的“编辑宝贝”按钮即可再次编辑宝贝的信息，如图4-37所示。

图4-37 宝贝列表

（3）编辑完成后，需要再次单击该页面下方的“提交宝贝信息”按钮，将设置好的内容进行发布。

实训

1. 在自己的店铺中发布所售卖的商品。
2. 为商品添加完整的商品信息。
3. 为商品添加主图。
4. 为商品添加详情页描述。
5. 将电脑端商品详情转换为手机端商品详情。

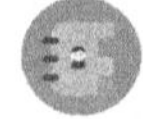

项目评价

项目评价标准

等级	等级说明	评价
一级任务	能自主完成项目所要求的学习任务	合格（不能完成任务定为不合格等级）
二级任务	能自主、高质量完成拓展学习任务	良好
三级任务	能自主、高质量完成拓展学习任务，并能帮助别人解决问题	优秀

项目评价表

项目	评价内容	分值	评分				所占价值	项目得分
			自评（30%）	组评（40%）	师评（30%）	得分		
职业能力	正确添加商品分类	10					60%	
	更换分类背景、添加符号及个性化设置	20						
	上传商品图片	10						
	对图片空间进行整理	10						
	发布商品	20						
	商品详情页的编辑	30						
	合计	100						
通用能力	合作能力	20					40%	
	沟通能力	10						
	组织能力	10						
	活动能力	10						
	自主解决问题能力	20						
	自我提高能力	10						
	创新能力	20						
	合计	100						

项目总结

本项目介绍了淘宝平台的基础操作，通过对“糖果”类淘宝店铺的操作，掌握了商品分类的添加、删除与美化，商品及素材图片的上传与管理，最终完成商品的发布。

项目拓展

任务一：对自己的淘宝店铺所售商品进行整体规划，正确添加商品分类及子类，并根据店铺风格完成分类的美化。

任务二：将已经完成的商品图片、细节图片和广告图片上传到淘宝图片空间，建立清晰的文件目录，并完成所有图片的有序管理。

任务三：选择图片空间中的图片，依次发布销售的商品，填写商品信息并编辑商品详情页。

第三部分

商品文案

项目 5 商品描述

项目目标

能够根据商品卖点与关键词规则撰写商品标题。
能够根据商品卖点与特征运用图片与文字完成商品描述，进行商品展示。

项目探究

商品描述一般是指用于网络购物中，淘宝、京东等电子商务平台中对所售商品以图片、文字、视频等各种手段进行展示的表现形式。由于网络购物消费者看不到实际商品，卖家只能通过图片与文字来展现商品，因此做到详尽而又有吸引力的描述至关重要。优秀的商品描述，能将产品的卖点给以最大化地展示，延长客户对商品的停留时间，进而获得销售转化。

项目实施

本项目通过两个任务学习商品标题与商品详情的描述，通过对电商平台中热销商品页面信息的分析，按照对应环节逐步学习并实施实际工作中的实训任务。

任务一 商品标题描述

任务描述

首先通过对电商平台优秀商品标题分析，总结商品标题包含的要素；其次了解关键词的作用，并学习利用工具寻找关键词；最后完成商品标题的描述。

任务实施

活动一　确定商品标题包含的要素

活动描述

搜索热门高销量产品，分析总结商品标题包含的要素。

操作步骤

步骤 1：选择不同种类的 5 件常见商品作为分析目标

（1）通过淘宝网搜索栏依次输入关键字“洗衣液”、“毛巾”、“圆珠笔”、“水杯”和“女装”进行搜索，选择搜索结果排名靠前、销量高的商品作为分析对象。

（2）整理所选 5 件商品标题分别如下。

- 蓝月亮洗衣液薰衣草香亮白增艳衣物护理 13 斤家庭大包装。
- 洁丽雅毛巾 2 条装纯棉洗脸家用成人男女情侣 A 类加厚柔软吸水面巾。
- 得力 直液式走珠笔 0.5mm 黑色 中性笔 学生用全针管碳素笔签字笔圆珠笔黑水笔考试专用笔 12 支装。
- 富光超大容量塑料水杯男子便携水瓶太空杯户外运动夏天水壶 2000mL。
- 女装优衣库 AIRism 防紫外线网眼连帽运动开衫（长袖）413363。

步骤 2：列表汇总商品标题

（1）依照表 5-1 对标题进行分类。

（2）讨论构成商品标题的要素有哪些？

表 5-1　商品标题构成要素分类表

品类	属性						
	品牌	名称	包装方式	特性	功能	材质	参数
洗衣液	蓝月亮	洗衣液	13 斤 家庭 大包装	薰衣草香 亮白增艳	衣物护理		
毛巾	洁丽雅	毛巾 面巾	2 条装	家用 成人 男女 情侣 加厚 柔软	洗脸 吸水	纯棉	A 类
圆珠笔	得力	中性笔 碳素笔 签字笔 圆珠笔 黑水笔	12 支装	黑色 全针管 直液式 学生用 考试专用			0.5mm

续表

品类	属性						
	品牌	名称	包装方式	特性	功能	材质	参数
水杯	富光	水杯 水瓶 太空杯 水壶		大容量 男 便携 户外运动 夏天		塑料	2000mL
女装	优衣库 AIRism	女装 开衫		长袖 网眼 连帽 运动	防紫外线		413363

及时充电

商品标题的构成要素

（1）品牌：是商品标题的重要要素，尤其是知名品牌，会帮助产品在众多同类产品中脱颖而出。

（2）名称：是商品标题必不可少的要素，而一个名称也是远远不够的，不同地区的消费者对于同一件商品的叫法也不同，如水杯、水壶、水瓶有可能指向同一件商品。

（3）包装方式：通常是指销售时的组合方式，一方面，有些产品由于单价低，一般采取整盒、整袋出售；另一方面，出于搭配销售的目的，将多件同类产品组合后降价销售，以提高销量。

（4）特性：是体现产品特点与卖点的重要要素，是与同类产品相比较所具有的优势，涵盖的范围较大，要尽量挖掘商品信息，例如表 5-1 中毛巾分别从适用人群、产品体感、做工特点等几方面描述特性。

（5）功能：该要素要体现产品的基本功能与特有功能，例如衣服的防紫外线功能等，便于对功能有特殊要求的用户快速搜索到商品。

（6）材质：该要素要体现产品的构成材质，不同材质的产品带来的用户体验与产品档次也会不同，例如水杯的常见材质有不锈钢、塑料、陶瓷、玻璃等。

（7）参数：该要素用于描述产品的尺寸、容量、容积、型号等内容。

活动二　寻找关键词

活动描述

以商品“连衣裙”为例，通过操作进行关键词的选取。

操作步骤

步骤 1：选择正确的淘宝网类目

（1）打开淘宝网，通过分类栏查找商品对应类目，找到商品所属分类“女装”—“连衣裙”，如图 5-1 所示。

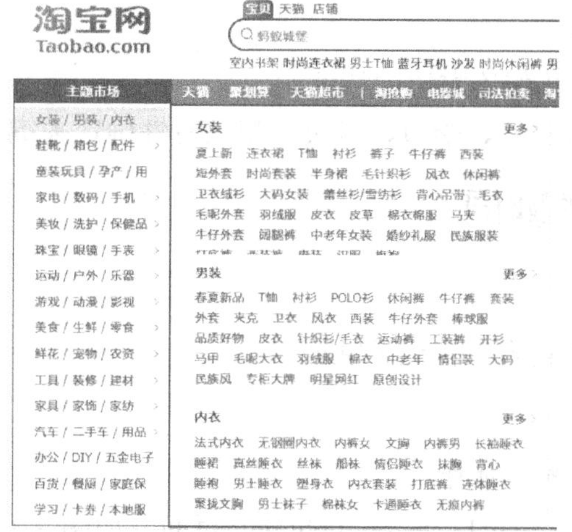

图 5-1 淘宝类目图

（2）搜索“连衣裙”关键词进行验证，并查看搜索结果中排名靠前的商品标题内容，如图 5-2 所示。（说明：此处仅保留依据综合排名靠前的 6 件商品标题，在实际操作中可增加样本数量）

歌瑞拉2019新款夏装棉麻连衣裙 短袖纯色中长款衬衫裙大码V领裙子
geruila歌瑞拉旗舰店 浙江 杭州

【设计师合作款】女装 麻棉打褶连衣裙(短袖) 418160 优衣库
优衣库官方旗舰店 上海

诗凡黎很仙的法国小众桔梗裙黄色长裙夏季2019新款甜美v领连衣裙
诗凡黎官方旗舰店 浙江 杭州

娃娃领连衣裙2019新款夏黑色海军领法式初恋仙女裙甜美显瘦太平鸟
太平鸟官方旗舰店 浙江 宁波

贵夫人连衣裙阔太太洋气高贵棉麻裙绸亚麻大码有气质的适合妈妈穿
皲之逦服饰旗舰店 广东 深圳

伊芙丽裙子女2019新款夏季流行法式复古裙高腰a字裙V领碎花连衣裙
伊芙丽旗舰店 浙江 杭州

图 5-2 连衣裙排名靠前的商品标题

步骤 2：列表汇总商品标题

依照表 5-2 对标题进行分类。

表 5-2 商品标题汇总分类表

品牌	属性				
	名称（主词）	特性	时间/季节	材质	人群
哥瑞拉	连衣裙	短袖 纯色 中长款 大码 V 领	2019 新款 夏装	棉麻	
诗凡黎	连衣裙	很仙的 法国 小众 桔梗 黄色长裙 甜美 V 领	2019 新款 夏装		
……	……	……	……	……	……

步骤 3：确定关键词

（1）依照表 5-2 分析待售连衣裙的特性。

（2）结合品牌、上市时间、季节、材质及相关特性确定关键词。

活动三　优化关键词

活动描述

运用第三方工具“店查查”优化关键词。

操作步骤

步骤 1：安装“店查查”插件

（1）访问 https://www.dianchacha.com/chajian/页面，如图 5-3 所示。

图 5-3　“店查查”插件安装页面

（2）单击“一键在线安装”按钮，完成安装。

（3）访问淘宝网页面，搜索栏输入“连衣裙”，查看页面变化，验证是否安装成功，如图 5-4 所示。（说明：“店查查”是为淘宝天猫商家提供专业数据分析的软件，免费功能多，适合初学者进行数据分析。除此以外，市面上还有多种第三方付费软件提供类似功能，如淘宝网卖家中心的“生意参谋”等，大家均可酌情使用。）

图 5-4　“店查查”安装后淘宝网页面

步骤 2：查看与所售商品相似度较高产品关键词情况

（1）选取排位靠前且高相似度的商品 1～3 件，如图 5-5 所示。

图 5-5　高相似度商品

（2）单击“店查查”中“宝贝”链接，查看“关键词分析”，如图 5-6 所示。

序号	关键词	排名位置	操作
1	复古连衣裙	第1页 2位	淘宝PC
2	蕾丝连衣裙名媛气质	第1页 2位	淘宝PC
3	女裙子	第1页 2位	淘宝PC
4	改良旗袍雪纺连衣裙	第1页 2位	淘宝PC
5	棉立方	第1页 2位	淘宝PC
6	气质旗袍	第1页 2位	淘宝PC
7	气质女装名媛	第1页 2位	淘宝PC
8	旗袍连衣裙	第1页 2位	淘宝PC
9	旗袍改良版连衣裙	第1页 3位	淘宝PC
10	立领旗袍	第1页 3位	淘宝PC

图 5-6　“店查查”关键词分析

（3）结合自有商品，适当选取若干排位较高的关键词，如“复古连衣裙”。

步骤 3：判断关键词可行性

（1）通过“店查查”主页中“其他功能”—“宝贝查询”，进行关键词有效性验证。输入“复古连衣裙”，查看该关键词相关产品的销量与评价数，如图 5-7 所示。

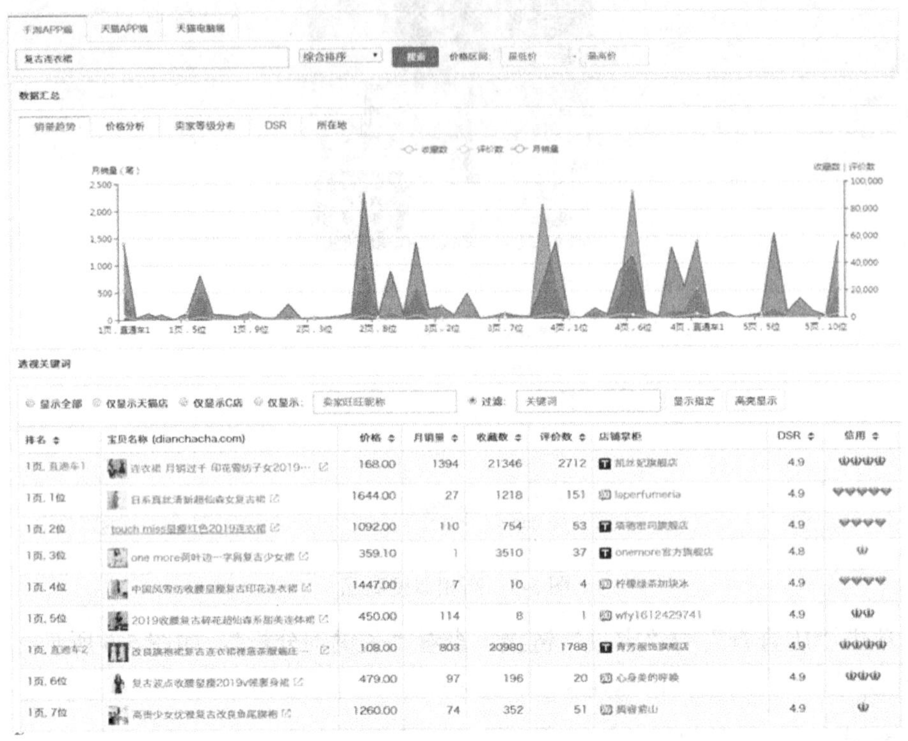

排名	宝贝名称 (dianchacha.com)	价格	月销量	收藏数	评价数	店铺掌柜	DSR	信用
1页, 直通车1	连衣裙 月销过千 印花雪纺子女2019…	168.00	1394	21346	2712	[illegible]	4.9	
1页, 1位	日系真丝清新超仙森女复古裙	1644.00	27	1218	151	laperfumeria	4.9	
1页, 2位	touch miss显瘦红色2019连衣裙	1092.00	110	754	53	[illegible]	4.9	
1页, 3位	one more荷叶边一字肩复古少女裙	359.10	1	3510	37	onemore官方旗舰店	4.8	
1页, 4位	中国风雪纺收腰显瘦复古印花连衣裙	1447.00	7	10	4	柠檬绿茶加块冰	4.9	
1页, 5位	2019收腰复古碎花超仙森系甜美连体裙	450.00	114	8	1	wfy1612429741	4.9	
1页, 直通车2	改良旗袍裙复古连衣裙裸露茶服编庄…	108.00	803	20980	1788	青芳服饰旗舰店	4.9	
1页, 6位	复古波点收腰显瘦2019v领裹身裙	479.00	97	196	20	心身美的呼唤	4.9	
1页, 7位	高贵少女优雅复古改良鱼尾旗袍	1260.00	74	352	51	[illegible]	4.9	

图 5-7　“店查查”宝贝查询结果

（2）观察查询结果，确认关键词可行性。首先，确认检索到的商品是否与所售商品高度相似。其次，如该关键词检索商品排名位居前几页仍然销量低、评价少，则表明该关键词热度低，无人问津。最后进一步观察销量、评价数等指标，如在第 1～3 页均为高销量、高评价数，则表明该关键词热度高，作为新上架商品难以在短时间内排名靠前，还需要继续优化关键词组合。

步骤 4：依据商品相关信息与关键词完成商品标题的描述

及时充电

关键词的作用

电商平台的关键词指商品标题中的词，是指容易被买家搜索到并提高商品爆光率的关键字眼，要与商品的属性相关联。商品的标题是商品第一展示窗口，准确的关键词，可以有效地带动店铺流量和转化。

实训

1. 选择不同种类商品进行商品标题描述，如服装类、电器类、食品类、日用化工类等。
2. 借助第三方工具（如淘宝“生意参谋”）进行关键词的选取。

任务二 商品基本信息描述

任务描述

通过对电商平台的常见商品分析，总结商品基本信息包含要素；运用实物商品进行基本信息描述训练。

任务实施

活动一 确定商品基本信息包含要素

活动描述

搜索热门高销量产品，分析总结商品基本信息包含的要素。

操作步骤

步骤1：以常见商品“牙膏”为例，选择不同品牌的3种牙膏作为分析目标

（1）通过淘宝网搜索栏依次输入关键字“牙膏”，选择品牌旗舰店销售且排名靠前、销量高的商品作为分析对象。

（2）所选3件商品基本信息如图5-8所示。

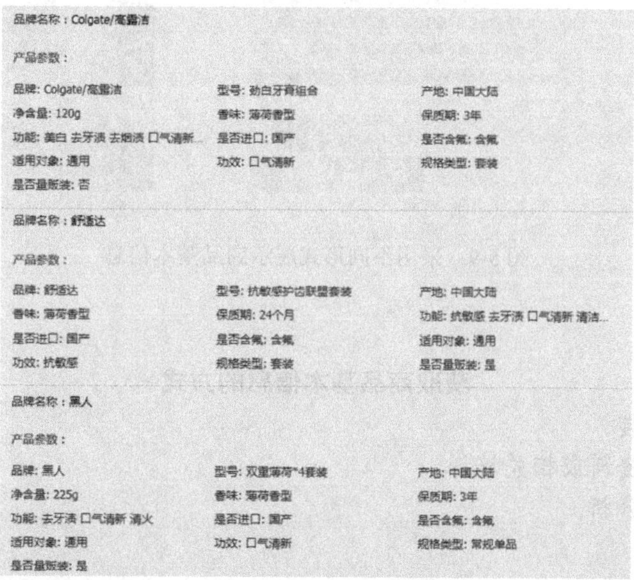
品牌名称：Colgate/高露洁

产品参数：

品牌：Colgate/高露洁　型号：劲白牙膏组合　产地：中国大陆
净含量：120g　香味：薄荷香型　保质期：3年
功能：美白 去牙渍 去烟渍 口气清新...　是否进口：国产　是否含氟：含氟
适用对象：通用　功效：口气清新　规格类型：套装
是否量贩装：否

品牌名称：舒适达

产品参数：

品牌：舒适达　型号：抗敏感护齿联盟套装　产地：中国大陆
香味：薄荷香型　保质期：24个月　功能：抗敏感 去牙渍 口气清新 清洁...
是否进口：国产　是否含氟：含氟　适用对象：通用
功效：抗敏感　规格类型：套装　是否量贩装：是

品牌名称：黑人

产品参数：

品牌：黑人　型号：双重薄荷*4套装　产地：中国大陆
净含量：225g　香味：薄荷香型　保质期：3年
功能：去牙渍 口气清新 清火　是否进口：国产　是否含氟：含氟
适用对象：通用　功效：口气清新　规格类型：常规单品
是否量贩装：是

图5-8 商品基本信息

步骤2：列表汇总商品基本信息

（1）依照表5-3对基本信息进行分类。

表 5-3 基本信息分类表

品牌	型号	产地	香味	净含量	保质期	功能	是否进口	是否含氟	……
……									

（2）查看构成商品基本信息的要素。

及时充电

商品基本信息包含要素

商品的基本信息因商品不同而包括多种要素，通常包括品牌、名称、规格、型号、质地、功能、使用方法、注意事项、产地、保质期、联系方式等要素。在展示时要根据具体商品与需要进行描述，从顾客需求角度去描述基本信息，根据需要增加温馨提示等信息。

活动二 商品基本信息描述

活动描述

选取实物牙膏类商品，进行基本信息描述。

操作步骤

购买某品牌实物牙膏，进行基本信息描述

（1）通过商品外包装信息获取商品基本信息。

（2）练习采用不同形式展示商品基本信息，如图 5-9 所示。

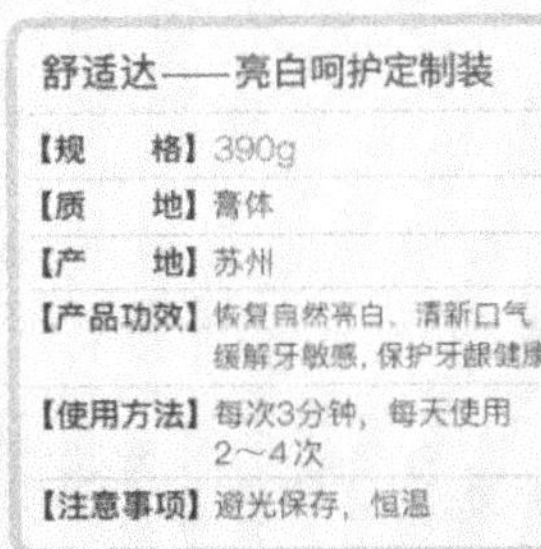

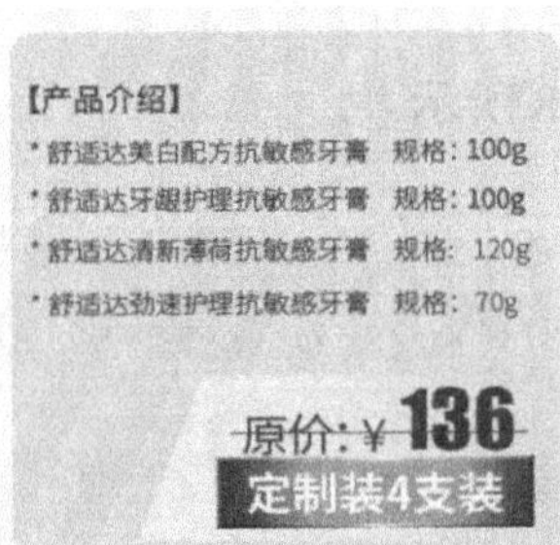

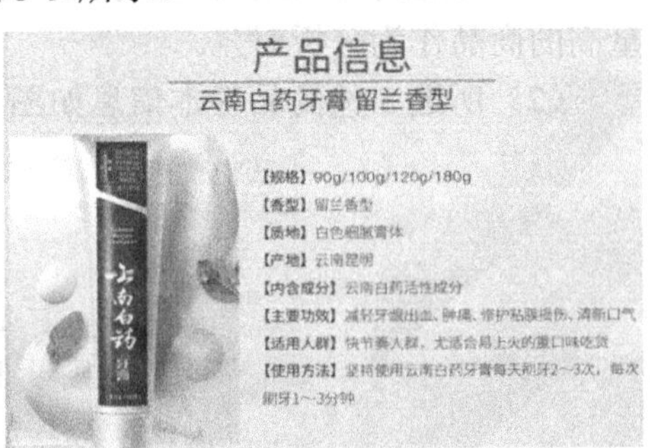

图 5-9 采用不同形式展示商品基本信息

及时充电

获取商品基本信息的方式

（1）商品外包装。

（2）商品官方资料或相关培训。

（3）同类竞品分析。

实训

1. 选择不同种类商品进行商品基本信息描述，如服装类、电器类、食品类、日用化工类等。

2. 通过不同展示形式对基本信息进行排版设计。

任务三 商品详情描述

任务描述

通过对电商平台的常见商品分析，结合 4C 营销理论总结商品详情包含要素，运用实物商品进行商品详情描述训练。

任务实施

活动一 确定商品详情包含要素

活动描述

依据相关理论，确定商品详情包含要素。

操作步骤

步骤 1：了解商品详情描述的作用

（1）展示商品，激发顾客的消费欲望。

（2）介绍商品，打消顾客的消费疑虑。

（3）促销商品，促使顾客下单。

（4）树立品牌形象与信任感。

（5）减少双方沟通负担，提高转化率。

步骤 2：依据 4C 营销理论结合商品详情描述的作用，从消费者的一系列需求角度制定商品详情描述逻辑流程

商品详情描述逻辑流程见表 5-4。

表 5-4 商品详情描述逻辑流程

营销步骤	商品详情描述逻辑流程
引发兴趣	品牌介绍（也可在末尾）
	商品焦点图
	目标客户群设计——买给谁用
激发需求	场景图（商品适合什么场合，用在什么场景）
信任到信赖	商品详细介绍（逐步信任）
	为什么购买（好处设计）
	为什么购买（痛苦设计）
	同类对比（价值、功能）
	客户评价、第三方评价（产生信任）
	用户的非使用价值文案
信赖到想拥有	拥有后的感觉塑造 （强化信任，给客户一个 100%购买理由）
	购买理由（买给自己、朋友、父母等）

续表

营销步骤	商品详情描述逻辑流程
用户做决定	购买号召
	替客户做决定
	购买须知（邮费、发货、售后等）
	关联推荐商品图

（3）确定商品详情描述内容、排版内容及顺序如下：

- 店铺活动；
- 焦点图；
- 商品基本信息；
- 场景图；
- 主图；
- 细节图；
- 对比或特点介绍；
- 买家秀；
- 关联推荐；
- 相关说明；
- 品牌文化简介。

及时充电

4C 营销理论

以消费者需求为导向，重新设定了市场营销组合的四个基本要素：即消费者（Customer）、成本（Cost）、便利（Convenience）和沟通（Communication）。它强调企业首先应该把追求顾客满意放在第一位，其次是努力降低顾客的购买成本，然后要充分注意到顾客在购买过程中的便利性，而不是从企业的角度来决定销售渠道策略，最后还应以消费者为中心实施有效的营销沟通。

活动二　商品详情描述案例分析

活动描述

依据商品详情描述内容，选取常见商品进行案例分析。

操作步骤

步骤 1：以常见商品“水杯”为例，选择某品牌水杯作为分析目标

通过淘宝网搜索栏输入关键字“水杯”，选择品牌旗舰店销售且排名靠前、销量高的商品作为分析对象。

步骤 2：对所选商品详情描述结合排版内容进行分析与总结

（1）店铺活动：展示店铺的促销活动或优惠券，如图 5-10 所示。

图 5-10　店铺优惠券

（2）焦点图：包含品牌、商品、文案的创意海报，基于“三秒注意力”用来吸引买家目光的图片，画面清晰，突出宝贝的特色，能够完整地展现出宝贝，如图 5-11 所示。

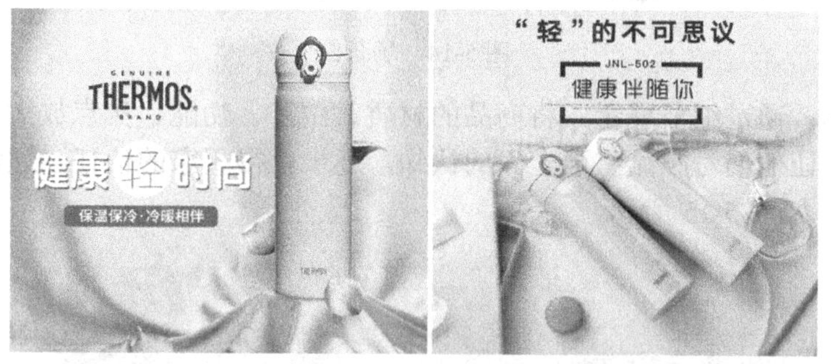

图 5-11　焦点图

（3）商品基本信息：包括品牌、名称、规格、型号、质地、功能、产地、保质期等，如图 5-12 所示。

品　名：	膳魔师不锈钢真空保温杯	品　牌：	膳魔师THERMOS
型　号：	JNL-502	重　量：	约210g
容　量：	500mL	保　温：	6小时（68℃以上）
尺　寸：	21.7cm×6.5cm	保　冷：	6小时（10℃以下）
材　质：	杯身(奥氏体SUS304不锈钢) 杯盖(接触用PP材质)		
产　地：	马来西亚/菲律宾（随机发货）		

*温馨提示：产品尺寸均由手工测量，存在细微误差，收到请以实物为准

图 5-12　商品基本信息图

（4）场景图：展示商品的使用场景，让客户有更强的代入感，以激发用户购买需求，如图 5-13 所示。

图 5-13　场景图

（5）主图：展示商品全貌，让买家对商品有感官上的认知，如图 5-14 所示。

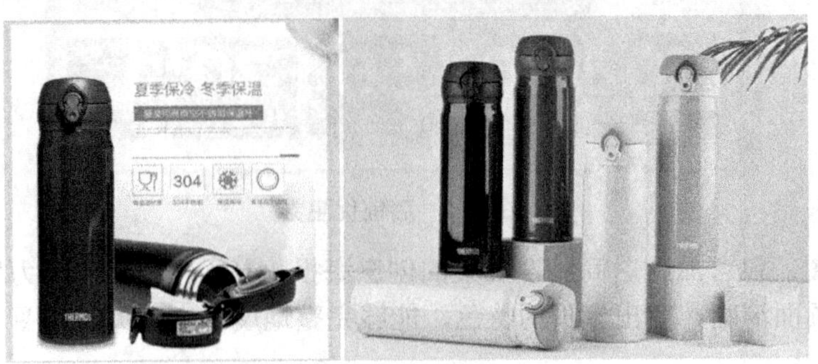

图 5-14　场景图

（6）细节图：通过细节展示，将商品的材质、做工、功能、卖点放大，拉近买家与产品之间的距离，让他们对产品有更全面的认知，逐步赢得买家的信任，通常一件商品要有 4～6 张细节图，如图 5-15 所示。

图 5-15　细节图

（7）对比或特点介绍：通过与同类产品对比或介绍独有技术特点来体现商品的优势与不同之处，如图 5-16 所示。

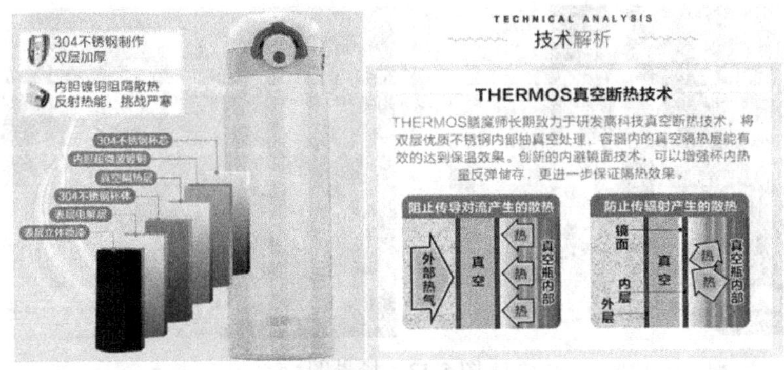

图 5-16　独有特点图

（8）买家秀：买家秀相当于免费广告，具有非常强的说服力，可以选取有代表性体现商品卖点的用户评价作为买家秀，以增强信任感，给买家更多的信心，促使摇摆不定的买家立即下单，如图 5-17 所示。

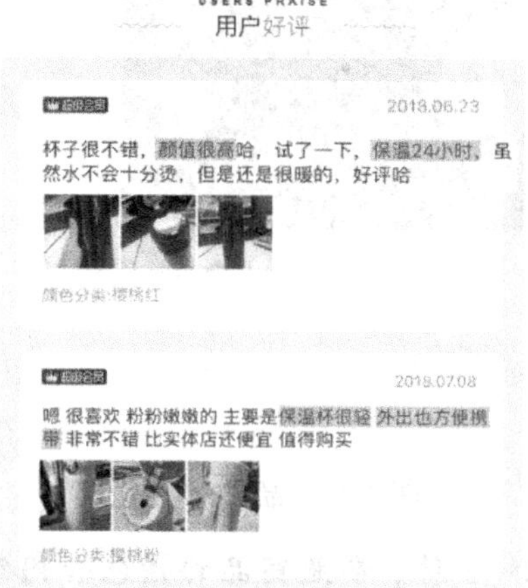

图 5-17　买家秀

（9）关联推荐：用于在该商品详情页面推荐店铺中其他商品，尤其是款式、功能、价位存在一定差异性的商品，以满足用户不同的购买需求，如图 5-18 所示。

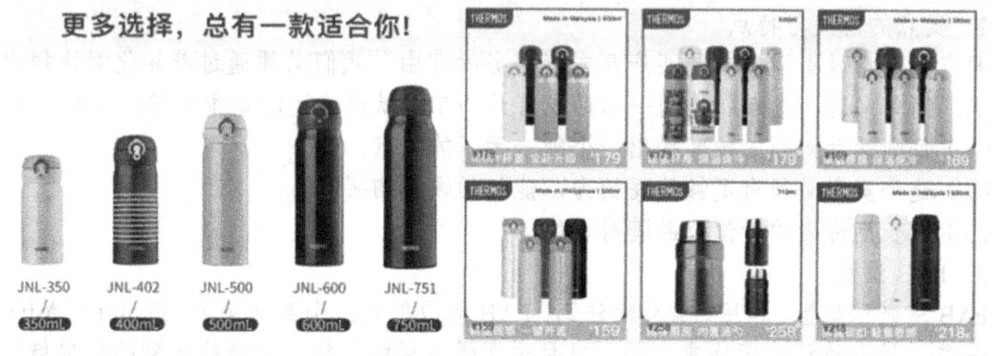

图 5-18　关联推荐

（10）相关说明：包括使用方法、注意事项、邮费、发货、退换货、售后问题等，如图 5-19 所示。

图 5-19　相关说明

（11）品牌文化简介：对企业文化、品牌发展进行介绍，让品牌质量进一步得到认可，如图 5-20 所示。

膳魔师品牌于1904年成立于德国柏林，百年来努力创造并传递着简单而悠长的温暖滋味，凭借独特的真空断热技术，以省时、节能、环保的全新理念，不断为人们带来幸福温度，美好生活。对于很多家庭来讲，Thermos不仅仅是一个品牌，它更象征着温暖、野炊幸福、童年、美好回忆，等等。

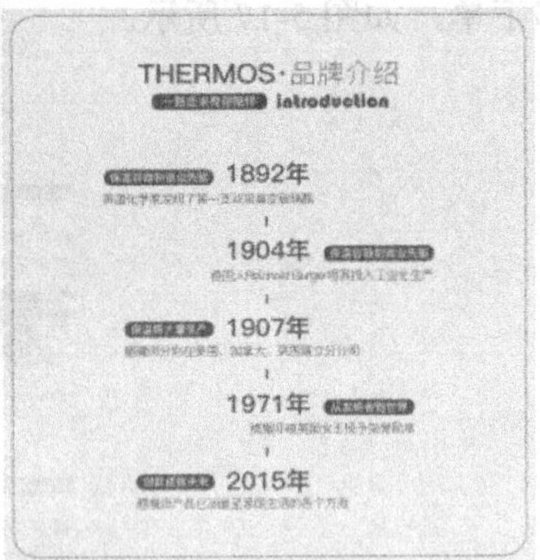

图 5-20　品牌文化简介

步骤 3：寻找不同商品 3～5 件，参照商品详情包含内容，对所选商品进行详情描述训练

及时充电

商品卖点的提炼

1. 卖点的意义与特点

卖点就是指吸引消费者购买产品或者服务的理由，我们必须通过差异化对比找出独特的卖点。简单来说，卖点就是用一句话或者几个字，就能传达的竞争优势，其特点如下：

（1）每则活动必须向顾客提出一个独一无二的卖点。

（2）这个卖点必须有足够的促销力，能打动顾客购买。

（3）有长期传播的价值及品牌辨识度。

2. FAB 法则

FAB 法则即属性、作用、益处的法则。FAB 对应的是三个英文单词：Feature、Advantage 和 Benefit，按照这样的顺序来介绍，就是说服性演讲的结构，它最终达到的效果就是让客户相信你的是最好的。

（1）F 是属性或功效，即自己的产品有哪些特点和属性。

（2）A 是优点或优势，即自己与竞争对手有何不同。

（3）B 是客户利益与价值，这一优点所带给顾客的利益。

3. 如何提炼卖点

按照 FAB 法则，从产品的三种属性去提炼卖点。一个完整的产品概念是立体的，包括核心产品、形式产品、延伸产品三个层次。核心产品是指产品本身的价值所在；形式产品是指产品的外在形式，如外形、质量、体积、视觉、手感、包装等；延伸产品是指产品的附加价值，如服务、承诺、身份、荣誉等。商品的卖点就是基于找客户想要的、别人没有的、比别人强的，用自己的优点去打动客户，用细节的展示去表述自己的优势。

实训

1. 选择不同种类商品进行商品详情描述，如服装类、电器类、食品类、日用化工类等。
2. 总结不同种类商品进行商品详情描述的特点与不同之处。

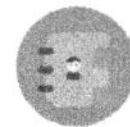

项目评价

项目评价标准

等级	等级说明	评价
一级任务	能自主完成项目所要求的学习任务	合格（不能完成任务定为不合格等级）
二级任务	能自主、高质量完成拓展学习任务	良好
三级任务	能自主、高质量完成拓展学习任务，并能帮助别人解决问题	优秀

项目评价表

项目	评价内容	分值	评分				所占价值	项目得分
			自评（30%）	组评（40%）	师评（30%）	得分		
职业能力	分析商品标题包含要素	10					60%	
	确定商品关键词	10						
	运用工具优化关键词	20						
	分析商品基本信息包含要素	10						
	完成商品基本信息描述	20						
	分析商品详情包含要素	10						
	完成商品详情描述	20						
	合计	100						
通用能力	合作能力	20					40%	
	沟通能力	10						
	组织能力	10						
	活动能力	10						
	自主解决问题能力	20						
	自我提高能力	10						
	创新能力	20						
	合计	100						

项目总结

本项目系统学习了商品标题与商品详情的描述内容，包括标题命名技巧、关键词选取、商品详情包含要素及其作用、4C 营销理论等知识，其中对标题命名、商品详情分析等通过案例分析与模仿进行了引导，旨在激发大家的创新能力。实训任务的安排是由点到面逐步积累，让知识技能最终成链。

项目拓展

任务一：通过电商平台选择同一件商品的三个不同商品描述进行对比，从消费者的角度分析商品描述的优点与缺点。

任务二：对生活中常见商品进行标题、基本信息、详情信息的描述训练。

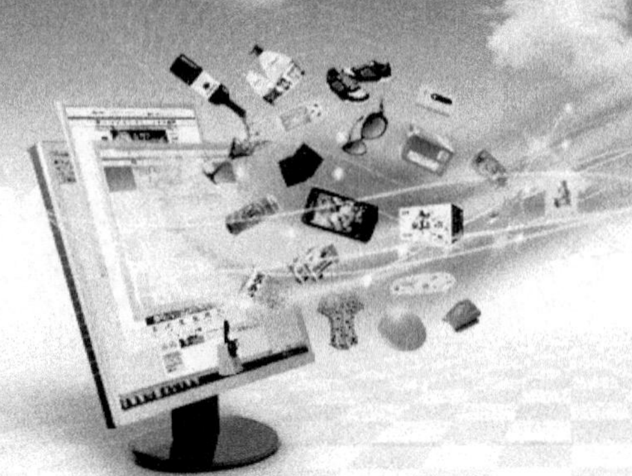

项目 6 文案优化

项目目标

能够根据商品的卖点与特点，对焦点图、场景图、细节图、售后服务进行文案优化，完成商品展示。

项目探究

商品文案，其主要目的是让产品更有认知度、销售力，更好地获得目标受众（潜在消费者、用户或客户）的认知，更有效地把产品价值传达给目标受众。电商平台中商品种类繁多，如何在同类甚至同样的商品中脱颖而出打动消费者，除了价格和产品本身的质量外，文案描述也是重要因素。好的图片辅以精准的文案描述会在一瞬间让消费者感受到产品的价值，赢得消费者对产品的信任，进而完成转化。

项目实施

本项目通过四个任务学习商品详情页中常见的焦点图、场景图、细节图、售后服务等部分文案的包含要素与文案撰写，首先按照竞品分析总结，进而练习模仿的流程环节安排实训任务。

任务一 焦点图文案优化

任务描述

首先通过对电商平台优秀商品焦点图进行分析，总结焦点图文案包含的要素，最后完成对提供商品的焦点图文案优化。

任务实施

活动一 确定焦点图文案包含的要素

活动描述

搜索热门高销量产品，分析总结焦点图包含的要素。

操作步骤

步骤 1：选择 3 件常见商品的焦点图作为分析目标

（1）通过淘宝网选择“牙膏”“水杯”“奶粉”3 件商品进行搜索，选择搜索结果排名靠前、销量高的商品作为分析对象。

（2）依次选择 3 件商品的焦点图进行分析，如图 6-1 所示。

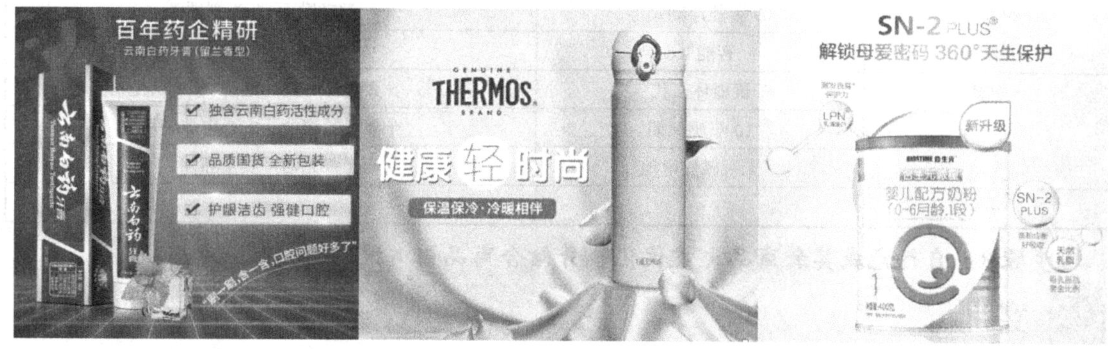

图 6-1 焦点图

步骤 2：总结焦点图构成文案要素

（1）商品大图：占据画面比例 30%～40%，画质清晰，有吸引力。

（2）品牌或商品名称：画面醒目位置凸显品牌或商品 LOGO。

（3）广告文案：突出商品卖点的广告词语 3～4 条。例如，某品牌水杯卖点为“轻”与“保温”，对应广告文案为“健康轻时尚”“保温保冷 冷暖相伴”。

活动二 提炼并优化焦点图文案

活动描述

选择 3～5 件商品，提炼并优化焦点图文案。

操作步骤

步骤 1：选择 3～5 件常见商品，参考商品为某品牌剃须刀、电池、洗发水等，如图 6-2 所示。

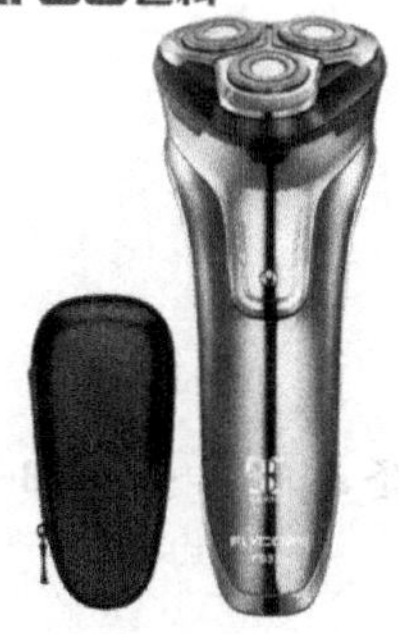

图 6-2 参考商品图

步骤 2：通过观察外包装、竞品分析、自行撰写等方式提炼并优化焦点图文案，并填写表 6-1

表 6-1 焦点图文案表

品牌与名称	卖点	优化文案
FLYCO 飞科	全身水洗	全身水洗 清洁方便
剃须刀	3D 智能浮动贴面	浮动贴面 净爽剃须
FS378	智能 led	智能显示 监控电量
南孚	聚能环 2 代	聚能环 2 代，电量多 25%
电池	10 年质保期	十年长效聚能，安心电放使用
五号	无汞碱性电池	无汞无铬，安全环保
……	……	……

步骤 3：自行完成其余商品文案优化，并结合商品图片设计焦点图

实训

1. 选择不同种类商品进行焦点图文案撰写，如服装类、电器类、食品类、日用化工类等。

2. 将撰写文案与商品图片结合，完成焦点图排版设计。

任务二 场景图文案优化

任务描述

首先通过对电商平台优秀商品场景图进行分析，总结场景图文案包含的要素，最后完成对提供商品的场景图文案优化。

任务实施

活动一 确定场景图文案包含的要素

活动描述

搜索热门高销量产品，分析总结场景图文案包含的要素。

操作步骤

步骤 1：选择 3～5 件常见商品，参考商品为某品牌电热壶、登山鞋，如图 6-3 与图 6-4 所示

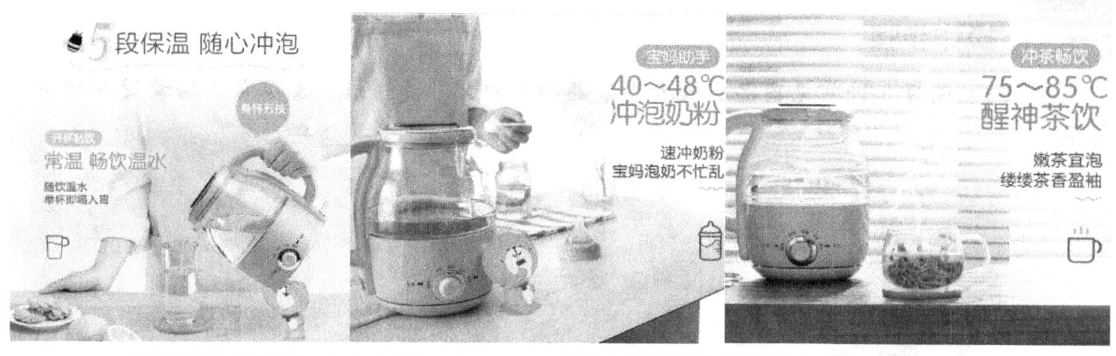

图 6-3 电热壶场景图

图 6-4 登山鞋场景图

步骤 2：总结场景图文案构成要素

（1）商品大图：结合使用者与使用环境的商品展示，占据画面比例 30%～40%，画质清晰，有吸引力。

（2）场景背景：以商品应用场景为背景。

（3）文案：一方面为描述使用功能或特色文案，如电热壶根据“5 段保温”的功能特色，所设计的 5 种饮品场景文案；另一方面为宣传商品所使用的渲染性文案，如登山鞋在崎岖的山路行走，配以“翻山越岭”“一往无前”的渲染性文案，突出了商品的精神属性。

活动二 提炼并优化场景图文案

活动描述

选择 3 件商品，提炼并优化场景图文案。

操作步骤

步骤 1：选择 3 件常见商品，依次为某品牌电风扇、洗手液、夏凉被，场景图如图 6-5 所示

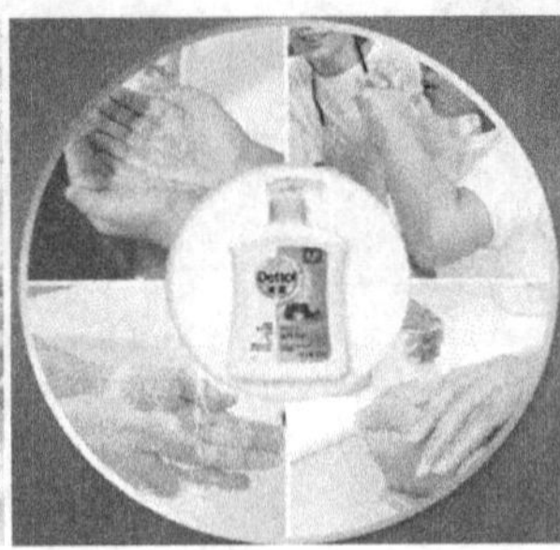
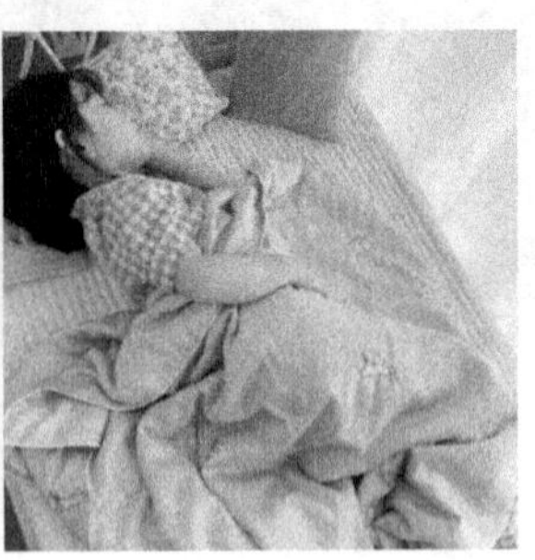

图 6-5　模拟场景图

步骤 2：结合给出产品卖点，撰写 2～3 条场景图文案

撰写的场景图文案如表 6-2 所示。

表 6-2　场景图文案表

商品名称	卖点	优化文案
电风扇	体积小风力大	外柔内刚 身材小巧 风力强劲
	柔和循环风	风始自然 柔和循环 呵护健康
	静音	轻音运行 悄无声息 宝宝安睡
洗手液	抑菌	……
	温和不伤手	……
	芳香	……
夏凉被	丝滑	……
	透气	……
	安全无味	……

步骤 3：自行完成文案优化，结合图片设计场景图

实训

1. 选择不同种类商品进行场景图文案撰写，如服装类、电器类、食品类、日用化工类等。

2. 将撰写文案与商品图片结合，完成场景图排版设计。

任务三　细节图文案优化

任务描述

首先通过对电商平台优秀商品细节图进行分析，总结细节图文案包含的要素，最后完成对提供商品的细节图文案优化。

任务实施

活动一　确定细节图文案包含要素

活动描述

搜索热门高销量产品，分析总结细节图文案包含要素。

操作步骤

步骤 1：选择 2 件常见商品，参考商品为某品牌订书器、儿童水杯，如图 6—6 与图 6—7 所示

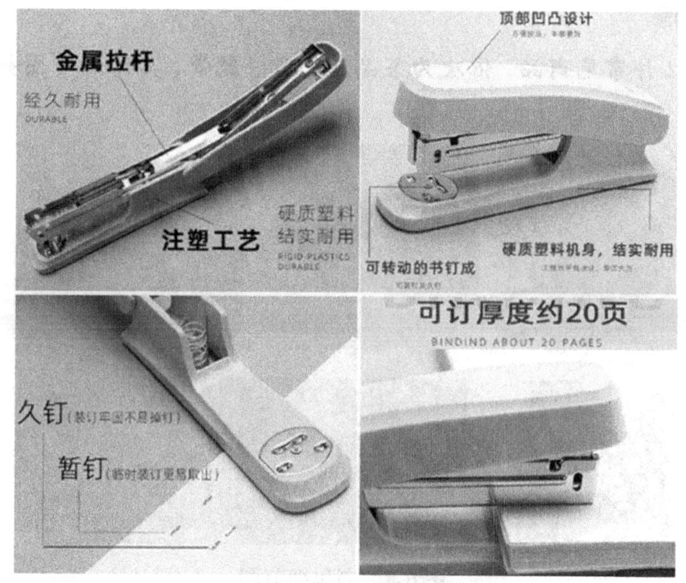

图 6-6　订书器细节图

图 6-7　儿童水杯细节图

步骤 2：总结细节图文案构成要素

（1）商品局部图：以局部为主的商品图片，能够突出商品的卖点与功能。

（2）文案：通过文字对细节图中商品的材质、功能、质量、卖点进行描述，并辅以情感描述体现商品的魅力属性、独特属性等。例如：在儿童水壶体现材质的细节图中，文案“抛光镜面内胆”描述了商品的形象；“进口 304 不锈钢”描述了商品的材质；“我们执着的研磨直到镜面让细菌无处躲藏”体现了商品的做工品质，从而给消费者更多购买的理由。

活动二　提炼并优化细节图文案

活动描述

选择 2 件商品，提炼并优化细节图文案。

操作步骤

步骤 1：选择 2 件常见商品，依次为某品牌书包、腰带，具体细节图如图 6-8 与图 6-9 所示

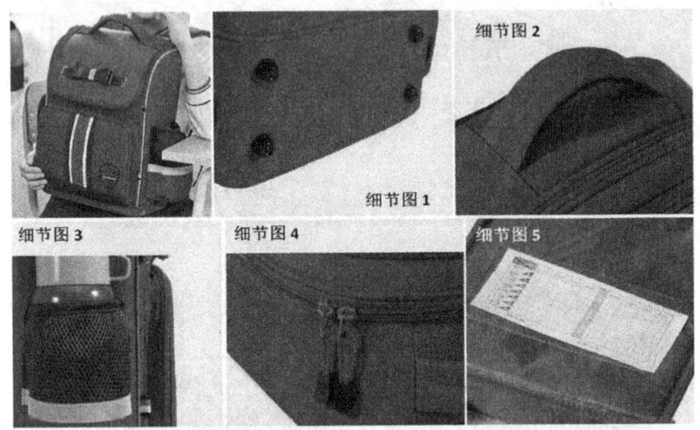

图 6-8　书包细节图

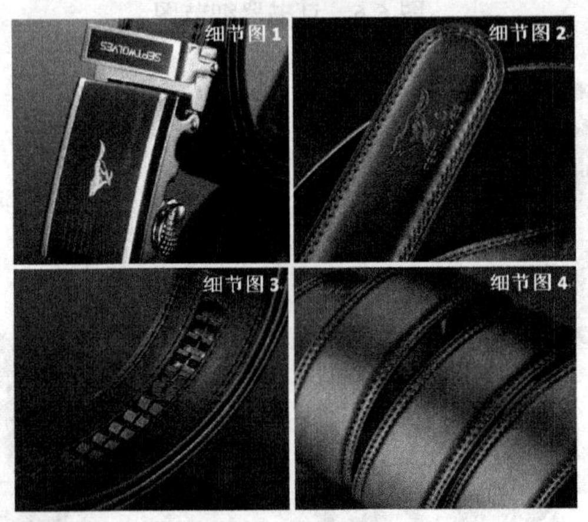

图 6-9　腰带细节图

步骤 2：结合细节图展示内容，撰写细节图文案

撰写的细节图文案见表 6-3 和表 6-4。

表 6-3　书包细节图文案表

书包	展示内容	文案
细节图 1	底部	底部采用四脚钉支撑 书包有效防脏防磨损
细节图 2	拉手	拉手采用软质 EVA 材质 面料细腻舒适不勒手
细节图 3	网袋	双层网袋固定水杯 圆形底托方便使用
细节图 4	拉链	金属拉头尼龙拉链 手感舒适提拉顺滑
细节图 5	课程表袋	插卡式课程表袋 方便每学期替换

表 6-4　腰带细节图文案表

腰带	展示内容	文案
细节图 1	扣头	……
细节图 2	印花图案	……
细节图 3	卡槽	……
细节图 4	韧性与柔软	……

步骤 3：自行完成文案优化，结合图片设计细节图

实训

1. 选择不同种类商品进行细节图文案撰写，如服装类、电器类、食品类、日用化工类等。
2. 将撰写文案与商品图片结合，完成细节图排版设计。

任务四　售后服务文案优化

任务描述

首先通过对电商平台优秀商品售后服务文案进行分析，总结售后服务文案包含的要素，最后完成对提供商品的售后服务文案优化。

任务实施

活动一　确定售后服务文案包含的要素

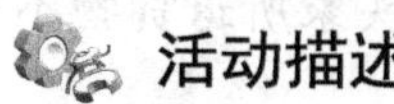

搜索热门高销量产品，分析总结售后服务文案包含的要素。

操作步骤

步骤 1：浏览常见热销商品，收集售后服务相关文案，如图 6-10 所示

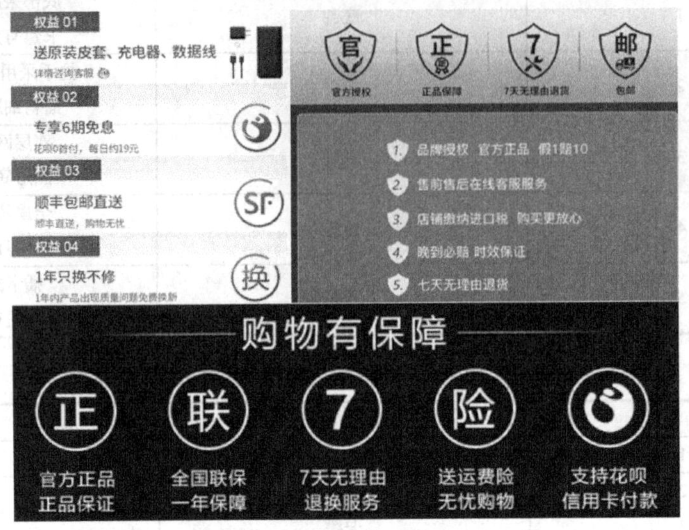

图 6-10 售后服务文案

步骤 2：结合收集的材料，总结售后服务文案构成要素

（1）正品保障：以保证所售商品为官方正品，非假冒仿制商品，提供假一赔 N 服务。

（2）退换货服务：买家签收货物后卖家所支持的退换货规则，电商平台通常支持 7 天无理由退换货服务。

（3）售后质保：商品出现质量问题时的解决方式，如品牌商品通常提供全国一年联保，部分商家提供质保期内只换不修即免费换新服务。

（4）物流服务：包括卖家可发货的物流公司，是否包邮、是否包含运费险等。

（5）付款方式：是否支持信用卡付款以及第三方金融机构所提供的其他付款方式，如花呗、余额宝等。

（6）赠品：随购买商品所附加的赠送商品。

及时充电

电商平台常见服务保障

不同的电商平台都会提供特有的服务保障，通过平台对卖家的约束来保障消费者的权益。下面以淘宝网（天猫）为例，介绍常见的服务保障。

（1）品质保障：入驻商家须提供品牌授权文件或完整的品牌授权链路，平台与国家权威检测机构对商品进行定期品控检测，以保障消费者权益不受侵害。

（2）7 天无理由退换：在消费者签收货物后 7 天内，如因“不喜欢/不想要了”等主观原因不愿意完成本次交易，可以提出“7 天无理由退换货”的申请，买家所退货物不得影响商家的二次销售。

（3）送货入户：买家购买带有“送货入户”标识的商品，如收货地址在商家承诺的销售区域内（例外区域除外），则商家须向消费者提供送货到消费者购买时填写的详细收货地址，并搬运上楼、送货入户的特殊服务。

（4）次日送达：买家在符合配送范围内，当日 18:00 前成功提交的订单，次日送达；当日 18:00 以后成功提交的订单，2 日送达。

（5）无忧退换货：买家购买带有“无忧退换货”标识商品后，商家承诺所售商品符合退换货要求情况下，自售出之日（以实际收货日期为准）起 7 天内可以退货，15 日可以换货。

（6）送货上门并安装：买家购买商品时选择“送货上门并安装”服务后，由第三方服务商向消费者提供货物从发货地送至买家事先指定地址并安装（包括长线的物流运输、同城的配送、搬运上楼入户、安装等）服务。

（7）全国联保：消费者在购买带有“全国联保”标识商品后，除可以按照《中华人民共和国产品质量法》《中华人民共和国消费者权益保护法》以及国家关于产品修理、更换、退货的规定，享受商家提供的相应服务外，还可以享受到：向该商品所属品牌商（厂家）或第三方就机器故障进行在线咨询，对故障机器一键报修，或可以查阅品牌商相应售后信息的服务。

活动二　提炼并优化售后服务文案

活动描述

针对给出商品的种类与特性，撰写售后服务文案。

操作步骤

步骤 1：搜索电器类、建材类商品各一件

搜索结果如图 6-11 所示。

图 6-11　售后服务文案商品

步骤 2：根据电器类与建材类产品在质保、物流、售后等方面的特性，撰写售后服务文案

撰写的售后服务文案见表 6-5。

表 6-5　售后服务文案表

内容	文案
签收过程	……
退换货服务	……
质保维修服务	……
发票信息	……
物流信息	……
……	……

实训

1. 选择不同种类商品进行售后服务文案撰写，如服装类、电器类、食品类、日用化工类等。

2. 通过不同展示形式对售后服务文案进行排版设计。

项目评价

项目评价标准

等级	等级说明	评价
一级任务	能自主完成项目所要求的学习任务	合格（不能完成任务定为不合格等级）
二级任务	能自主、高质量完成拓展学习任务	良好
三级任务	能自主、高质量完成拓展学习任务，并能帮助别人解决问题	优秀

项目评价表

项目	评价内容	分值	评分				所占价值	项目得分
			自评（30%）	组评（40%）	师评（30%）	得分		
职业能力	分析焦点图文案包含要素	10					60%	
	完成焦点图文案优化	20						
	分析场景图文案包含要素	10						
	完成场景图文案优化	20						
	分析细节图文案包含要素	10						
	完成细节图文案优化	20						
	完成售后服务文案优化	10						
	合计	100						
通用能力	合作能力	20					40%	
	沟通能力	10						
	组织能力	10						
	活动能力	10						
	自主解决问题能力	20						
	自我提高能力	10						
	创新能力	20						
	合计	100						

项目总结

本项目系统学习了商品描述中文案的相关内容，包括商品详情描述中常见的焦点图、场景图、细节图、售后服务等部分文案，通过分析案例、总结要素、模仿实训等过程了解并学习商品描述中文案的撰写。实训任务的安排是由点到面逐步积累，让知识技能最终成链。

项目拓展

任务一：收集电商平台中不同种类商品对于场景图、细节图文案，总结相同点与区别。

任务二：对生活中常见商品进行焦点图、场景图、细节图、售后服务文案的描述训练。

第四部分

网络营销操作实战

项目 7 网络营销市场调研

项目目标

能够根据服务对象明确调研的目标和范围。
能够根据现有条件确定合理的调研方法并规划调研内容和调研实施步骤。
能够根据调研结果撰写逻辑性强、语言简洁的调研报告。

项目探究

网络营销实施的基础是定位准确，包括产品针对的客户群体的定位、产品价格的定位、促销方案的定位等诸多因素，确定这些因素组合的前提是了解目标市场的情况，做到知己知彼，只有在精准的调研结果支持下设计的网店营销方案才能提升执行效率，所以调研前期确定目标市场、调研方法等是成功的第一步，接下来是调研过程中信息的采集和甄别，直到最后对调研数据的分析和报告的编制，每一步都不可轻视。

项目实施

本项目通过四个任务学习网络市场调研的方法和内容，按照实际工作中的流程环节安排实训任务，首先明确调研的目标和内容，结合产品特征、资金预算等条件确定此次调研的方法，然后是实施调研环节，最后根据调研的结果撰写有指导作用的调研报告。

项目情境：为了更好地实践，建议先拟定一种商品作为目标商品，以此为例展开为新商品上架前的调研准备工作。（本书是选择文具作为目标商品）

任务一 确定网络营销市场调研的基本内容

任务描述

1．分析本店商品的特征，确定目标市场。
2．分析目标市场，找出影响目标市场同类产品销量的相关因素。

3. 比较前两次分析结果，确定本次调研的内容。

任务实施

活动一　分析商品

活动描述

1. 访问多家与本组经营类目相同的网店，分析该品类店铺商品的卖点。
2. 以表格的形式分类汇总此类商品的卖点。
3. 参考同类商品的销售情况，分析本店经营此类目商品的优势。

操作步骤

步骤 1：打开同类商品网店，找出竞争对手的卖点和销售情况

（1）打开淘宝网店同类商品的销售页面，如图 7-1 所示，打开店铺详情页面了解各店铺的卖点、销量、物流、支付优惠、评价等信息。

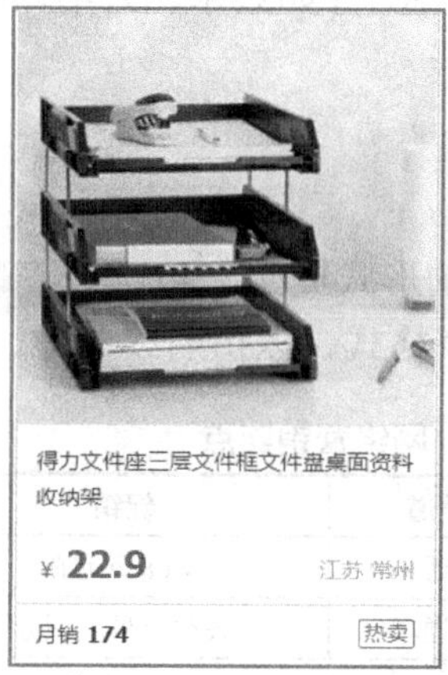

图 7-1　淘宝三层文件框收纳架搜索页面

（2）打开天猫网店同类商品的销售页面，如图 7-2 所示，了解详情页面信息。

图 7-2　天猫三层文件框收纳架搜索页面

（3）打开阿里巴巴同类商品的销售页面，如图 7-3 所示，了解详情页面信息。

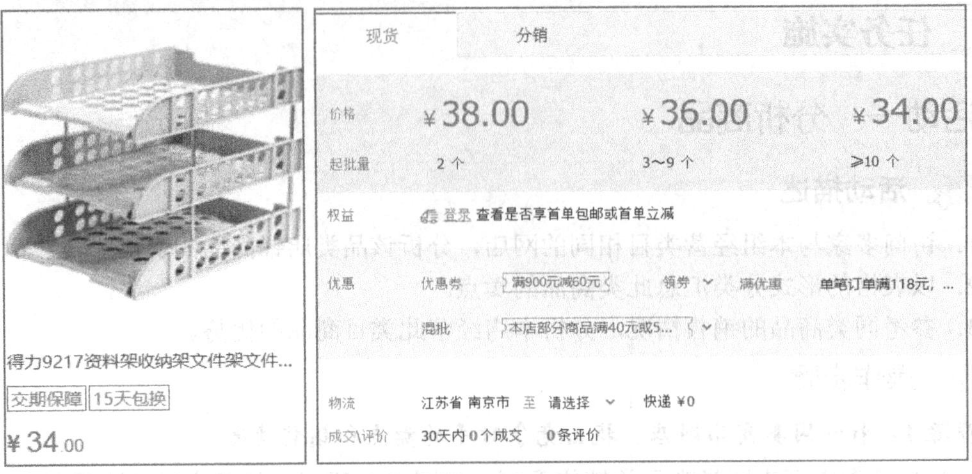

图 7-3　阿里巴巴三层文件框收纳架搜索页面

（4）打开其他平台的销售页面，了解详情页面信息。（如京东、云集、微店、严选、拼多多、唯品会、企业 App，等等）

步骤 2：列表汇总同类商品的卖点

（1）小组讨论该类商品的卖点。

（2）每个小组将自己的分析结果汇聚成二维表的形式提交。

（3）将全班的内容整理成如表 7-1 所示的统计表格式，以供后续参考。

表 7-1　“三层文件框收纳架”网络营销卖点

	产品	价格	渠道	促销	其他
淘宝		22.9 元	直通车	满 68 元包邮	开发票
天猫	金属支架	46～105 元	直通车	公益宝贝，领券	
阿里巴巴		38 元 2 个起批		15 天包换	

说明：表中信息不全，仅供大家参考，具体信息要在店铺详情页面查找，有条件的店家可以在淘宝“生意参谋”中直接收集同类商品销售情况的详细数据。

步骤 3：分析本店推广的新商品优势

（1）讨论新商品的特征，并逐条列举。

（2）讨论新商品的优势，可以结合营销四要素列举本店商品优势。

（3）讨论新商品的优势能够给客户带来怎样的利益，解决哪些消费痛点。

（4）结合表 7-1 的内容，总结出本店商品的卖点。

及时充电

网络营销的基本要素

从最初的市场营销，到现在的网络营销，都不能脱离营销的基本因素来策划产品的营运，即产品、价格、销售渠道、促销这 4 个基本要素。

1. 产品（Product）

经济学者认为，产品可以从 5 个层次来表述，如图 7-4 所示。

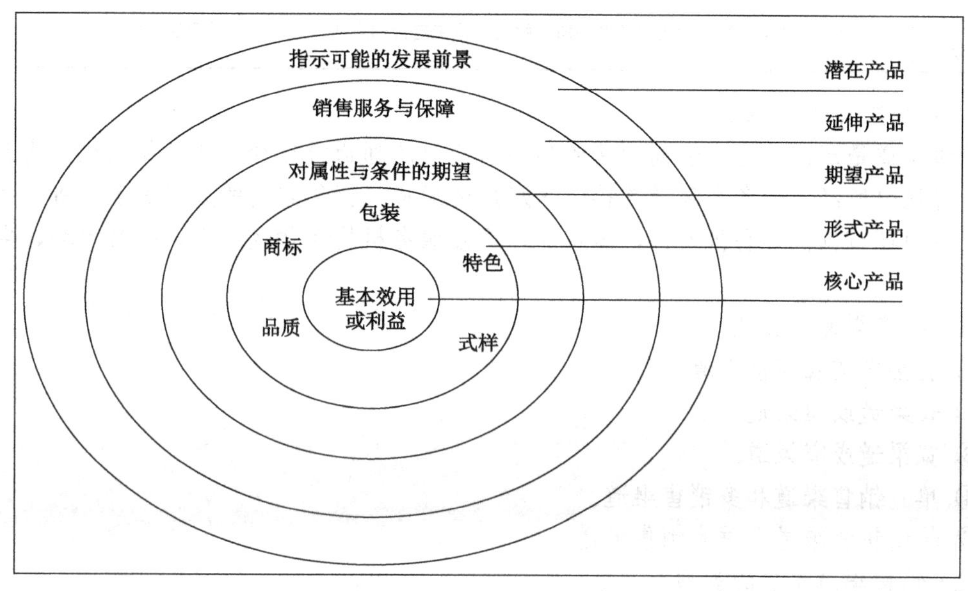

图 7-4 产品的整体概念

2. 价格（Price）

商品的价格是顾客关注的主要因素之一，经营者在制定价格的时候会根据不同的目标市场情况选择不同的方法，见表 7-2。

表 7-2 商品价格制定方法

名称	解释	举例
成本导向定价法	以产品单位成本为基本依据，再加上预期利润来确定价格的定价方法	部分药品的价格；格兰仕的成本领先定价策略
需求价格弹性定价法	依据商品的需求量对其商品自身价格的变动的反应程度来定价的方法	猪肉价格高，消费者更多买鸡肉吃
竞争导向定价法	企业通过研究竞争对手的生产条件、服务状况、价格水平等因素，依据自身的竞争实力，参考成本和供求状况来确定商品价格的定价方法	肯德基和麦当劳
需求导向定价法	根据市场需求状况和消费者对产品的感觉差异来确定价格的方法，又叫市场导向定价法或顾客导向定价法	演唱会门票；“安静的小狗”软猪皮鞋定价策略
撇脂定价法	新产品初上市，定一高价格，在短期内获得厚利，尽快收回投资	苹果 iPod
渗透定价法	新产品初上市时，定一较低价格，以获得最高销售量和最大市场占有率为目标，称为“渗透定价”	几万元的国产小轿车抢占国内轿车市场

续表

名称	解释	举例
价格折扣和折让法	为鼓励顾客及早付清货款，大量购买或淡季购买，企业酌情调整其基本价格，这种价格调整称为价格折扣和价格折让	现金折扣、数量折扣、功能折扣、以旧换新等
密封投标定价法	买方公布需求，说明需采购的商品的品种、数量、规格等要求，邀请卖方在规定期限内投标。买方在规定的时间内开标，选择报价最低的、最有利的卖方成交，签订采购合同的定价方法	招投标活动
认知价值定价法	主要依据消费者在观念上对该产品所理解的价值来定价的方法	服装定价中的应用

3. 销售渠道（Place）

销售渠道是产品从生产者向消费者转移所经过的通道或途径，即产品由生产者到用户的流通过程中所经历的各个环节连接起来形成的通道。销售渠道的起点是生产者，终点是用户，中间环节包括各种批发商、零售商、商业服务机构（如经纪人、交易市场、电商平台等）。

（1）销售渠道的类型

① 直接渠道或间接渠道。

② 长渠道或短渠道。

③ 宽渠道或窄渠道。

④ 单一销售渠道和多销售渠道。

⑤ 传统销售渠道和垂直销售渠道。

（2）销售渠道竞争的类型

① 不同品牌的同一渠道之争。

② 同一品牌内部的渠道之争。

③ 渠道上游与下游之争。

4. 促销（Promotion）

促销就是营销者向消费者传递有关本企业及产品的各种信息，说服或吸引消费者购买其产品，以达到扩大销售量的目的。

网络促销是指利用计算机及网络技术向虚拟市场传递有关商品和劳务的信息，以引发消费者需求，唤起购买欲望和促成购买行为的各种活动。网络促销是通过SEO、网站推广、网络广告、营销事件等众多技术方法来做的促销。

当然，在考虑产品营运的时候可能不仅仅包括这4个方面，还有其他因素需要决策者综合考虑，比如地理条件、经济环境等宏观因素，企业公众、合作者等微观因素都是需要在决策的时候参考的因素，见表7-3。

表7-3 网络营销环境

环境类别	相关因素
网络营销宏观环境	政治法律、经济、人文与社会，科技教育水平、自然、人口等
网络营销微观环境	企业内部环境、供应者、营销中介、客户、竞争者、合作者、企业公众等以及开展电子商务、网络营销的上下游组织机构等

活动二　确定目标市场

活动描述

1．根据本店商品卖点选择合适的目标市场。

2．分析目标市场的环境因素（做可控因素分析）。

操作步骤

步骤 1：根据本店商品卖点找到合适的运营平台

（1）结合表 7-1 的内容找到最能发挥本店商品卖点的平台。

① 聚集的人群中是否有本店商品的目标客户。

② 是否能提供本商品目标客户习惯的支付方式。

③ 物流服务是否及时，没有拖单、损坏包装等投诉。

④ 平台大促销活动、联合营销活动等是否能迅速聚集人气。

⑤ 店铺参与平台活动的标准是否已经达到。

⑥ 其他判断标准。

（2）对几个选定平台的营运成本进行分解对比，比如门槛费、广告费、活动费等，要进行分项列举，方便后期的经营成本计算。

步骤 2：目标市场相关因素分析

目标市场细分的因素包括：地理因素、人口因素、心理因素和行为因素。

（1）地理因素。

① 利用网络搜索查阅“一带一路”沿线几个国家的出产和需求。

- 蒙古：盛产____________________，需求___________________________；
- 越南：盛产____________________，需求___________________________；
- 巴基斯坦：盛产____________________，需求___________________________。

② 找到荔枝成熟季从广州运到洛阳最合理的运输路线。（参考因素：运费、运输时间、保鲜度等）

③ 讨论一下为什么很多网店对新疆、内蒙古、西藏的发货条件都是单独列示甚至不发货，这说明今后在这些地区发展电子商务应该加强哪些方面的建设。

（2）人口因素。

消费者的性别、年龄、收入、受教育程度、个人爱好等都是目标客户分析的相关维度，通过分析下面的几个例子就可以理解人口因素的重要性了。

① 显卡对于爱玩游戏的人来说很重要，一款价位在 4000 元左右的显卡，大家认为怎样的玩家会购买？

② 京东到家中有很多社区蔬菜超市联合进来，给下订单的人送菜到家，哪些用户使用率比较高呢？画出这些消费者的人群画像。

（3）心理因素。

购买意愿＋购买能力＝市场，现在居民生活富裕了，那么如何激发他们的购买意愿呢？

马斯洛需求层次理论将人的需求分为五个层次，从底层向上层按顺序排列是：生理需求、安全需求、社交需求、尊重需求、自我需求，显然，上面三个层次的需求是营销人员激发客户意愿的考虑重点。

现在普遍认同的消费心理分为 4 种，分别是从众、求异、攀比和求实，找一找你周围有没有持这种消费观点的朋友。

（4）行为因素。

① 想一想你周围有没有下面这样的朋友？

- 强烈推荐你使用国产的华为手机而不是某些国外品牌手机。
- 购物达人，总能找到各种优惠、打折、优惠券等让商品价格减低的方法。
- 分分钟完成购物，搜索后只在第一页比较一两家就下单购物的人。

② 小结一下：消费者的哪些行为是增加回头客的相关因素？

及时充电

目标市场的选择

目标市场是企业在整体市场上选定作为营销活动领域的细分市场，商家在选择上应该有各自的依据和标准，通常来讲，可以包括以下几个方面。

（1）选择的目标市场要具有一定的市场规模和发展潜力。

（2）选择的目标市场应具有良好的吸引力。这里可以结合迈克尔 · 波特五力竞争模型来具体分析说明。

① 细分市场内同行业之间是否存在激烈竞争。

② 细分市场是否吸引新的竞争者。

③ 细分市场上是否存在替代品。

④ 顾客讨价还价的能力是否增强。

⑤ 供应商的讨价还价的能力是否增强。

（3）选择的目标市场要符合企业的目标和能力。通常企业应根据自身产品的特征确定可能成为目标客户的群体，然后比较客户群体，从中选择最有潜力的一个或几个作为企业的目标客户群体，最后就是进行目标市场定位，针对顾客对该类产品某些特征或属性的重视程度，为本企业产品打造特立独行的形象，从而使该产品在市场上占有一席之地。当然这也取决于企业的资金实力和长远期规划，目标市场选择一般来说有以下 5 种模式。

① 密集单一市场，又称产品单一市场，即企业的目标市场无论产品还是从市场角度，都集中在一个细分市场，如图 7-5（a）所示。

② 有选择的专门化，即选择若干客观上都有吸引力并符合企业目标和资源的细分市场，为不同的顾客群提供不同类型的产品，如图 7-5（b）所示。

③ 产品专门化，即企业生产一种产品，向各类消费者同时销售这种产品。但产品在档次、质量、功能以及促销上有所不同，如某品牌的女士护肤品，如图 7-5（c）所示。

④ 市场专门化，即企业向同一消费群提供性能有所区别的同类产品，企业专门为这个顾客群体服务而获得良好声誉，如专门为老年人设计一系列适合其年龄、心理特征的康复保健度假产品，如图 7-5（d）所示。

⑤ 全面覆盖，即企业决定全方位进入各个细分市场，为所有顾客提供他们所需要的性能不同的系列产品，如图 7-5（e）所示。一般大型企业具有这样的实力。

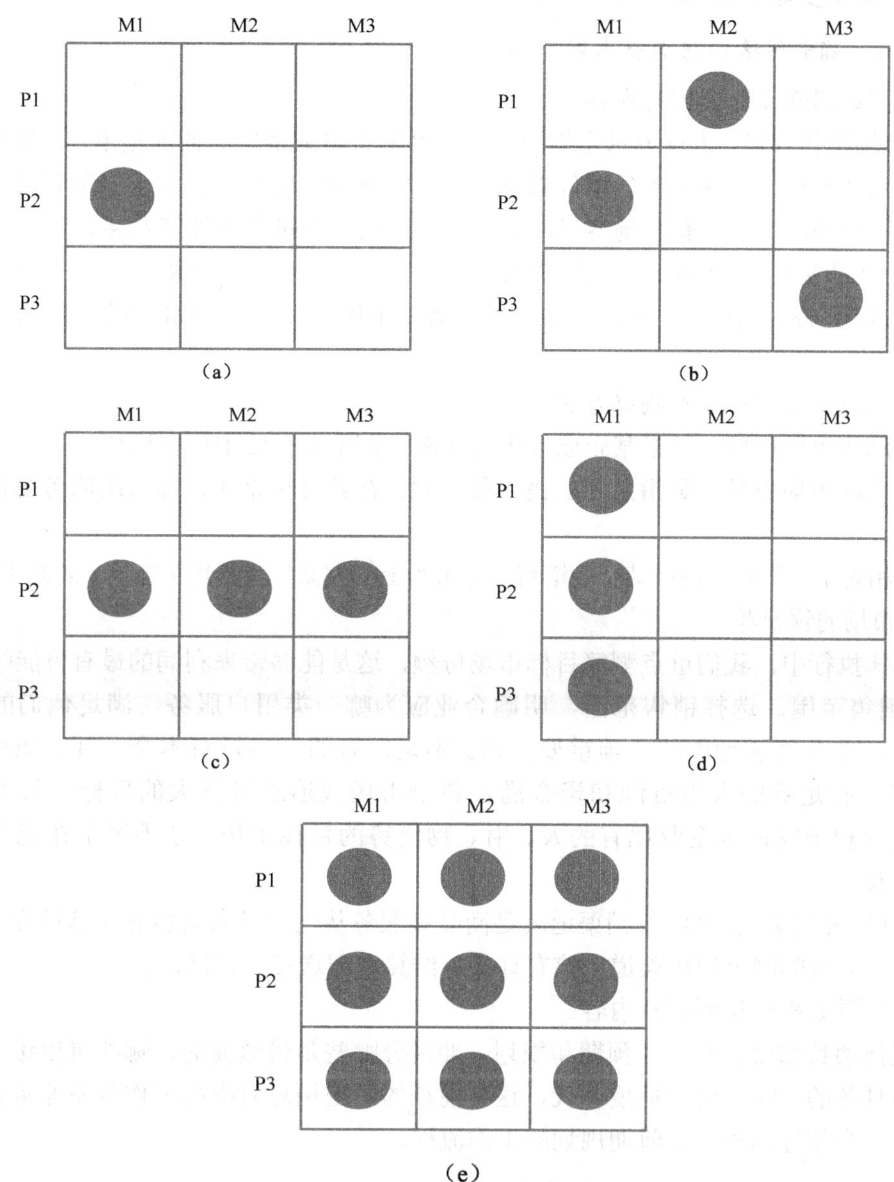

图 7-5　目标市场选择的 5 种模式

说明：图中字母 P 代表产品，字母 M 代表细分后的不同市场。

活动三　确定调研内容

活动描述

根据上述分析结果，确定本次调研的内容包括哪些方面，其中重点调查拉动现有目标市场中商品销售量的因素有哪些、目标市场消费者行为等内容，按照重要程度排列出本次调研的内容。

操作步骤

步骤1：确定网络销售调查内容

（1）汇总明确需要调查的内容。

① 市场销售容量。市场容量是指在不考虑产品价格或供应商的前提下，市场在一定时期内能够吸纳某种产品或劳务的单位数目。市场容量是由使用价值需求总量和可支配货币总量两大因素构成的。若有市场容量，可以自然拉动企业投资和经济发展。

② 市场占有率。市场份额又称“市场占有率”，是指某企业某一产品（或品类）的销售量（或销售额）在市场同类产品（或品类）中所占比重。通常市场份额越高，竞争力越强。

一般来说，有三种基本测算方法。

一是总体市场份额，是指某企业销售量（额）在整个行业中所占比重。

二是目标市场份额，是指某企业销售量（额）在其目标市场，即其所服务的市场中所占比重。

三是相对市场份额，是指某企业销售量与市场上最大竞争者销售量之比，若高于1，表明其为这一市场的领导者。

在具体执行中，我们重点测算目标市场份额，这是能够带来利润的最有可能的市场。

③ 销售范围。选择销售范围，明确企业应为哪一类用户服务，满足他们的哪一种需求是企业在营销活动中的一项重要策略。不是所有的子市场对本企业都有吸引力，任何企业都没有足够的人力资源和资金满足整个市场或追求过分大的目标，只有扬长避短，找到有利于发挥本企业现有的人、财、物优势的目标市场，才不至于在庞大的市场上瞎撞乱碰。

④ 网络分销渠道。网络分销渠道就是商品和服务从生产者向消费者转移过程的具体通道或路径，完善的网上销售渠道应该有订货、结算和配送三大功能。

（2）按重要程度排列调查内容。

做任何项目都要先有一个预期和规划，要区分哪些是最紧要的，哪些可以缓一缓，哪些是必须具备的，哪些可以适度替代，这种前期的缜密构思对提高工作效率非常有帮助，我们通过一个任务体验一下前期规划的工作流程。

[情境假设]

企业销售的是新品文具，企业在淘宝已经有比较成熟的店铺运营，主要经营国内知名文具品牌的各类文具，这次投入的新品文具是一款某知名品牌推出的新产品，预期在淘宝大促销的时候作为爆款打造，现在要调研一下市场行情，便于做具体促销策划。

请你思考分析该项目调查内容的重要性排序。

步骤2：重点确定调查目标市场销售增量的影响因素

（1）参考一些电商分析网站的数据找到相关因素。

① 付费数据资料来源：中国市场调查网（http://www.cnscdc.com/）、阿里云

（https://www.aliyun.com/solution/）等。

② 只对会员或资质用户提供的数据：淘指数、百度指数等。

③ 免费资料来源：

一是公共服务部门网站统计数据：前瞻产业研究院（https://bg.qianzhan.com/report/），国家统计局、CNNIC 等。

二是企业门户网站公开的业绩统计数据、行业类网站的公开数据等。

三是部分半免费的资源，如分类信息网站、百度文库、社区论坛等。

注意：免费活动的数据大多比较宏观，针对某一问题的数据需要调研人员仔细查找，认真鉴别。

[分组活动]

① 每组根据产品特征设计一份 5 个题目的问卷，调查其他组同学的消费体验；

② 每组根据产品特性，设计一个电话调研的提纲，派一名代表给熟人打电话调研，其他同学记录辅助。

（2）确定网络营销环境调查的内容。

① 网上竞争者（三家）同类或相似产品和供求状况，包括产品品牌、数量、品种、质量、分销渠道、付款及交货方式、服务质量、市场容量和价格等。

② 本企业产品和竞争者的同类产品在网上的销售情况，包括市场规模、潜在需求规模、顾客的收入水平、消费习惯和销售季节变化等。

③ 本企业产品以及竞争者的同类产品的价格、成本和利润分析。

步骤 3：重点确定调查目标市场消费者行为

（1）确定目标消费者。

（2）确定消费者调查内容。

网络消费者的消费心理、行为特征、需求状况、品牌偏好等其他影响消费的因素。

（3）顾客对本企业产品的满意程度。

案例

玛氏麦提莎金投赏报奖视频

案例来源：麦迪逊邦网站

1. 背景

玛氏箭牌糖果旗下的麦提莎其实并不知名，作为新晋品牌，麦提莎的中国上市之路也并没有电视广告、明星代言等资源的加持，如何能在资源有限的情况下，迅速提升品牌知名度，打开中国市场？

2. 实施过程

依托于阿里大数据，赋能麦提莎的数字化新品上市——通过数据分析明确目标用户和品牌定位，数据分析选择媒介触点，数据分析找到用户内容偏好，将 Who、Where、What 的疑问以数据为证，逐个击破。

Who：知己知彼，百战不殆

依托于阿里巴巴品牌数据银行（Brand Data Bank）和策略中心分析工具，将“品牌初始假设的目标人群”与“过往购买过麦提莎的人群”进行交叉比对。孔明科技通过分析人群画像和消费偏好TGI的差异性，对初始假设的8组人群进行逐一验证，并从中得到了有趣的发现：

（1）尽管产品形态极为相似，但麦丽素与麦提莎的受众并非同一群人；

（2）麦提莎的受众并没有明显表现出对“口感清脆”的偏好，而更偏向于“低脂低糖”。

这一发现也让麦提莎品牌进一步明确了自己的沟通定位是“轻”而非“脆”，从而确定了“麦提莎 轻轻嗒”的传播主题和一系列以诠释“轻”为核心的营销动作。

Where：原来你也在这里

通过合作阿里巴巴与UNI-DESK团队，分析第一阶段找到的Who在天猫站内、站外的媒介触点分布，从而优化媒介投放策略，并进一步在触达的同时对电商进行引流。

What：量体裁衣，千人千“话”

孔明科技利用阿里巴巴数据工厂工具，使用逻辑回归模型进行数据建模，通过对比麦提莎品牌的目标受众与阿里大盘随机人群在搜索兴趣词上的差异，找到与目标受众进行沟通的内容机会点。最终发现麦提莎的目标受众更加偏好“旅行”“烘焙”“进口”等内容，并结合品牌主题“轻轻嗒”，产出一系列产品种草内容，通过品牌号（BrandHub）进行发布和推送。

3. 效果

（1）传播力：站内、站外成功触达1亿+人群，使品牌得到充分曝光。

（2）销售贡献：消费者总量增加1640万，其中87%是新消费者；活动档期总销售额604万，流量增长225%，转化率提升5%；活动期间麦提莎520g销售占比店铺第一，德芙店铺在阿里零食巧克力品类排名第一。该案例最终成功斩获了2018年金投赏商业创意奖。

及时充电

权　重

权重是指某一因素或指标相对于某一事物的重要程度，其不同于一般的比重，体现的不仅仅是某一因素或指标所占的百分比，更强调的是因素或指标的相对重要程度，倾向于贡献度或重要性。

互联网世界的“权重”是什么意思？

互联网世界里所有的所谓“权重”都是基于一个封闭平台给予该平台旗下入驻者的评级分数：分数越高，权重越高，相应的排序也会更有利。

自从世界上第一个搜索引擎诞生伊始，“权重”就诞生了！

当然，因为所谓“权重”这个词的发明和使用本身就是针对搜索引擎的，因此，比如像截至2018年的几大互联网巨头淘宝、京东等电商购物选择平台理论上来说都会有基于他们自己的淘宝权重、京东权重等。

同样，每个平台对权重的衡量方式和最终的重要性都不一样，在行业人的说法和潜意识里都不一样，比如搜狗SR等基本是基于网站的全方位综合评级（如域名年龄、网站内容质量、数量、用户黏度）等方面的综合评价。

而像淘宝、京东当然也有针对其各自的权重评级方式，例如用户的好评数、好评率、店铺或者宝贝转发率、是否被投诉和交纳押金多少等都会是这类电商平台要去分析的评级，以实现更有利于用户和商家的排序方式。（可参阅“新淘宝搜索规则”了解其详细内容）

实训

1. 分析当地具有代表性的一种商品的网络销售优势和局限性。
2. 举例说明直接渠道和间接渠道。
3. 列举当地中职学生的消费偏好。
4. 计算你校食堂的早点供应量多少适宜，做到既不浪费还能保证供应。

任务二 确定网络营销市场调研的方法

任务描述

1. 根据企业条件确定网络调研的方法，是一种方法还是几种方法组合。
2. 针对不同调研的方法，完成一次调研提纲编制的实训。

任务实施

活动一 确定本次网络营销市场调研的方法

活动描述

1. 汇总网络营销市场调研方法的种类和流程。
2. 比较每种方法的方便性、所需时间、成本等相关因素。
3. 根据本次调研的目的和预算确定某一方法或某几种方法组合并制订出调研计划。

操作步骤

步骤1：网络市场调研方法的比较

（1）汇总网络市场调研的方法。

① 间接调查法。间接调查法是指调查者不直接与被调查者面对面接触，而是通过某种中介向被调查者进行的调查方法，又称为二手资料调查法或案头调查法。由于获得的资料都是二手资料，所以对调研资料的筛选与整理就是必要的，一般要遵循三个原则，即可靠性、适用性和时间性。

- 调查工具：搜索引擎、数据库、电子邮件。
- 调查地点：政府网站、行业站点、竞争对手店铺数据。

② 直接调查法。直接调查法是指调查者到现场直接与被调查者进行面对面的接触而进

行的调查方法。直接调查的方法有多种，比如访谈法、观察法、电话随机调查等。

（2）比较每种方法的特点，自行设计对比因素，制成如表 7-4 所示的对比表。

表 7-4　网络营销各调研方法对比

方法	发布场景或资料来源	方便性	时间性	成本	可信度
问卷法	论坛				
	企业门户网站				
	聊天工具微信				
电话调查	客户回访				
行业网站数据搜集	中国产业信息网（https://www.chyxx.com）				
数据平台	百度指数				

（3）网络信息的评估方法汇总。

网络调查得到的信息不是所有的都可以拿来就用，需要调查人员先对这些数据进行鉴别，留下真实度高、相关度高的信息，删除无用的信息之后才能以此为依据做出合理的分析结论，为后续工作指引正确的方向。

① 搜索网络信息的评估方法有哪些？

② 分析比较每种方法的优点和缺点，见表 7-5。

表 7-5　网络信息的评估方法

序号	方法名称	评估方法的优缺点	
1	定性评价法	优点	
		缺点	
2	定量评价法	优点	
		缺点	
3	综合评价法	优点	
		缺点	
4	评价性元数据法	优点	
		缺点	

[练一练]

说明收集到这些评估方法的公信度和可执行度。

① 从页面上部或底部寻找作者姓名、组织机构名称或公司名称。

② 从 URL 上获得该网站的线索。

③ 单击到该站点的主页上，查看该组织的相关资料。

步骤 2：确定本店本次网络市场调研的方法

（1）列出本店的调研需求。

① 目标市场在哪里？

② 客户对新产品的了解程度？

③ 同类产品或替代产品的销售情况？

④ 顾客对新产品的价格普遍认同在哪个区间？

⑤ 顾客对本店新产品销售的服务要求有哪些？

（2）对比上一步骤的汇总表确定恰当的调研方法。

① 间接调研——竞争对手网店数据调研、朋友圈问卷调查。

② 直接调研——消费群提问回答、电话、访谈。

步骤 3：制订调研计划

（1）确定资料来源。

确定本次新品文具上市的调研对象和范围。

（2）确定调查方法。

针对店铺老顾客________________，针对平台内的新顾客______________，针对平台外的顾客关注度_______________，其他对象__________________________________。

（3）确定调查手段。

① 付费数据如何获取。

② 问卷如何增加受访人群填写兴趣。

③ 多种渠道搜集信息如何保证质量。

（4）确定调研流程的保障措施。

① 资金保障。

② 人员保障。

③ 突发事件处理。

及时充电

搜索引擎

搜索引擎（Search Engine）是指根据一定的策略、运用特定的计算机程序从互联网上搜集信息，在对信息进行组织和处理后，为用户提供检索服务，将用户检索到的相关信息展示给用户的系统。搜索引擎包括全文搜索引擎、目录索引、元搜索引擎、垂直搜索引擎、集合式搜索引擎、门户搜索引擎与免费链接列表等。

1. 全文搜索引擎

全文搜索引擎是通过从互联网上提取的各个网站的信息而建立的数据库中，检索与用户查询条件匹配的相关记录，然后按一定的排列顺序将结果返回给用户。国内知名的搜索引擎有百度、360 搜索、搜狗。

搜索引擎的自动信息搜集功能分两种。一种是定期搜索，即每隔一段时间，搜索引擎主动派出“蜘蛛”程序，对一定 IP 地址范围内的互联网网站进行检索，一旦发现新的网站，它会自动提取网站的信息和网址加入自己的数据库，如图 7-6 所示。另一种是提交网站搜索，即网站拥有者主动向搜索引擎提交网址，它在一定时间内（2 天到数月不等）定向向你的网站派出“蜘蛛”程序，扫描你的网站并将有关信息存入数据库，以备用户查询。

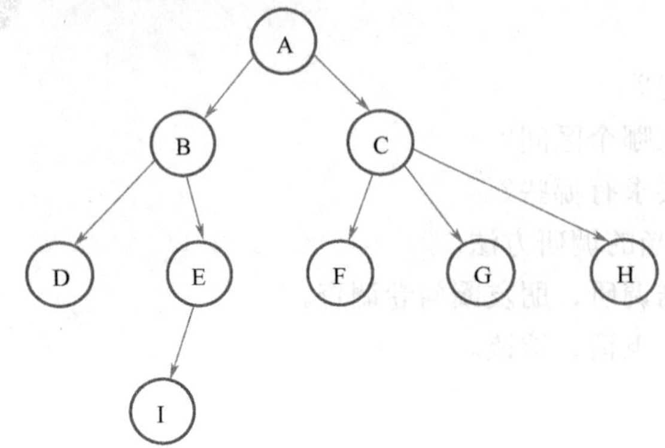

图 7-6　蜘蛛的抓取顺序

当用户以关键词查找信息时，搜索引擎会在数据库中进行搜寻，如果找到与用户要求内容相符的网站，便采用特殊的算法——通常根据网页中关键词的匹配程度、出现的位置、频次、链接质量，计算出各网页的相关度及排名等级，然后根据关联度高低，按顺序将这些网页链接返回给用户。这种引擎的特点是搜全率比较高。

2. 目录索引

目录索引又称为分类检索，主要通过搜集和整理互联网的资源，根据搜索到网页的内容，将其网址分配到相关分类主题目录的不同层次的类目之下，形成像图书馆目录一样的分类树形结构索引。目录索引无须输入任何文字，只要根据网站提供的主题分类目录，层层单击进入，便可查到所需的网络信息资源。

虽然有搜索功能，但严格意义上不能称为真正的搜索引擎，只是按目录分类的网站链接列表而已。用户完全可以按照分类目录找到所需要的信息，不依靠关键词（Keywords）进行查询。

与全文搜索引擎相比，目录索引有许多不同之处。

首先，搜索引擎属于自动网站检索，而目录索引则完全依赖手工操作。用户提交网站后，目录编辑人员会亲自浏览你的网站，然后根据一套自定的评判标准甚至编辑人员的主观印象，决定是否接纳你的网站。

其次，搜索引擎收录网站时，只要网站本身没有违反有关的规则，一般都能登录成功；而目录索引对网站的要求则高得多，有时即使登录多次也不一定成功。尤其像 Yahoo 这样的超级索引，登录更是困难。

此外，在登录搜索引擎时，一般不用考虑网站的分类问题，而登录目录索引时则必须将网站放在一个最合适的目录（Directory）。

最后，搜索引擎中各网站的有关信息都是从用户网页中自动提取的，所以从用户的角度看，我们拥有更多的自主权；而目录索引则要求必须手工另外填写网站信息，而且还有各种各样的限制。更有甚者，如果工作人员认为你提交网站的目录、网站信息不合适，他可以随时对其进行调整，当然事先是不会和你商量的。

3. 元搜索引擎

元搜索引擎（METASearch Engine）在接受用户查询请求后，同时在多个搜索引擎上搜索，并将结果返回给用户。著名的元搜索引擎有 InfoSpace、Dogpile、Vivisimo 等，中文元搜索引擎中具有代表性的是搜星搜索引擎。在搜索结果排列方面，有的直接按来源排列搜索结果，如 Dogpile；有的则按自定的规则将结果重新排列组合，如 Vivisimo。

在网络搜索中，明白了搜索的原理，还需要掌握一些搜索技巧，这样才能事半功倍，表 7-6 所示的几种常用网络搜索技术，相关技术还有很多，大家可以在实践中逐渐积累。

表 7-6 网络检索技术——常用运输符

运输符	格式	功能
加号：＋	＋检索词	检索词必须出现在搜索结果中
减号：－	－检索词	检索词不能出现在搜索结果中
管道符：|	检索词一 | 检索词二	一组检索词在搜索结果中只要出现任一个即被命中
双引号：“”	“词组”	词组检索功能，只检索含有该词组的资料
截词符：*	词干*	自动查找具有相同词干的所有单词，提高检索的全面性，扩大命中结果的数量，适用于一部分网站

活动二 典型调研方法的应用实训

活动描述

选取两种典型的网络营销市场调研方法，以几个小问题的调研实训体验调研工作的流程，体会调研过程中要面对的各种问题，对专业技能和职业素养方面做好准备，当然，也要为最初的调研项目的计划编写做好准备。

操作步骤

步骤 1：直接访问法

（1）在你加入的淘宝店铺群发布问题，提问你购买的这款产品的用户使用经验和产品满意度。

① 本群一共多少人，有多少人回答了你的问题______________________________；

② 你设计了哪几个问题____；

③ 回复的答案可以分为哪几类____；

④ 谈谈你这次直接访问的感受，主要是问题的设计思路______________________。

（2）在地铁站或公交站等待人群中，访问大家对城市公共交通现状的满意程度和改进意见，可按 10 分制分类满意程度：非常满意（10 分），比较满意（8 分），一般（6 分），不满意（5 分以下），见表 7-7。

询问人数________，回答人数__________。

表 7-7 网络调研满意度汇总表

	非常满意（10 分）	比较满意（8 分）	一般（6 分）	不满意（5 分以下）	合计
人数					—
分值×人数					
合计÷人数					

[想一想]

得出的这些数字反映了什么样的现状？那些不答复你问题的人是真的漠不关心城市公共交通，还是有什么其他原因不愿意回答？

(3) 在淘宝的论坛中发起关于寻找新品优惠券的话题，分析是谁在跟帖回复，回复内容是什么？分析其话题热度值的原因。

(4) 直接访问法的优缺点。优点：收集资料的完成率较高，提问方式较灵活，可以对一些问题做深度调查；缺点：面访实施费用较高，时间和人力花费也较大，无法使被访者完全匿名，因而对其答题结果会有所影响。

步骤 2：网上问卷法

(1) 访问问卷星官网（https://www.wjx.cn/），注册并成为会员，设计一份 5 个题目的“校园艺术节节目选送制度”调查问卷，发布在班级网络内，发布之前，要在组内测试，并根据测试结果修正问题，定稿后再发布。

(2) 登录问卷网官网（http://www.wenjuan.com），为本店新上市商品做一份客户满意度调查问卷，发布在店群或朋友圈里，要想办法让所有的人都参与答卷，写出问卷内容和提升问卷参与度的办法。

步骤 3：确定本次新品上市的调研方法并拟订调研计划

(1) 确定本次新品上市的调研方法。

① 直接调查法。

- 访谈法——针对有时间交谈的目标客户人群。
- 问卷调查法——针对时间有限又愿意或者被吸引参与调查的目标客户人群。

② 间接调查法——针对竞争对手的数据资料展开调研收集。

(2) 制订本次新品上市的调研计划。

① 首先，拟订调研计划大纲。

② 其次，结合相关因素修改大纲编制计划。

[头脑风暴]

制订计划的时候尽可能考虑全面，如有不足，可参考后面的任务逐步完善。

及时充电

网上调研问卷的设计

1. 问卷设计的原则

(1) 有明确的主题。根据主题，从实际出发拟题，问题目的明确，重点突出，没有可有可无的问题。

(2) 结构合理、逻辑性强。问题的排列应有一定的逻辑顺序，符合应答者的思维程序。一般是先易后难、先简后繁、先具体后抽象。

(3) 通俗易懂。问卷应使应答者一目了然，并愿意如实回答。问卷中语气要亲切，应遵循网络道德规范和文化准则，符合应答者的理解能力和认识能力，避免使用专业术语。对敏感性问题采取一定的技巧调查，使问卷具有合理性和可答性，避免主观性和暗示性，以免答案失真。要避免设计被调差对象“不能答”或“不愿答”的问题。有的教材把问题措辞要求归纳为 5 个“应该”。

① 问题应该针对单一论题。

② 问题应该简短。

③ 问题应该以同样的方式解释给所有的应答者。

④ 问题应该使用应答者的核心词汇。

⑤ 问题应该尽量使用简单句。

（4）控制问卷的长度。回答问卷的时间控制在 3 分钟以内，问卷中既不浪费一个问句，也不遗漏一个问句。

（5）便于资料的校验、整理和统计。

2. 问卷调查方法对问卷设计的影响

不同类型的调查方式对问卷设计是有影响的。在面访调查中，被调查者可以看到问题并可以与调查人员面对面地交谈，因此可以询问较长的、复杂的各种类型的问题。在电话访问中，被调查者可以与调查员交谈，但是看不到问卷，这就决定了只能问一些短的和比较简单的问题。在网络问卷中，可以实现较复杂的跳答和随机化安排问题，以减小由于顺序造成的偏差。人员面访和电话访问的问卷要以对话的风格来设计。

3. 调查问卷的问题类型

（1）封闭型问题，如给出几个选项让调查对象选择。

（2）开放型问题，让被调查者自己描述出心中的答案。

（3）复合型问题，既给出选项可以让调查对象选择，又给出空间让调查对象描述出他们认为正确的答案。

实训

1. 列举微信问卷设计的 3 种软件，并说明使用方法。

2. 自定义一个主题，分别应用百度搜索、360 搜索、搜狗搜索，比较其搜索结果页面的异同。

3. 举例说明网络信息定性评价方法的使用。

4. 根据所学专业，编制一份学习意向调研问卷。

任务三 网络营销市场调研的程序

任务描述

按照网络市场调研的流程：信息搜集、信息分析、撰写调查报告、实践每个步骤的工作内容。其中，信息搜集是对外的，在对外沟通中要注重企业形象和服务意识；信息分析需要一定的数理统计知识，可以借助网络工具帮助实现高效统计分析。

任务实施

活动一　信息搜集

活动描述

根据前述制订的调研计划，开始具体实施，主要是在实施过程中注意信息的搜集和鉴别，要考虑到实际工作环境是瞬息万变的，要能够及时调整自己的计划保证信息搜集的质量。

操作步骤

步骤1：确定数据来源和投放平台

（1）根据计划开始网络调查并及时收回调研信息。

[情境假设]

依前例，文具店某品牌文具上新活动。

本店计划在淘宝网大促销期间新品上架，调研其可行性。

① 有条件的可以利用生意参谋或百度指数获取数据。

② 没有条件的可以按照上文分析罗列的方法展开调研。

③ 统计各组调查所用的时长，估算全体所用时间，了解这种小范围单一问题调研所需时间，对调研的时长给出可行性预估。

（2）对给定的数据源进行鉴别。

① 依上例，对同学们搜集来的信息进行可信度判断，剔除不可信数据和个别数据样本。

② 根据前面讨论的分类依据，分类整理调研信息，以表格的形式呈现。

步骤2：活动策划和经费预算

（1）控制调查期间的经费预算。

① 将总的经费按运营流程分成几个阶段。

② 在跟踪调研过程中每个阶段的经费支出情况。对于支出明细做合理性判断，如果属于不必要支出应该责成具体执行者或责任人整改，要将有限的经费花在最需要的地方；如果在跟踪过程中发现执行者既节约经费又效率高，应予以肯定和奖励。

（2）对经费不足这类突发状况的应急处理。

可以根据企业实际情况和调查进度，更换具体调查方法，比如网络视频改成随机IP等；可以在企业资金允许的情况下，增加预算或削减某一部分不必要的开支等。还有一个工作是事后要分析的，即为什么会发生超预算的情况，是人员责任还是市场变化引起的，这些分析结果都是我们以后工作的宝贵经验。

及时充电

电子商务在线营销统计指标框架

参考：国家标准管理委员会 标准号：GB/T 31232.2-2014

电子商务统计指标体系（部分）见表7-8。

表 7-8 电子商务统计指标体系（部分）

一级指标	二级指标	计算
流量指标	访客数	在统计周期内访问网站的独立用户数（去重）
	跳失数	在统计周期内，发生跳失行为的次数
推广指标	广告费用	在统计周期内，网站在推广过程中花费在广告上的费用
	广告引导成交订单数	在统计周期内，访客通过单击广告进入网站并成功付款产生的订单数量
服务指标	咨询访客数	进行业务咨询的访客数量
	咨询响应时间	从用户首次发出咨询到得到客服反馈响应所用的时间
用户指标	成交回头客数	在统计周期内，成功完成2次（含）以上交易的成交用户数
	客单价	成交金额/成交用户数

活动二 信息分析

活动描述

搜集得来的信息本身并没有太大意义，只有进行整理和分析后信息才变得有用。整理和分析信息这一步非常关键，就需要使用一些数据分析技术，如交叉列表分析技术、概况技术、综合指标分析和动态分析等。目前，国际上较为通用的分析软件有SPSS、SAS、BMDP、Minitab和电子表格软件。本书实训使用Excel数据分析方法。

操作步骤

步骤1：对信息数据进行数据分析，并利用电子表格生成柱形图

说明：本步骤所用数据均选自CNNIC第43次《中国互联网络发展状况统计报告》。

（1）根据表7-9所示数据生成柱形图——网民平均每周上网时长。

表 7-9 网民平均每周上网时长

年份	上网时长（小时）	年份	上网时长（小时）
2011	18.7	2015	26.2
2012	20.5	2016	26.4
2013	25.0	2017	27.0
2014	26.1	2018	27.6

（2）根据下列数据生成旭日图——各类应用使用时长占比。

2018年，移动网民经常使用的各类App中，即时通信类App用户使用时间最长，占比为15.6%；网络视频、网络音乐、短视频、网络音频和网络文学类应用使用时长占比分列第2～6位，依次为12.8%、8.6%、8.2%、7.9%和7.8%，然后是网络新闻5.8%、网络直播5.5%、网络游戏5.3%、网络购物3.0%和其他19.5%。

（3）根据表7-10所示数据，生成条形图——网民职业结构。

表 7-10 网民职业结构

职业	2017 年 12 月占比	2018 年 12 月占比
学生	25.4%	25.4%
党政机关事业单位领导干部	0.5%	0.2%
党政机关事业单位一般职员	2.9%	2.6%
企业/公司高层管理人员	0.5%	0.6%
企业/公司中层管理人员	1.9%	2.2%
企业/公司一般职员	12.2%	10.1%
专业技术人员	4.8%	5.2%
商业服务业职工	4.3%	5.2%
制造生产型企业工人	3.5%	3.8%
个体户/自由职业者	21.3%	20.0%
农村外出务工人员	2.1%	3.9%
农林牧渔劳动者	7.1%	7.8%
退休	5.2%	4.1%
无业/下岗/失业	6.8%	8.8%

步骤 2：根据条形图结构编写数据分析结论

依据表 7-10 网民职业结构所生成的条形图，分析图中网民职业结构分布的原因。

案例

数据分析帮助辛辛那提动植物园提高客户满意度

案例来源：百度百科（https://baike.baidu.com）

辛辛那提动植物园成立于 1873 年，是世界上著名的动植物园之一，以其物种保护和保存以及高成活率繁殖饲养计划享有极高声誉。它占地面积 71 英亩，园内有 500 种动物和 3000 多种植物，是国内游客人数最多的动植物园之一，曾荣获 Zagat 十佳动物园，并被《父母》（*Parent*）杂志评为最受儿童喜欢的动物园，每年接待游客 130 多万人。

辛辛那提动植物园是一个非营利性组织，是俄亥俄州同时也是美国国内享受公共补贴最低的动植物园，除去政府补贴，2600 万美元年度预算中，自筹资金部分达到 2/3 以上。为此，需要不断地寻求增加收入。而要做到这一点，最好的办法是工作人员为游客提供更好的服务，提高游览率。从而实现动植物园与客户和纳税人的双赢。

借助于该数据方案强大的收集和处理能力、互联能力、分析能力以及随之带来的洞察力，在部署后，企业实现了以下各方面的受益。

（1）帮助动植物园了解每个客户浏览、使用和消费模式，根据时间和地理分布情况采取相应的措施改善游客体验，同时实现营业收入最大化。

（2）根据消费和游览行为对动植物园游客进行细分，针对每一类细分游客开展营销和促销活动，显著提高忠诚度和客户保有量。

（3）识别消费支出低的游客，针对他们发送具有战略性的直寄广告，同时通过具有创意性的营销和激励计划奖励忠诚客户。

（4）360 度全方位了解客户行为，优化营销决策，实施解决方案后头一年节省 4 万多美元营销成本，同时强化了可测量的结果。

（5）采用地理分析显示大量未实现预期结果的促销和折扣计划，重新部署资源支持产出率更高的业务活动，动植物园每年节省 10 万多美元。

（6）通过强化营销提高整体游览率，2011 年至少新增 5 万人次“游览”。

（7）提供洞察结果强化运营管理。例如，即将关门前冰激凌销售出现高潮，动植物园决定延长冰激凌摊位营业时间，直到关门为止。这一措施夏季每天可增加 2000 美元收入。

（8）与上年相比，餐饮销售增加 30.7%，零售销售增加 5.9%。

及时充电

Excel 常用数据分析方法

Excel 作为常用的分析工具，可以实现基本的分析工作，在商业智能领域应用较为普遍。Excel 里面有很多图表，在什么情况下选择什么图表更合适呢？

1. 数据分析中常见的分析方法

数据分析中常见的分析方法包括：趋势、结构、比较、分布、关系等分析方法。

（1）比较：条形图、柱形图、雷达图。

（2）趋势：折线图、面积图、迷你图。

（3）结构：饼图、树形图、排列图。

（4）分布：直方图、地图。

（5）关系：气泡图、散点图。

（6）转化路径：漏斗图。

（7）多指标趋势比较：组合图。

2. 几种常用图形的应用场景说明

（1）柱形图：适用于二维数据集（每个数据点包括两个值 x 和 y），但只有一个维度需要比较。

（2）折线图：适用于二维的大数据集，尤其是那些趋势比单个数据点更重要的场合。它还适用于多个二维数据集的比较。

（3）饼图：适用于简单的占比图，在不要求数据精细的情况下可以适用。

（4）漏斗图：适用于业务流程比较规范、周期长、环节多的流程分析，通过漏斗各环节业务数据的比较，能够直观地发现和说明问题所在。

（5）地图：适用于有空间位置的数据集。

（6）雷达图：适用于多维数据（四维以上），且每个维度必须能排序。但是，它有一个局限，就是数据点最多 6 个，否则无法辨别，因此适用场合有限。

实训

1. 收集当地某一农特产品和某一高科技产品的图片信息，并比较两种产品图片展示信息侧重点的异同。

2. 列举你身边的大数据服务。
3. 举例说明 Excel 雷达图的应用。

任务四 撰写调研报告

任务描述

网络营销市场调查的最后一步是要将调查的成果总结出来，也就是我们说的要完成一份调研报告，要求编写者用精确的语言、翔实的数据和客观的评价将调研成果呈现出来。

任务实施

活动一 明确调研报告的组成要素

活动描述

根据调研目的，完成调研报告的撰写，要明确调研报告中哪些内容是必需的，而且要根据调研报告的阅读者需求做出重点描述。

操作步骤

步骤 1：确定网络调研报告的组成要素

（1）登录百度文库，参考通用网络市场调研报告的蓝本。

（2）总结网络市场调研报告的组成要素及其写作内容。

① 必要组成要素（共有内容）。

② 相关组成要素（特有内容）。

步骤 2：写出本次网络市场调研的调研报告

（1）根据本店此次调研的结果，写出“文具新品推广可行性”的网络调研结果的报告。

（2）复核修正上述调研报告中数据和文字的准确性。

及时充电

网络市场营销调研报告的基本组成

（1）调查目的。

（2）调查时间。

（3）调查对象。

（4）调查方式。

（5）调查背景。

（6）调查数据整理。

（7）调查数据分析。

（8）结论。

结合调研的目的，说明我们既定方案的优点、缺点、预测执行过程中可能出现的风险并准备应对策略，应对调查所获得的资料进行科学的分析和合理预估，并据以形成符合事物发展变化规律的结论性意见。

活动二 调研报告撰写的注意事项

活动描述

在撰写调研报告的时候，怎样让读者快捷地找到有参考价值的信息是关键，所以在撰写调研报告的时候既要兼顾整体，又要突出重点，当然，调研报告的撰写也要注重写作技巧和写作方法。

操作步骤

步骤 1：网络营销市场销售调研报告的写作注意事项

（1）要明确是写给谁，了解阅读者的习惯，要让阅读者能看懂。

（2）数据最有说服力，能用数据证明的就不用文字赘述。

（3）在数字经济时代，图文混排的形式更具可观性，在不影响内容完整性的前提下，图、表更能给阅读者留下深刻的印象，墨守成规的行文风格不是对所有阅读者都适用。

（4）如果引入网络热词或专业术语，可适当做出解释。

步骤 2：继续对上述网络市场调研报告做可读性修改

（1）搜索网络市场调研报告的撰写原则和技巧。

（2）继续对上述网络市场调研报告做可读性修改。

（3）整理定稿后的网络市场调研报告，注意格式和整体的美观性。

及时充电

网络营销市场调研报告撰写的注意事项

（1）写实性。调查报告是在占有大量数据资料的基础上，用叙述性的语言实事求是地反映某一客观事物。充分了解实情和全面掌握真实可靠的素材是写好调查报告的基础。

（2）针对性。调查报告一般有比较明确的意向，相关的调查取证都是针对和围绕某一问题展开的。所以，调查报告反映的问题应集中而有深度。

（3）逻辑性。调查报告离不开确凿的事实，但又不是材料的机械堆砌，而是对核实无误的数据和事实进行严密的逻辑论证，探明事物发展变化的原因，预测事物发展变化的趋势，提示本质性和规律性的东西，得出科学的结论。

（4）时效性。调查报告反映的是一段时间内的经济现象或市场行情预测，适用性也是有时间限制的，在报告中应明确结论假设的成立时间和条件，不能绝对通用。

（5）空间限制。调查报告的样本范围选择是有限的，地域性限制、网络空间的流通范围，所以在报告中应明确结论适用的市场空间限制，不能一概而论。

实训

1. 撰写一份“魔方”产品的目标客户的调研报告。
2. 撰写一份“茶”的地域消费的调研报告。

项目评价

项目评价标准

等级	等级说明	评价
一级任务	能自主完成项目所要求的学习任务	合格（不能完成任务定为不合格等级）
二级任务	能自主、高质量完成拓展学习任务	良好
三级任务	能自主、高质量完成拓展学习任务，并能帮助别人解决问题	优秀

项目评价表

项目	评价内容	分值	评分				所占价值	项目得分
			自评（30%）	组评（40%）	师评（30%）	得分		
职业能力	网络市场调研目标	10					60%	
	网络市场调研的内容	15						
	网络市场调研的方法	25						
	编制调研报告提纲	10						
	信息采集和分析过程	20						
	撰写调研报告	20						
	合计	100						
通用能力	合作能力	20					40%	
	沟通能力	10						
	组织能力	10						
	活动能力	10						
	自主解决问题能力	20						
	自我提高能力	10						
	创新能力	20						
	合计	100						

项目总结

本项目系统介绍了网络营销市场调研方法，按调研流程安排学习和实训内容，既有实际操作也有理论学习，可以让学习者根据自己的知识积累程度进行自由选择。

项目拓展

任务一：对店铺产品本月购买客户的满意度做一次调研，目的是聚拢人气，改进服务，为即将来到的淘宝大促销做准备，完成一份完整的调研报告。

任务二：调研抖音的用户人群，分析该群体比较关注产品类目中排名前 5 位的有哪些？并说明原因，撰写一份完整的报告。

任务三：网络调查：在不购买百度指数关键词的前提下，如何为一款新产品推广项目在百度指数找到你想要的参考数据。

项目 8 营销方案

项目目标

能够根据本店经营商品的特点挖掘出最具吸引力的卖点，结合既定的促销目标策划活动。

能够根据营销目标和预算制订活动策划方案，策划的活动落地实施可行并有新意。

能够撰写出条理清晰的营销方案，并且根据本次活动效果评估做出长尾规划。

项目探究

营销方案的时间可以是长期方案也可以是短期方案，主要是对店铺的某一促销活动进行计划、控制、调整，以期达到预期的盈利目的或推广目标的规划方案，营销方案要有明确的活动主题，要对促销活动的投入和产出有合理预估，对于具体促销步骤应该有比较详细的规划，呈现的方案文字描述要简洁明了，叙事逻辑严谨，可执行性强。

项目实施

本项目通过两个任务分解学习营销方案的规划思路，首先，要明确方案的内容包括哪些；其次，要掌握如何简洁明了地编写方案的技巧，让读者能够快速提取出其所需要的信息。

任务一 明确营销方案各要素

任务描述

一个完整的营销方案应该考虑到企业的营销目的、营销活动预算、活动过程控制等多方面的因素，一般来讲，营销方案应该包括至少三方面的主题分析，即既定营销目标触发的基本问题、项目市场优劣势、解决问题的方案等，哪些因素是必需的，哪些因素是参考的，要根据企业具体营销活动情景来确定。

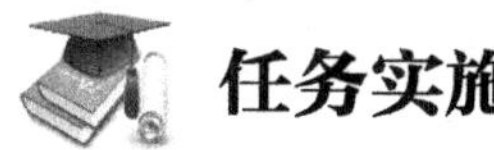

任务实施

活动一 明确营销方案的主题

活动描述

营销方案的主题创意是关键，在全网“营销”的前提下如何能脱颖而出，是营销方案设计的成败体现，否则在网络促销的大环境下很难让客户发现，所以要利用一切可以利用的内部、外部环境资源，结合自身产品特征设计出创意主题。

操作步骤

步骤 1：确定营销方案实施的情境

（1）借势营销的应用：借助热点话题引起共鸣，让受众记住本店的产品。

案例

第四代 Apple Watch 发布广告

苹果 2018 秋季发布会上推出了第四代 Apple Watch。

发布会一开始全场便响起了紧张又熟悉的《碟中谍》经典背景音乐，荧屏上紧接着出现一名女主角戴着 AirPods 在快速奔跑运输公文箱的画面，经历重重困难最后将箱子安全送到苹果公司现任首席执行官蒂姆·库克（Tim Cook）面前。

正当大家屏住呼吸期待着公文箱里会出现新产品时，却没想到被打开的公文箱中置放着的竟是一个 PPT 遥控器，蒂姆随后拿起遥控器走向了发布会现场。

这种戏剧性的故事情节为的是让大家加深对品牌的印象。

苹果公司将惯用的生活化广告片拍摄风格用在了展示第四代 Apple Watch 上。片中把产品融入各种真实的生活场景中，展现产品的实用性。还将产品化作“健康医生”随时监测佩戴者的心率，即使正在偏远的地方进行着极限运动，也不会耽误信息、电话的接收速度。

[讨论]

（1）营销人员可以借哪些“势、事、时”来展开营销活动？

（2）节日促销：可以做电商促销的节日有哪些？

（3）搜索“京东品类日”活动的开展方式。

（4）搜索“小红书”“下厨房”等 App，体会这类 App 的运营模式。

步骤 2：确定要开展促销活动的商品或商品组合

（1）爆款商品。

① 搜索了解怎样才能称为爆款商品，总结爆款商品具备的特征有哪些？

② 搜索如何打造店铺爆款商品的案例。

参考：淘宝万堂书院（https://shuyuan.taobao.com/），万堂东子的课程。

[头脑风暴]

① 如果现在让你开一家网店，你打算经营什么类目的商品？

② 在你自己的网店中，你认为哪款商品适合成为爆款商品？

（2）下架商品。

① 了解商品下架的原因有哪些。

② 了解设置商品下架时间的技巧。

（3）商品组合销售。

根据如图 8-1 所示几张组合销售图片的提示，完成任务。

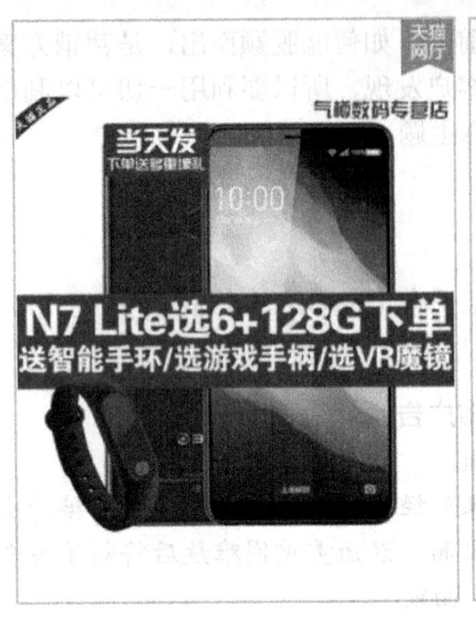

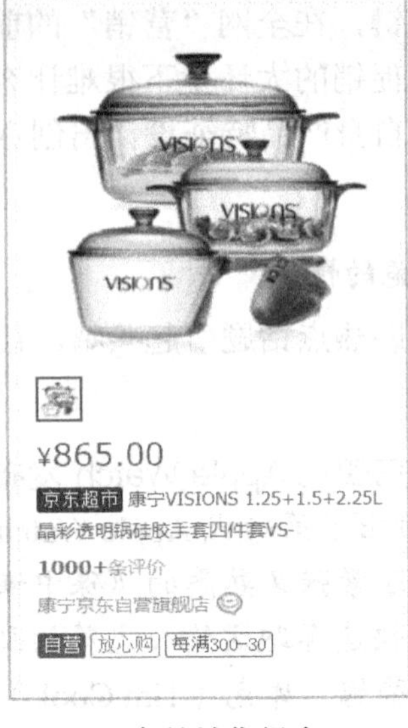

图 8-1　商品销售组合

① 确定商品组合销售的目的。

② 搜索更多商品组合的方法。

及时充电

借势营销

借势营销是指将销售目的隐藏于营销活动之中，将产品推广融入一个消费者喜闻乐见的环境里，使消费者在这个环境中了解产品并接受产品的营销手段。

借势营销具体表现为通过媒体争夺消费者眼球、借助消费者自身的传播力、依靠轻松娱乐的方式等潜移默化地引导市场消费。即通过顺势、造势、借势等方式，以求提高企业或产品的知名度、美誉度，树立良好的品牌形象，并最终促成产品或服务销售的营销策略。

摘自：《借势》，魏家东，北京联合出版公司。

案例

汉堡王“BURGER QUEEN”

案例来源：麦迪逊帮（盘点|三八妇女节，看品牌主如何变着花样俘获她心）

案例摘要：

三八节前夕，汉堡王在微博上发出一支“寻找 BURGER QUEEN”的视频短片，一系列预热动作顿时引发一群好奇网友的围观，而在她们打开汉堡盒的一瞬间，原来寻找的 BURGER QUEEN 就是……

原来，汉堡王为了“女性”连英文名字都更改了，将线下店面的“BURGER KING”改为“BURGER QUEEN”，如图 8-2 所示，如此大胆的动作，自然引发网友的热议。据悉，这次店面改造并非在全国门店都开展，仅在指定的几家汉堡王店进行。

图 8-2　汉堡王新店面

在其他品牌还在玩沟通时，汉堡王则通过更换门面 LOGO 给大众一个惊奇的体验。不仅巧妙地结合了“三八”妇女节，同时让自身门店成为社交话题爱好者关注和分享的焦点。

活动二　营销方案的目标市场分析

活动描述

营销方案要落地于目标市场，所以经营者要全面了解目标市场的情况，首先要分析目标市场中竞争对手的销售情况，了解他们应用的营销策略有哪些，效果如何？从研究对手开始，扬长避短、出奇制胜。

操作步骤

步骤 1：分析同类产品在目标市场的销售情况

（1）确定产品销售数量。

如果把某个市场比喻成一个饼，那么饼的大小就是该商品在某种条件下的市场容量，固定条件下饼的大小是固定的，有占有市场份额大的就必然会有占有市场份额小的，一个企业占有份额的大小与企业品牌、营运等因素都有关系。

① 参考百度指数或类似数据源估算出目标市场容量。

② 估计本店能够争取到的市场份额。

（2）调研客户使用商品的满意程度。

很多客户的购买习惯是先看评价，然后根据已经购买的人的评价做出判断，这也是前面学习的要研究目标客户的购买习惯和购买行为的原因。

① 在淘宝网搜索“无线鼠标”，访问页面出现的第一家店铺，查看这家店铺的客户评价。

② 淘宝全网搜同款同型号的无线鼠标的经营店铺，查看这些店铺的客户评价。

③ 假设购买力允许，你选择购买哪家店铺的无线鼠标，理由是什么？

步骤 2：分析目标市场同类产品的营销策略情况

（1）营销策略的应用汇总。

① 登录茵曼官网（http://www.inman.com.cn），了解茵曼的品牌成长故事。

② 搜索“三只松鼠”与影视剧的合作经历，这种广告植入的方式你怎么看。

③ 网易严选的推广语是“好的生活，没那么贵”，这句话传达给客户什么样的信息。

④ 手机 App 小视频，除了激发观看者的兴趣，还有什么作用。

（2）营销策略效率汇总。

说到效率，我们就会想到项目的投入产出比，这需要通过实际的数据分析来完成，那么数据从何而来，可以从调研而来或者从专业数据提供平台查找，比如百度指数、淘数据或生意参谋、京东平台风向标等。

新手上路可能购买数据开支有限，不妨多尝试，自己的店铺数据是可以记录的，这样积累起来也可以对比计算出每种策略的效率，为店铺以后的营销累积数据资料。

（3）分析不同营销策略效率的成因。

① 目标客户的年龄、收入消费结构、受教育程度等原因。

② 物流快递、客服的服务等都会影响成交。

③ 支付优惠，如果能配合支付工具的优惠活动，客户得益会更多，成交的可能性更大。

及时充电

营销策略

网络营销策略是企业根据自身所在市场中所处的地位不同而采取的一些网络营销组合，它包括网页策略、产品策略、价格策略、促销策略、渠道策略和顾客服务策略，就是以互联网为主要手段，为达到一定营销目的的营销活动。目前，组合比较有效的三种策略包括情感营销、饥饿营销和口碑营销。

1. 情感营销

情感营销即利用人性去满足目标用户群体的心理，把目标用户群体的情感需求和差异作为品牌营销策略的核心。好奇、自我、快乐、亲情、爱情、存在感等，只要能抓住用户的痒点、痛点、爽点，抢夺用户的注意力，抓住用户的心，使之通过产品获得情感、心理上的满足和认同感，就能把控住用户的欲望，赢得用户消费选择的操纵权，达到最终的营销目的。

2. 饥饿营销

在市场营销学中，饥饿营销是指商品提供者有意调低产量，以期达到调控供求关系、制造供不应求的“假象”、维持商品较高售价和利润率的目的。典型案例是苹果手机在成功吸引了潜在消费者的兴趣后，然而却到处都买不到，在商家和消费者方面都形成供不应求的“假象”，最后一投入市场就获得极高的销售量。

3. 口碑营销

口碑营销简单来说就是口口相传，利用消费者的自发性传播行为进行营销。企业只需要投入较少资金进行口碑建立和引导，如通过官网、官微、论坛等平台与消费者进行沟通交流；分享品牌故事，引发目标用户群体共鸣，形成广泛的传播效应；利用简单易操作的奖励机制，刺激老用户的分享热情和再次消费欲望，吸引新的消费者形成第二销售渠道等。相较于传统的广告投入，口碑营销具有高性价比、针对性强及可信度和接受度高的优势，是在互联网信息时代不可忽视的营销策略。

活动三　营销方案的基本内容

活动描述

店铺的营销活动，只有能够吸引访客的关注才能转化为订单，所以要对比前期目标市场的分析，总结出本次营销活动的优势、劣势和如何扭转劣势的方法，还要总结出实施这次营销方案已经具备的条件和尚需完善的条件。

操作步骤

步骤 1：分析本店营销方案的优势

[情境假设]

分组模拟，每组同学可以选择一个类目的商品作为自己店铺经营的商品，分别是食品类、文具类、服饰类和 3C 类。

（1）产品的优势。

要求：按照产品的五个层次分析本店商品的优势。

（2）价格的优势。

要求：按照价格的制定依据和目标客户的消费能力来分析本店商品的价格优势。

（3）物流、支付等配套环境的优势。

要求：根据本店模拟经营的配套环境说明店铺在这几个方面的优势。

（4）营销方案的优势。

要求：说明本店营销方案的触发背景优势和能够给客户带来的利益。

步骤 2：分析本店营销方案的劣势

流通市场中卖家多而买家少已是普遍现象，大家都在抢夺有限的买家资源市场，在这样的一个大环境下对小卖家而言就显得竞争力薄弱，要找到自己的经营劣势，努力改进它，即使不能彻底消除这种劣势，也要通过其他方式扭转这种劣势带来的不利影响。

（1）同质性的劣势。

要求：说明你所模拟经营的商品在网络市场上是属于哪个阶段：探索期、成长期、成熟期、衰退期，在该阶段你的商品的差异化或营销方案的创新体现在哪些方面，如果你都没有答案，说明你的商品和营销方案同质化特点明显。

（2）知名度的劣势。

要求：分析你的店铺和产品品牌，是否存在知名度不高的劣势。

（3）高成本低收益的劣势。

网店从最初的网店装修到商品上架开始销售，网店推广、商品促销等都需要资金的投入，尤其是初创期店铺运营成本会比较高而且同期收益也不高，就是大家常说的只看见投入没看见回报的时期，如果店铺已经成熟经营了，那么店铺本身也会有流量的，这时候营运成本相对会低一些而收益比较明显，当然成熟期的店铺为了维护占有的市场份额也需要投入运营成本，否则不进则退，很快就会消失在网络中。

要求：分析你的店铺运营情况，是处于初创期还是成熟期；分析你的运营成本和预计收益。

（4）营销方案的劣势。

每个方案在运营中都会显示出它在某一方面的不足，但有不足就有改进，风险与收益并存，威胁与机会同在。

要求：分析本方案在执行中哪些前提条件还不具备，应如何弥补不足。

步骤 3：分析本店营销方案的实施条件

（1）已经具备的条件。

要求：分析店铺内部条件和外部环境条件，从内因上下功夫。

（2）尚需完善的条件。

要求：分析这个营销方案可能遇到的威胁和机会，怎样消除威胁，抓住机会。

及时充电

SWOT 分析法

SWOT 分析法，即基于内、外部竞争环境和竞争条件下的态势分析，就是将与研究对象密切相关的各种主要内部优势、劣势和外部的机会、威胁等，根据这个分析，可以将问题按轻重缓急分类，明确哪些是急需解决的问题，哪些是可以稍微拖后一点儿的事情，哪些属于战略目标上的障碍，哪些属于战术上的问题，并将这些研究对象列举出来，依照矩阵形式排列，然后用系统分析的思想，把各种因素相互匹配起来加以分析，从中得出一系列相应的决策性结论。

运用这种方法，可以对研究对象所处的情境进行全面、系统、准确的研究，从而根据研究结果制定相应的发展战略、计划和对策等。

S（strengths）是优势，W（weaknesses）是劣势，O（opportunities）是机会，T（threats）是威胁。按照企业竞争战略的完整概念，战略应是一个企业“能够做的”（组织的强项和弱项）和“可能做的”（环境的机会和威胁）之间的有机组合。

（1）优势与劣势分析（SW）。

由于企业是一个整体，并且由于竞争优势来源的广泛性，所以，在做优、劣势分析时必须从整个价值链的每个环节上，将企业与竞争对手做详细的对比。如果一个企业在某一方面或几个方面的优势正是该行业企业应具备的关键成功要素，那么，该企业的综合竞争优势也许就强一些。需要指出的是，衡量一个企业及其产品是否具有竞争优势，只能站在现有潜在用户的角度上，而不是站在企业的角度上。

（2）机会与威胁分析（OT）。

替代品限定了公司产品的最高价，替代品对公司不仅有威胁，可能也带来机会。企业必须分析，替代品给公司的产品或服务带来的是“灭顶之灾”呢，还是提供了更高的利润或价值；购买者转而购买替代品的转移成本；公司可以采取什么措施来降低成本或增加附加值来降低消费者购买替代品的风险。

（3）整体分析。

从整体上来看，SWOT 可以分为两部分：第一部分为 SW，主要用来分析内部条件；第二部分为 OT，主要用来分析外部条件。利用这种方法可以从中找出对自己有利的、值得发扬的因素以及对自己不利的、要避开的东西，发现存在的问题，找出解决办法，并明确以后的发展方向，如图 8-3 所示。

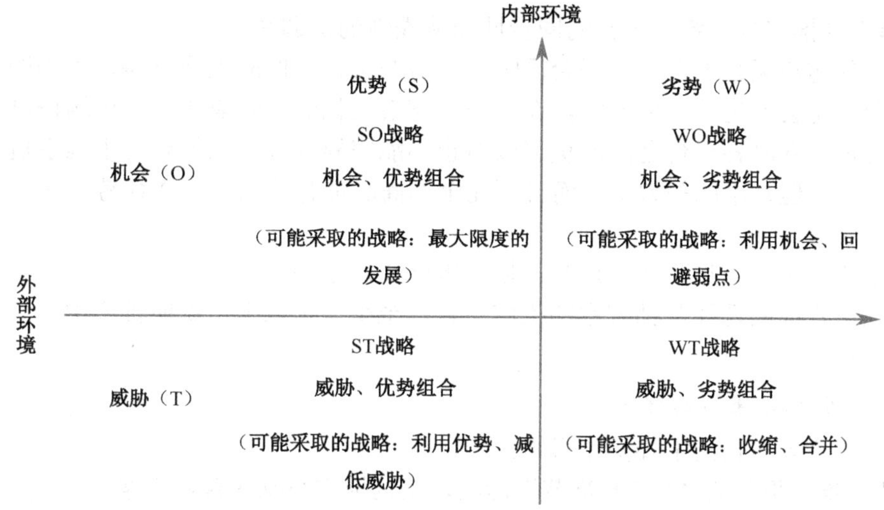

图 8-3　SWOT 矩阵分析

活动四　营销方案的实施步骤

活动描述

营销活动策划完成是要落地实施的，在制订营销方案的时候就要对可执行性进行分析，可以结合营销方案的推进步骤预估每一阶段可能出现的问题和解决方案，估算出其是否能在给定的时限和成本范围内达成目标。

操作步骤

步骤 1：营销方案的时空规划

（1）商品的分阶段销售预估。

① 确定营销方案的投入时间点，预估市场引爆点的时间。

商品选择：大闸蟹、洗衣液、车载小冰箱。

[练一练]

根据上述三种商品的不同特点，选择营销方案的投入时间并估计方案的引爆点时间。

② 确定营销方案活动的时间限制。

[练一练]

确定上述三种商品的营销方案运行时间以多长为宜，并说明理由。

（2）网络营销市场布局规划。

① 选择确定营销方案的投放平台。

首先，需要调研目标客户群集聚的平台有哪些？

其次，客户群集聚的平台必然也是商家集聚的平台，要合理估计本店营销方案的受关注度，然后找到最合理的平台来推广。

最后，确定主推的平台后，也不能放弃其他的市场和流量，尤其是一些免费流量渠道。

商品选择：大闸蟹。

平台选择：微信朋友圈、抖音、58 同城、淘宝、天猫。

请根据上述条件，确定你的营销方案的市场布局规划。

② 跨平台推广时，各个平台的同步性和特殊性的协调统一。

互联网的客户无处不在，多平台同时启动势在必行，但应主次有序，因为即使是免费流量的平台也是会产生推广成本的，在实现利润最大化的同时兼顾占有市场份额，营运资金分配要合理，同时各平台之间的优惠政策也不能差异太大，比如企业主推手机端，可以多优惠一点儿，但是不能差太多，而且不能全部商品都有差别，这样容易把 PC 端的客户都流失掉。

商品选择：乐事原味薯片，104g，超市售价 8.9 元人民币。

请根据给定商品选择营销方案的推广平台，至少三个以上，说明推广中的具体操作步骤和营销策略。

步骤 2：营销方案的创意规划

（1）目标市场营销的主导操作思路。

① 结合推广平台的“517 吃货节”活动，策划地方小吃的营销方案。

② 结合当地旅游特色，拍摄一个小视频上传至抖音等视频网站，推广当地的一种小吃。

③ 结合当地一种小吃的传承文化，在《今日头条》上发布一篇短文介绍这种小吃的地域文化特色。

④ 当我们听到“极简主义”这个词时，会想到什么样的场景，哪类商品能驾驭这个词。

（2）整体运作模式。

有了创意和目标市场的前期调研数据，我们就可以制订营销方案的具体执行计划了，计划应该包括：活动背景、活动目标、活动时间、活动主题、活动内容、活动推广策略、活动推广步骤这 7 个部分。

在营销策划中应该关注上文提及的营销战术规划：产品策略、产品定位与细分；价格策略；渠道策略、渠道选择、渠道拓展顺序、渠道规划、渠道占比、渠道销售量预测分析、上市时间计划。

① 在面粉的营销方案中目标客户群应该是哪些人群？

② 家用滤水装置需要更换滤芯，你收到过销售方提醒换滤芯的信息吗？调研哪种技术是用来支撑销售方这类服务的？

③ 给旅行折叠拖鞋广告图找一个比较合适推广的社交媒体网站。

④ 分享个人的心情、美食、旅行见闻等，除了在微信朋友圈，还可以在哪里？

步骤 3：营销方案具体执行步骤

（1）根据营销方案的需要组织工作团队或聘请专业人员协助。

（2）申请预算资金，并规划好资金的投入时间和去向。

（3）根据营销方案的策划顺序，在多个平台上投放广告链接等，参与活动，启动营销方案。

（4）分工协作专人负责文案、美工、营运核算、后台数据跟踪与对比，根据工作量和工作的方便程度可以数人一岗也可以一人多岗。

（5）对比每日的实际销售情况和方案的预估是否一致，差异太大要及时寻找原因做出并调整。

（6）如遇特殊情况、突发事件，由负责人及时处理，如遇不可控因素要计算损失及时制订补救方案。

（7）活动期满后，汇总各项销售指标，对比预期收益，总结经验和教训。

及时充电

盈利模式

盈利模式是指按照利益相关者划分企业的收入结构、成本结构以及相应的目标利润。品种是工具，营销是过程，盈利才是根本，下面以几种盈利模式举例说明。

1. 产品盈利模式

百度盈利模式——搜索引擎公司

（1）竞价排名。

（2）网络广告收入：图片推广、品牌专区。

（3）百度联盟：2018年5月10日，百度联盟经理李忠军在2019年百度联盟生态合作伙伴大会上宣布，过去一年里百度联盟向生态合作伙伴分成超过180亿元。其中，信息流和开屏联盟分成超过30亿元，内容联盟平台分成超过25亿元。百度联盟合作伙伴中亿元俱乐部成员增至18家，千万级会员新增70家。百度高级副总裁、百度搜索公司总裁向海龙在演讲中表示，2019年，百度还将在视频领域继续发力。过去一年，百度在视频领域取得了以下成绩：百度App分发视频占比超过72%，拥有超过42万创作者，日活跃创作者超过4.6万。

（4）个性化服务：在市场中不断发现新的需求。

2. 渠道盈利模式

服装行业比较典型，现在买衣服不一定去品牌店，而是去渠道店，如优衣库、潮牌店，不是一个产品品牌，而是一个渠道品牌。网购一般都是选几大平台，不是去某一品牌的官网购买。

3. 品牌盈利模式

当我们购买牛奶制品的时候是看品牌还是查看详细的商品配备成分，买啤酒的时候会如何选择，蒙牛、百威这些耳熟能详的品牌随着广告已经深入人心，比如，"不是所有牛奶都叫特仑苏"、百威啤酒2019超级碗广告等，让我们看到广告就能想到商品。

4. 服务盈利模式

现代营销里服务的利润价值构成越来越重要，尤其是电子商务在缺乏面对面沟通的前提下，如何增加品牌黏度，服务是关键，比如樱花抽油烟机承诺终身送滤油网、网店购物包邮等，这些都是服务盈利模式的具体体现。

小米手机的毛利率并不高，他们真正的盈利点在于智能家居生态圈中其他产品的盈利，手机只是一个引流的爆款。不仅仅是基于手机这个硬件或者手机上软件的服务，而是对于家居智能化的服务，物联网的想象空间是很大的。

活动五　营销方案费用的预算与评估

活动描述

店铺开展营销活动是会产生促销成本的，从成本控制的经营理念出发，要了解成本投入和产出的关系才能更好地评估营销活动的成败，所以首先要合理预估出营销活动的成本投入，这样方便企业及时准备资金以便按需投入。同时，营销活动离不开相关专业技术人员，对人员的专业素质和人工成本也应该提前定好标准，这样方案的行动导向性才更加明确。

操作步骤

步骤 1：整体所需费用分配情况

（1）各阶段费用分布和投入时间。

大家自定情景模拟运营，如表 8-1 所示的营销方案各阶段费用分布明细，填出各阶段的资金需求情况。

模拟假设条件：产品________，活动时间___________，活动主题__________________，拟投入的营运资金总额________________，预期的销售额________________，预期店铺排名升级______，营销方式____。

表 8-1　营销方案各阶段费用分布明细

筹备立项	测试预热	活动正式开始	初期目标达成	活动结束总结

（2）各阶段费用控制。

① 明确由谁来管控费用支出，财务还是项目负责人？

② 对于突发的追加投资的情况能否及时决断，是舍还是追，判断的标准有哪些？

③ 对于整体目标的实现和投资的跟进是否能随时监控？

步骤 2：营销方案所需人员设置。

（1）各岗位人员需求情况。

美工人员、运营人员、库管人员等。

（2）各岗位人员工作内容和地点。

① 要量化每个岗位人员的工作内容。

② 要为每个工作人员创造良好的工作环境，提升工作效率。

步骤 3：营销方案执行情况评估管理

（1）制定表格，明确各阶段的管理和执行。

[练一练]

设计一张营销方案进度管理的二维表。

（2）费用预算和实际支出的对比分析。

① 测算各阶段费用支出的计划数据和实际数据，要区分人工成本和平台费用。

② 分别计算各阶段的费用支出，并对比分析其合理性，可以作为员工绩效考核的依据，更可以作为以后营销策划的参考数据。

及时充电

预算与控制

事前算计，事中控制，事后奖惩，此为预算。

1. 预算的内容

预算的内容可以概括为以下三个方面。

（1）多少——为实现计划目标的各种投入、支出分别是多少。

（2）为什么——为什么必须收入这么多数量以及为什需要支出这么多数量。

（3）何时——什么时候实现收入，什么时候才能支出，最起码要使得收入与支出平衡。

2. 预算是一种预测

预算是对未来一段时期内的收支情况的预计。制定预算数字的方法可以采用统计方法、经验方法或工程方法。

3. 预算主要是一种控制手段

编制预算实际上就是控制过程的第一步——拟定标准。由于预算是以数量化的方式来表明管理工作的标准，其本身就具有可考核性，因而有利于根据标准来评定工作成效；控制过程的第二步——找出偏差，并采取纠正措施；控制过程的第三步——消除偏差。

4. 预算工作中存在着一些使预算控制失效的危险倾向

预算过繁是一种危险。预算工作中的另外一种危险倾向，是让预算目标取代了企业目标，也就是发生了目标的置换。

（1）没有恰当地掌握预算控制的度，例如预算编制得过于琐细，或者制定了过于严厉的制裁规则以保证遵守，还可能制定了有较大吸引力的节约奖励措施，以刺激主管人员尽可能地压缩开支。

（2）为职能部门或作业部门设立的预算标准，没有很好地体现计划的要求，与企业的总目标缺乏更直接的、更明确的联系，从而使得这些部门的管理人员只是考虑如何遵守预算和程序的要求，而不是从企业的总目标出发考虑如何做好自己的本职工作。

为了防止在预算控制中出现目标置换的倾向，一方面应当使预算更好地体现计划的要求；另一方面应当适当掌握预算控制的度，使预算具有一定的灵活性。预算的详细程度和预算控制的严格程度都有一个合理的限度，一旦超出了这个限度，预算控制就会背离其目的走向反面。

实训

1. 为郁美净儿童霜设计一个少于20字的宣传口号。

2. 二类电子商务市场是指例如抖音、小红书这类的社交媒体网站的网络推广市场，如果让你在这类网站上推广一款熏香蜡烛，请写出你的策划思路。

3. 结合SWOT分析法，分析一家你熟悉的社区蔬果超市（也可选择社区其他销售店铺）的销售情况，并根据分析结果提出改进意见。

任务二 营销方案编写原则和技巧

任务描述

当文字描述一个方案的时候，关键是要考虑目标读者的可识度，这是需要关注编写原则和技巧的前提，同时要结合专业的营销术语把营销活动流程描述准确，这就需要编写既有专业性又有通俗性的描述，把自己的设计创意完整地展示出来。

任务实施

活动一　营销方案的编写原则

活动描述

通过对一些案例文章的分析，了解营销方案的编写原则，在完整理解营销策略的前提下，按要求编写一份简洁易读的营销方案，从而提高方案决策者的信息接收率，以便方案能够得到顺利执行。

操作步骤

步骤 1：营销方案编写的原则

（1）逻辑性：方案叙事层次分明，顺序合乎实际情况，各环节衔接有序。

（2）针对性：围绕营销主题叙事，不过多地举例造成主体混乱。

（3）创新性：营销策划要有创新，方案编写要突出创新点。

（4）数据性：能用数据说明的尽量不要用大段文字分析解释。

（5）责任心：明确各岗位的职责和任务，奖励集体智慧和个人特长。

步骤 2：营销方案编写的细节处理

（1）用数据说明问题的时候不要用大量原始数据列示，可以用分析后的对比表、日程表等形式呈现。

（2）每个问题的标题文字要醒目、简短，最好语法格式一致。

（3）正文内容描述不宜大段文字，可以分条目说明问题，有总纲、有细目增强可读性。

（4）营销方案的成本预算和预期回收是重要数据，最好能同图一起对比呈现。

（5）如果营销方案中借势创意，要避免引起法律纠纷。

及时充电

软文营销

软文营销就是指通过特定的概念诉求、以摆事实讲道理的方式使消费者走进企业设定的“思维圈”，以强有力的针对性心理攻击迅速实现产品销售的文字模式和口头传播。例如新闻、第三方评论、访谈、采访和口碑等。

1. 本质是广告

追求低成本和高效回报，不要回避商业的本性。

2. 伪装形式

是新闻资讯、管理思想、企业文化、技术、技巧文档、评论、包含文字元素的游戏等一切文字资源。使受众“眼软”（只有眼光驻留了，徘徊了，才有机会）。

3. 宗旨是制造信任

使受众“心软”（只有相信你了，才会付诸行动）。

4. 关键要求是把产品卖点说得明白透彻

使受众“脑软”（有了印象，还要了解清楚，否则脑子还是硬邦邦的）。

5. 着力点是兴趣和利益

使受众“嘴软”（拿人家的手软，吃人家的嘴软）。

6. 重要特性是口碑传播性

使受众“耳软”（朋友推荐的，更愿意倾听）。

参考网站：猪八戒网（https://www.zbj.com/）

案例

腾讯新闻：重回 1978，爆款老物件带你潇洒走一回！

腾讯新闻讲述了 1978 年到 2018 年这 40 年弹指一挥间的生活产物，比如大哥大、BB 机、小霸王游戏机，如图 8-4 所示，见证着我国改革开放至 2018 年的这 40 年。

图 8-4 腾讯新闻——爆款老物价

这一波怀旧营销促使腾讯新闻引发了从“70 后”到“00 后”的集体怀旧，不管是业界的评论还是读者都给腾讯新闻这把营销点了个大大的赞。

活动二 营销策略的整合运用

活动描述

营销方案中必然涉及所应用的营销策略，如何合理使用营销方法是对策划人员创新创意能力的考验，电商促销手段应该一个主旨，提升活跃度，让尽可能多的客户看到产品的热销势头和近期优惠。

操作步骤

步骤 1：多平台推广的一致性

（1）PC 端和手机端的店铺营销活动应该保持一致，但是在店铺引流的活动中可以适当区别。

例如：同样是面对爱玩游戏的目标客户，PC 端引流应该找一些电脑网游站点发布推广信息，而手机 App 端，应该侧重手游爱好者经常光顾的站点。

要求：搜索同一种商品 PC 端的促销方案和手机 App 的促销方案，并比较其异同点。

（2）电商广告几乎无处不在，囊括了我们日常生活的点点滴滴，要求大家搜索到 10 个不是在电子商务交易网站上看到的推广信息。

（3）从上述的 10 个推广信息中，找到一种商品，然后全网搜它的推广信息，并对它的推广方式分类整理，找到其主题、策略等因素，分析不同站点推广策略的差异。

步骤 2：产品风格的一贯性

（1）不同的平台，要想让你的关注者记住这个商品，就要有自己的风格，比如麦当劳的黄白红配色、茵曼服装的麻花辫模特形象、农夫山泉“天然水”的产品理念，这些品牌的风格不仅体现在图片设计和广告设计中，更体现在营销整体创意上，这是我们在做营销方案的时候要兼顾的因素。

要求：分析以下几个品牌的色彩风格，可口可乐和百事可乐、上岛咖啡和星巴克咖啡。

（2）苏宁易购的小狮子和京东的金属狗分别代表了企业怎样的期望？

（3）提起北京烤鸭大家会想到哪些词，从这些词中你总结的品牌主题是什么？

（4）调研当地一家 50 年以上的老店，分析是什么支撑他们一直经营下来的？

（5）“人、货、场”是设计营销方案要考虑的三要素，组合要有特色但更要保持产品风格的一贯性，大家尝试一下角色扮演，同样的货，在不同的场景下消费者的行为演绎，体会他们关注的重点是什么？

及时充电

创意营销

创意营销是通过营销策划人员，思考、总结、执行一套完整的借力发挥的营销方案。带来销售额急剧上升，给广告主带来意想不到的收获。

1. 搜索引擎营销：SEO 和 PPC

（1）SEO 即搜索引擎优化，通过操作，获得在搜索引擎上的优势排名，为网站引入流量。

（2）PPC，通过购买搜索结果页上的广告位来实现营销目的。

2. 电子邮件营销

电子邮件营销是以订阅的方式将行业及产品信息通过电子邮件的方式提供给所需要的用户，以此建立与用户之间的信任与信赖关系。即使在即时通信普及的情况下，也不能放弃邮件营销的方式。

3. 即时通信营销

即时通信营销即利用互联网即时聊天工具进行推广宣传的营销方式，如 QQ、微信等。

4. 病毒式营销

病毒式营销并非利用病毒或流氓插件来进行推广宣传，而是通过一套合理有效的积分制度引导并刺激用户主动进行宣传，是建立在有益于用户基础之上的营销模式。

5. BBS 营销

BBS 营销就是利用论坛这种网络交流的平台，通过文字、图片、视频等方式发布企业的产品和服务的信息，从而让目标客户更加深刻地了解企业的产品和服务，最终达到宣传企业的品牌、加深市场认知度的网络营销活动的目的。论坛营销，经常提到的词有“马甲”“灌水”。

6. 博客、微博营销

海底捞微博营销案例，一个顾客的一句闲聊引来海底捞员工的关注，让客户体验了一次超预期的服务，顾客将这个经历通过微博分享后被迅速传播，让大家刷新了对海底捞服务的底线，带来了又一轮的消费高潮。

7. 视频营销

视频营销是指主要基于视频网站为核心的网络平台，以内容为核心、创意为导向，利用精细策划的视频内容实现产品营销与品牌传播的目的，这种营销方式的传播速度是惊人的。

8. 社区营销

社区营销就是基于社区最为核心的营销推广技术，成为对传统分销渠道的一种创新，更有利于口碑宣传。比如社区菜市场、社区水站、社区快递站、社区奶站等这些人群聚集的地区就是营销推广的目标。网络社群也是一种新型的社区营销推广渠道，很多社区都有自己的网络社群，有人群聚集的地方就是市场，社区营销的作用不可小觑。

案例

中国锦鲤

支付宝为了欢庆“十一”小长假，发起了一个抽奖的活动——“锦鲤活动”，而这次的奖品内容也是非同寻常，渐渐地，随着转发的人数增加，该活动的中奖概率变为 1/3000000，难度可想而知。

最后获此大奖的是这名具有“欧气”的同学的微博如图 8-5 所示。

图 8-5 获奖的同学的微博

而大奖的奖品包括三星手机、鞋、国际知名化妆品、机票、国外飞行基地两个月飞行培训、星梦邮轮等。

在微博的大环境下，这个“锦鲤活动”迅速带来了几个亿的阅读量，在各大主流媒体平台和小众媒体平台上迅速扩散。

实训

1. 策划一次校园地推活动，并写出具体方案。

2. 结合最近比较火的一部电影，设想你的产品广告可以植入的场景，同学可互相评价，选出最自然的广告植入设计。

3. 策划一次微信圈粉活动，要求增加 50 名微信好友，比较谁用时最短，请写出完整的活动方案。

项目评价

项目评价标准

等级	等级说明	评价
一级任务	能自主完成项目所要求的学习任务	合格（不能完成任务定为不合格等级）
二级任务	能自主、高质量完成拓展学习任务	良好
三级任务	能自主、高质量完成拓展学习任务，并能帮助别人解决问题	优秀

项目评价表

项目	评价内容	分值	评分				所占价值	项目得分
			自评（30%）	组评（40%）	师评（30%）	得分		
职业能力	营销方案的主题	10					60%	
	营销策略的选择	15						
	营销方案的目标市场分析	15						
	营销方案基本问题	20						
	营销方案的步骤	20						
	营销方案编写原则和技巧	20						
	合计	100						
通用能力	合作能力	20					40%	
	沟通能力	10						
	组织能力	10						
	活动能力	10						
	自主解决问题能力	20						
	自我提高能力	10						
	创新能力	20						
	合计	100						

项目总结

本项目系统学习了营销方案的写作，包括写作内容、写作技巧、营销策略的应用、方案的整体运营等知识，其中对营销情境和营销策略的创意通过案例进行了引导，旨在激发大家的创意和灵感。实训任务的安排是由点到面的逐步积累，让知识技能最终成链。

项目拓展

任务一：策划一次针对淘宝平台的产品促销活动，完成营销方案的编写。

任务二：为你最喜欢的一款游戏策划一份营销方案。

任务三：用脑图的方式编制一份自选商品营销方案结构图。

任务四：思考在店铺经营过程中某一短期营销方案结束后，是否这一篇就翻过去了，还是应该继续做点儿什么延续眼下的大好局面，长尾规划应从哪几个方面着手？

项目 9 网店推广

项目目标

能够利用店铺流量的知识为店铺的各种推广活动找到推广渠道。
能够利用电商平台的推广工具为店铺活动和产品推广找到合适的切入点。
能够有效利用电商平台的联合营销机会合理布局，增加店铺黏性。

项目探究

网店推广看似庞杂，实际上都是有规律可循的，推广活动之前先做好准备：商品、竞争对手的资料、人员、资金、方案等，虽然市场变化快，不可控因素多，但也可以打一场有把握的战争，现在电子商务是流量之争，流量从哪里来、如何吸引流量、怎样利用已有流量增强店铺黏性是对网店推广岗位人员的能力和创意的考验。

项目实施

本项目首先分析店铺流量的来源，站内流量和站外流量，免费流量和付费流量，然后分析如何有效利用现有平台工具吸引流量推广店铺商品，再结合平台的一些活动，学习如何提高店铺黏性留住粉丝的方法和创意。

任务一 网店流量

任务描述

网店流量实际就是指网店访客的数量，因为只有来了访客才有转化率，有了转化率才会产生店铺排名，排名靠前，才会带来流量。这种螺旋式增长的方式是店铺流量增长的基本模式，所以，首先吸引客户浏览我们的网店，然后就是如何让客户下单，这是每个网店的基本目标。

任务实施

活动一　网店流量的来源

活动描述

网店流量的来源有电商运营平台内部的，也有源自平台外部的。决定网店店铺流量多少的因素是多维的，既有电商运营平台的规则，又有店铺自己运营的因素，还有宏观环境的影响，所以首先要搞清楚这些流量产生的渠道，然后根据自己的实际情况有选择地吸引流量，这是做店铺推广运营的基础。

操作步骤

步骤1：找到网店流量

（1）在电子商务平台的PC端搜索“文具”，观察搜索框的自动弹出内容（关键字），淘宝搜索框如图9-1，京东搜索框如图9-2所示。

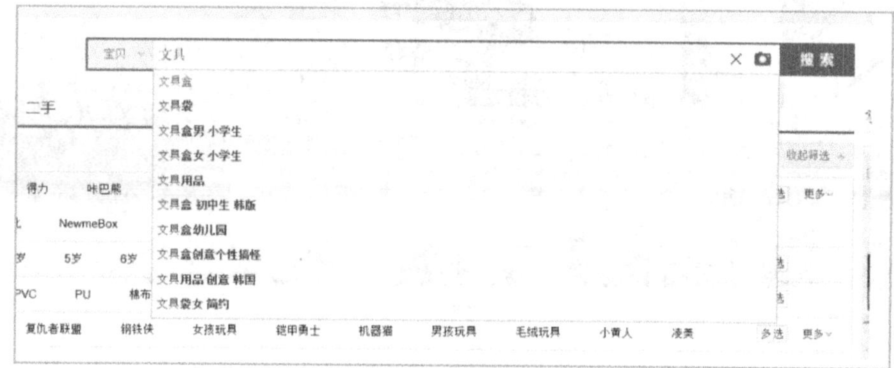

图9-1　淘宝搜索框自动弹出内容

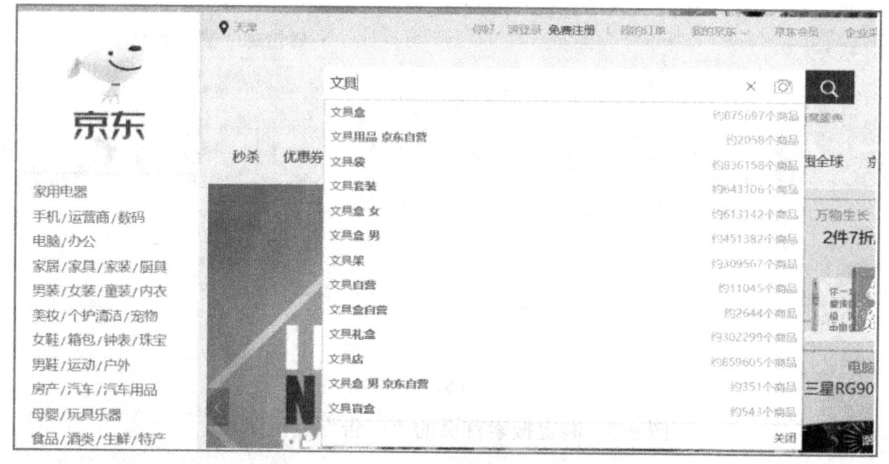

图9-2　京东搜索框自动弹出内容

根据平台首页搜索的操作，回答下面几个问题。

①“文具—文具盒—文具盒男—小学生……”这些词应该是商品______的组成部分。

② 如果希望店铺商品增加被搜索到的机会，店铺设置的关键词应该和平台设置的关键词尽量一致，这就是关键词怎么优化？

③ 京东搜索自动弹出中的每个词后面的数字代表着什么？

④ 这种搜索带来的店铺浏览量是免费的还是付费的，是站内的还是站外的？

⑤ 提交搜索的客户是游客还是有真实购买意图的人？

（2）打开淘宝网的首页，了解搜索中带有“广告”字样的展位图片的含义，如图 9-3（a）（b）所示。

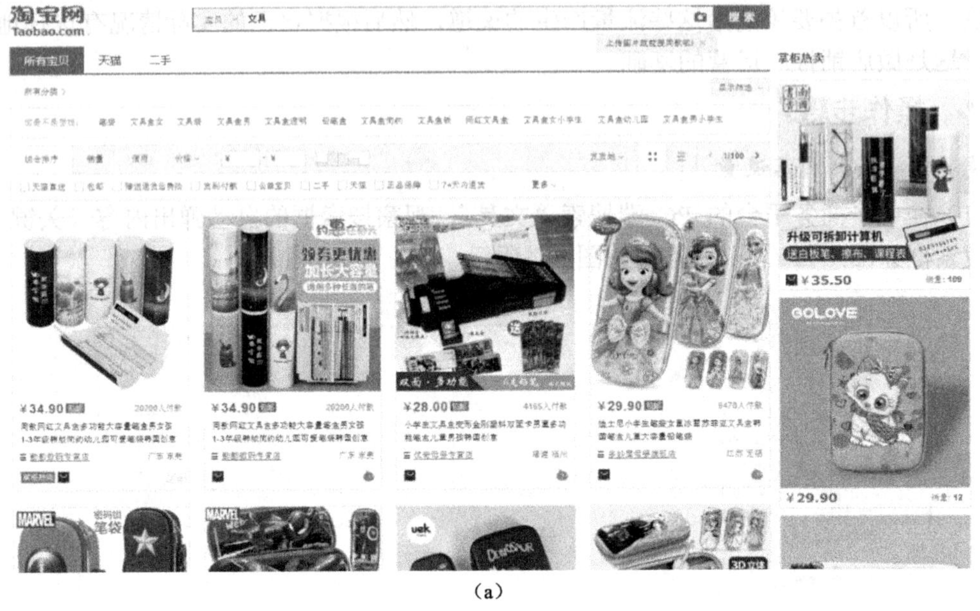

（a）

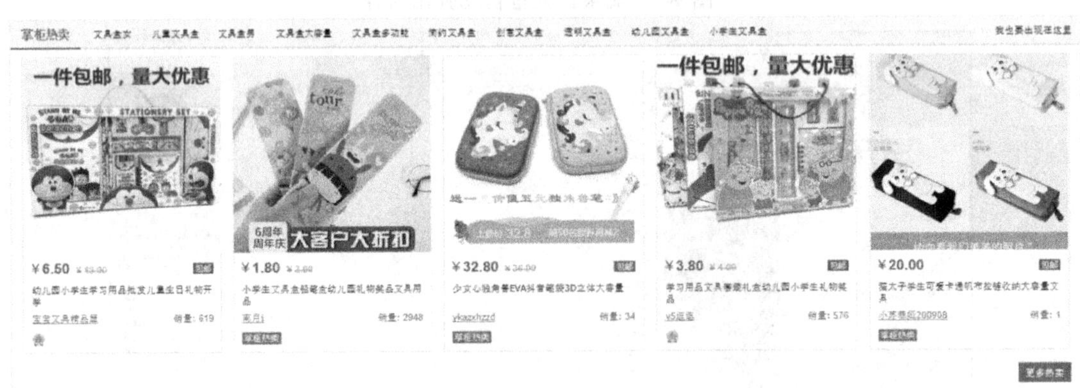

（b）

图 9-3 淘宝搜索首页的“广告”展位图片

① 这些位置就是淘宝直通车广告位图片的位置，这些焦点位置带来的流量是收费的还是免费的？

② 如果店铺是因为销量很好，排在搜索页第一页，这样带来的流量是付费的还是免费的？

（3）淘宝站内活动和站外活动，在360搜索乐事薯片页面如图9-4所示。

图9-4　360搜索乐事薯片页面

（4）总结填写出淘宝网店流量的来源，见表9-1所示。

表9-1　淘宝网流量分类来源

免费流量	
付费流量	
站内流量	
站外流量	

数据资料：CNNIC资料显示，截至2018年12月，微信朋友圈、QQ空间用户使用率分别达到83.4%、58.8%，微博排名第3位，使用率为42.3%。人气聚集的地方就是潜在市场，如何善加利用是电商人的必修课。

步骤2：店铺流量的计算

（1）淘宝生意参谋流量的计算指标有很多，你认为哪几个指标是必须高频关注的？

（2）站外流量比较分散，比如微信朋友的询价、询品、是否成交等信息，可以编制客户标签来标示客户特征，除了这个方法，你认为还可以怎样统计这些站外流量？

（3）很多小卖家或初入行的卖家不计算流量，全凭感觉经营。大家觉得小卖家采用这种运营方式的原因有哪些？电商平台如果今后想提升数据服务，应从哪些方面入手？

（4）查找三个针对淘宝店铺运营数据的站外数据分析的网站，并对比这三个网站提供服务的异同点。

及时充电

搜索引擎优化

搜索引擎优化（Search Engine Optimization，SEO），即利用搜索引擎的规则提高网站在有关搜索引擎内的自然排名，其目的是为网站提供生态式的自我营销解决方案，让其在行业内占据领先地位，获得品牌收益。SEO包含站外SEO和站内SEO两个方面；为了从搜索引擎中获得更多的免费流量，从网站结构、内容建设方案、用户互动传播、页面等角度进行合理规划，还会使搜索引擎中显示的网站相关信息对用户来说更具有吸引力。

关键词是我们搜索的时候输入在搜索框里的内容，那么对于卖家而言，怎样给自己的商品定义关键词，让更多的搜索能找到我们的商品是很有技巧的，这就是经常说到的关键词的优化。首先，建议开启智能词包，让系统帮你升级你可以使用的关键词，这方面的工具也是在不断优化的，也能够省掉很多自己找词的时间。其次，对于系统推荐的关键词，我们应尽量选择全部添加。最后，多计划去做长尾关键词的布局，对于一些店铺内并不是非常核心的宝贝来说，还可以通过标题的关键词布局去获取更多被大卖家忽略的流量，这个也是低价引流的一种思维方式，用更多的款式、更多的关键词来积累更多的流量数据。对于小卖家来说，可以通过多个产品的关键词和标题的布局获取更多的长尾流量，让自己的宝贝流量慢慢呈阶梯形去成长。

活动二　利用微淘和直播打破流量瓶颈

活动描述

网店流量经常会停滞在某种状态，也不能一直搞打折促销吸引流量。遇到这种情况，需要运营人员能够转换思路另辟蹊径，淘宝站内还有很多活动平台，如微淘、论坛、卖家群等，都能够带来免费流量，如果运营得当也是店铺流量的一个来源。下面主要介绍微淘和直播两个活动。

操作步骤

步骤 1：微淘怎么玩

（1）微淘在哪里？打开微淘网页（https://we.taobao.com/），如图 9-5 所示。

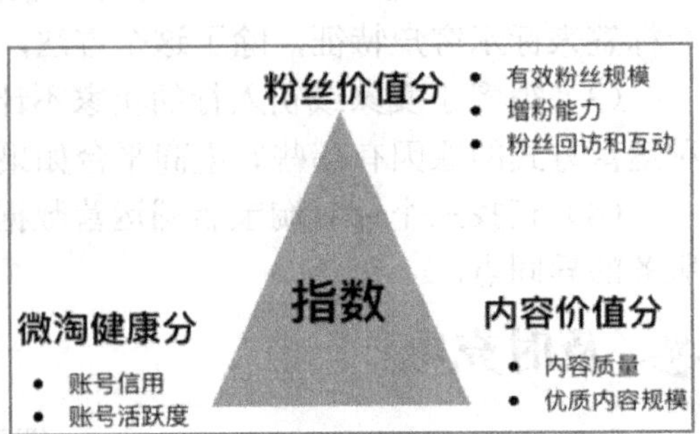

图 9-5　微淘网页

（2）目前的微淘活动有哪些？

关注、上新、精选、晒单、美食、时尚、生活、潮 sir、明星、品牌、偶像周等。

（3）微淘公众号的申请有什么要求？

① 微淘号·达人。

② 微淘号·商家。

③ 品牌号。

（4）微淘号商家指数L0～L6，分别代表着怎样的权益？

（5）业界认为，微淘对于淘宝来说，重要程度可能不亚于微信对于腾讯，两者在社交和商业领域的较量，将广泛而持久，请大家举例说明这个观点正确与否。

（6）微淘更加注重品牌宣传和粉丝运营，并以此为通道重在挖掘用户价值：黏性、回访。

步骤2：试试淘宝直播

打开淘宝直播网页（https://taobaolive.taobao.com/），如图9-6所示。

图9-6 淘宝直播网页

（1）说到直播，大家最先想到的是哪些网站？

（2）淘宝直播有店铺直播和达人直播的区分，那么店铺直播和达人直播的开通条件分别是什么？

① 店铺直播：可以在自己店铺直播，客户也可以在店铺看回放。

② 达人直播：没有自己淘宝店铺的达人，替淘宝店主直播销售，赚取佣金。

（3）查阅“网红薇娅一天带货超3个亿！”的案例，分析这位主播的号召力来源于哪里？

（4）在直播的过程中，如何增加粉丝的活跃度，主播与粉丝互动的方法有哪些？（参考：https://shuyuan.taobao.com 程大鹏老师的课程）

（5）什么是机构达人直播？其运营模式是什么？

（6）什么是淘宝直播浮现权，开通浮现权后会有哪些权益？

及时充电

淘宝客和京挑客

淘宝客活动又名“鹊桥”，意在搭建淘客与卖家之间的沟通推广桥梁。卖家在淘客创建的活动广场报名参加活动，淘客针对报名的商品筛选后进行推广。活动可以公开给其他淘客，若选择公开，则当有其他淘客推广该活动时，成交后获得的佣金按一定比例给活动创建者。

淘宝客推广是按照成交额付费的，佣金就是推广成本。而淘客带来的展示、推广、流量都是免费的，只有成功推广出去，同时买家确认收货才能获取佣金。所以，对于卖家而言，淘宝客推广是风险最小、投入产出最高的方式。

在哪里找到淘宝客呢？

1. 站外平台寻找淘客

（1）QQ 群。在 QQ 找群栏目中说搜索“淘客交流群”等淘客信息，如图 9-7 所示，进入他们圈子后可以找到与符合自己产品类目的淘客合作。

图 9-7　QQ 搜索淘客群

（2）微博。微博是广大用户打发碎片化时间，了解资信、热点新闻非常重要的渠道，一些大 V 有几百万甚至上千万的粉丝，人气即市场，在微博上也可以找到很多淘客大 V。

（3）站外的专业网站。大淘客，专业做淘客选品和方便商家对接淘客的领先网站（http://www.dataoke.com/）；淘客镇（https://www.taokezhen.com/），宣传口号是“全网唯一免费淘客分享展示平台”，淘客镇将淘客按照两种方式分类，第一种是按照淘客性质：个人淘客、团队淘客，第二种是按照淘客的粉丝数分为 1 万+级、5 万+级、10 万+级，可以让商家方便地找到合作的淘客。

2. 站内平台寻找淘客

淘宝官方也提供一个淘客聚集的平台，即团长活动广场。进入活动广场可以看到对团长们从营销场景和招商类目两个维度进行分类。营销场景分为：品牌团、单品招商、券直播、白菜价、直播/达人招好货和其他。

京挑客是京东平台推出的，作用和淘宝客相类似，这里就不再赘述了。

实训

1. 列举一个成熟的旅游胜地如何保持客源的策略，列举一个新开发的旅游景区如何吸引客流量的策略。

2. 假设你目前开设一家微店，列举出你具备的客户流量来源。

3. 自选商品，拍摄一段淘直播视频。

任务二 直通车

任务描述

淘宝直通车是淘宝的一项站内活动，在带动店铺流量和提升转化率方面作用很大。直通车是付费的，即使花钱了也不一定保证就能收到预期的推广效益，这也是需要店铺运营人员精细计算和纵横布局的，只有合适的直通车运营才能获得收益。下面从直通车的功能、门槛和运营几个方面来了解淘宝直通车。

任务实施

活动一 认识直通车

活动描述

认识直通车的作用，了解直通车的收费标准，掌握直通车的运营规则，结合实际案例的分析体会直通车的运营技巧。

操作步骤

步骤 1：找到淘宝页面的直通车广告

（1）找到手淘位置的直通车广告位。

（2）直通车是按什么标准收费的：□成交，□单击，□展示次数，其他________________。

（3）参加直通车的宝贝可以有两个标题，每个标题 20 个字，请举例说明直通车标题优化的作用。

（4）直通车广告展示的是店铺还是店铺里的某种商品？如果是某种商品，这种推广会给店铺整体效益带来怎样的帮助？

（5）参加淘宝直通车后，淘宝平台还有哪些有利条件提供给直通车参与者？

（6）淘宝直通车图片是否就是店铺商品的主图？

步骤 2：直通车的设置

（1）如图 9-8 所示为直通车的时效场景选择界面。

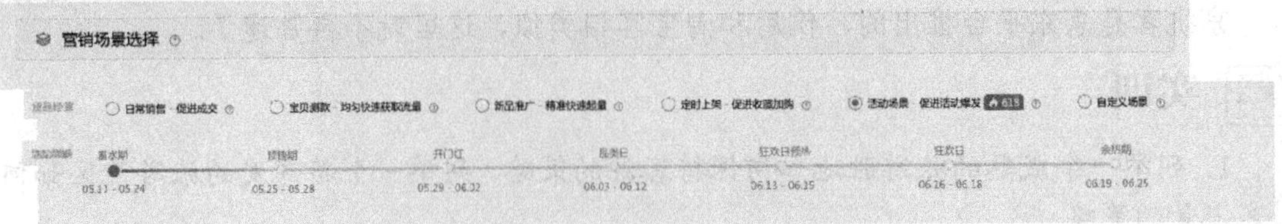

图 9-8　直通车时效场景选择界面

案例

“活动场景＋智能推广”

智能推广是直通车的智能化推广功能，客户只需要进行简单的计划设置，即可开始直通车推广。活动场景下系统为客户匹配高质量流量，让客户再也不用担心如何优化关键词和出价的问题。

下列三种用户在活动场景下的推广需求，你适合哪种呢？

① 大量推广获取补充流量型

主要通过大量推广商品来获取不同子类目下的流量，以相对较低的PPC获取流量来作为活动的补充流量，从而帮助店铺在大促期间更好地爆发，又称为批量引流。

店家后期主要关注带来了多少单击量，整体投入产出可以接受即可。这种玩法的出价低于主推宝贝，用来帮助控制整体投入产出。

② 爆款推广获取主要流量型

以智能推广活动场景作为主要获流渠道，活动期以尽可能多拿流量为主，推广店铺3～5款爆款商品，通过活动场景重复推广店铺核心宝贝，不会影响标准推广计划内的质量分，帮助获取核心流量之外的其他流量。

这种玩法的出价和标准推广相似，投入产出比也较为稳定。在保证拿到流量的同时，提升优化的效率。

③ 提升账户推广效果

用户自己推广优化能力有限，自己只进行标准推广的尝试，主要通过智能推广店铺客单价较高的宝贝，在一定出价范围内，来提升推广投入产出比，提升活动期的产出效果。

根据活动场景不同周期、不同目标有差异化的智能化策略，以赋能商家在活动爆发期更明显地获得流量和成交的爆发。

（2）直通车是搜索竞价模式，那么在关键词竞价标准中，最低出价是多少，有没有上限（最高价），每次加价的标准是什么？

案例

直通车出价技巧

直通车的出价看起来简单，但是常常为不知道应该出多少钱而犯愁。淘宝直通车的出价也是很讲究技巧的，因为它是决定直通车效果的关键指标之一。出价越高，意味着排名越靠前，被展现的概率越高，带来的流量也就越多。

技巧：根据转化数据调整关键词出价。

① 删除过去30天展现量大于100、单击量为0的关键词。

② 根据转化数据，找到成交前50的关键词，提高关键词出价。

③ 根据转化数据，将关键词的花费由高到低排序，降低转化低于2%的关键词出价。

总结：只需一周，单击转化提升 142%！

（3）淘宝直通车页面有 5 个主菜单，分别为“首页”“推广”“报表”“账户”“工具”，“生意参谋”在其中哪个菜单下？

摘自：万堂书院“直通车后台介绍”的相关课程。

及时充电

直通车的竞价排名

淘宝直通车的排名依据主要有两个，即“出价”和“质量分”。

淘宝直通车扣费计算公式为：

实际扣费 = 下一名出价 × 下一名质量得分/你的质量得分 + 0.01 元

以上计算公式是 2018 年淘宝直通车扣费系统优化后最新的计算方法。为了方便理解，直通车后台显示的质量得分的分值，是经过系统处理后的分数。平时看到的 1～10 分质量得分，实际上是经过相对化比较，并四舍五入后的结果。所以即使两个词的质量得分都是 10 分，其实际质量得分并不一定相同，直通车排名和扣费稍有不同，是可以理解的。

在直通车扣费计算公式中，不可改变的是比你稍低一点的那个出价和公式后面的 0.01 元，唯一可以改变的就是自己的质量得分。

淘宝直通车排序由综合排名得分决定。

综合排名 = 质量得分 × 出价，得分越高，排名越靠前。假设有 A、B、C 三个卖家对同一个词进行竞价，我们来看以下示例。

表格 A 为什么排第 1 位？

A 的综合排名是 3 × 8 = 24，B 的综合排名是 2 × 8 = 16，所以 A 排第 2 位。

现在 A 的扣费 = B 的出价 × B 的质量得分/A 的质量得分 + 0.01 元，即 2 × 8/8 + 0.01 = 2.01，见表 9-2。

表 9-2 直通车扣费举例（一）

宝贝	出价	质量得分	实际扣费
A	3	8	2.01
B	2	8	1.01
C	1	8	

假设 B 的质量得分经过优化，达到了 10 分，见表 9-3，那么 B 的实际扣费 = C 的出价 × C 的质量得分/ B 的质量得分 + 0.01 元，也就是 1 × 8/10 + 0.01 = 0.81 元，质量得分的提升，明显降低了实际扣费，节约了竞价成本。

表 9-3 直通车扣费举例（二）

宝贝	出价	质量得分	实际扣费
A	3	8	2.51
B	2	10	0.81
C	1	8	

而 A 的实际扣费却由于 B 的质量提升而上升了 0.5 元，2 × 10/8 + 0.01 = 2.51 元，但 B 由于综合排名 = 2 × 10 = 20，并没有超过 A 的 24 分，所以还是排在第 2 位。

假设A、B、C三家质量得分都相同，B将自己的出价抬高到2.9元，见表9-4，这时候A的实际扣费变成了2.9 × 8/8 + 0.01 = 2.91元，比表9-2中上升了0.9元，而B虽然将出价抬高了，但由于B的实际扣费是取决于C的，C并没发生任何变化，所以B的实际扣费并不会随着出价的提高而上升，还是1.01元。

表9-4　直通车扣费举例（三）

宝贝	出价	质量得分	实际扣费
A	3	8	2.91
B	2.9	8	1.01
C	1	8	

综上所述，通过以上三个表格，可以很清楚地看到直通车关键词位置、排名和扣费的关系。首先是综合排名 = 质量得分 × 出价，出价和质量得分共同影响关键词的排名。然后是实际扣费 = 下一名出价 × 下一名质量得分/您的质量得分 + 0.01元，想降低单击单价，能决定的只有自己的质量得分。

（资料来源：https://shuyuan.taobao.com/）

活动二　直通车的优化

活动描述

直通车运营不是简单地交了钱就可以等着顾客上门了，少交钱多引流量是店铺运营的效益理念。怎样交钱才能达到店铺引爆或推广的目的是营销理念，所以直通车运营需要结合商品特点和不断的数据分析做出最佳选择，即直通车的优化。

操作步骤

步骤1：直通车优化的内容和注意事项

（1）直通车关键词的优化。

① 关键词无展现量或者展现量过低的冷僻词需要替换掉，非冷僻词微调价格；

② 排在前面但无展现量和单击的词，需要替换掉；

③ 关键词好但流量低，若因为排名太靠后，建议把价格适当提高。

（2）直通车推广计划的优化。

“多推广计划”是淘宝直通车根据用户的推广需求专门研发的功能，既可以让客户分计划来推广商品，又可以为不同类型的商品设置不同的推广计划。例如，地域、出价、关键词、定向等就可以根据每个单品的推广目标分别设置，这样有利于店铺整体运营。

（3）善用直通车流量解析。

工具→流量解析→关键词分析：可以通过过去7天、30天、半年或者一年的数据查看分析。数据类型有单击指数、展现指数、单击转化率、市场均价、竞争度等多项指标。

流量解析通过记录一段历史时期内关键词在直通车的各类市场数据，帮助你洞悉市场变化情况。

[练一练]

大家搜索手淘创意的图片要求有哪些？并设计一张水杯的直通车图。

步骤2：利用直通车打造爆款

（1）首先要测款，店铺里有很多商品，哪一个具备爆款的潜质是可以测试的。

① 测款之前可以先根据经验选择你认为本店有可能成为爆款的商品；然后就是给这款商品定义精准的关键词，标题中的延伸词、引流词要细致定义以避免后期再换词；最后就是制作一款赏心悦目的直通车图。

② 开始测款时要新建一个标准推广计划，设置日限额、投放平台、投放时间和地域，然后是宝贝推广等一系列设置。

③ 测款是否成功，可以参考下面的数据衡量标准。

一是展现量标准：单品的展现在5000以上，关键词平均展现500以上，单张图片达到1500展现，展现越高越好，数据越大越准。

二是单击率：单个关键词与行业平均相差无几或者更高，可以去正式推广；单击率不达标直接换图或者换款。

三是转化率：有转化，可以正式推广；没有转化，应该继续优化详情页面，提升买家秀、好评等店铺内功。

（2）选款完成后，要做的就是提高单击量，单击量决定直通车的权重，影响第二天展现指数，可以通过优化创意图、优化关键词等方式来提高单击量。

（3）当单击率稳定，店铺推广已开启，这个时候可以开启定向功能，定向功能可以让宝贝去找到有兴趣的顾客人群。

（4）自然流量稳定上升，主关键词能卡住首屏不动，可以缓慢降低直通车花费，把首屏位置关键词下调到第3～4页，关注同行竞品，时刻盯着对手。

[练一练]

搜索服装类商品直通车爆款打造攻略，并模拟打造过程，熟悉流程掌握技巧。

及时充电

淘宝直通车ROI

ROI（Return On Investment）是指通过投资而应返回的价值，即企业从一项投资性商业活动的投资中得到的经济回报。其计算公式为：

$$ROI = 利润/投资 \times 100\%$$

直通车中将其简化为：　　ROI = 花费/销售金额

例如，一件衣服通过直通车推广一个星期后，后台统计的结果是：直通车花费600元，营业额1200元，那么这一个星期直通车的ROI计算就是：ROI = 600/1200 = 1：2。

[学习资料]

每天5分钟，开出好车系列（https://shuyuan.taobao.com/）

实训

1. 设计一张核桃产地销售的直通车图（也可自选当地特色农特产品）。
2. 假设限定直通车经费预算10000元，请设计一份直通车投入规划流程图。

任务三 钻石展位

任务描述

网店流量中免费的流量商家是不好测算控制的，收费的展位一般都是视觉焦点，可以通过淘宝后台数据分析掌握流量的具体情况。其中淘宝钻石展位可谓是聚焦点，钻石展位的收费规则是什么、如何玩转钻石展位开展有效营销是本次任务的重点。

任务实施

活动一 认识钻石展位

活动描述

钻石展位在哪里？它能够给店家带来哪些利益？这是首先要搞清楚的问题。如何来设置钻石展位、钻石展位每个模块的作用及相互之间的关系，是要掌握的第二个知识点。

操作步骤

步骤 1：钻展的基础知识

（1）钻石展位是面向全网精准流量实时竞价的展示，它的收费方式是怎样的呢？

（2）直通车是客户搜索商品，而钻展是反向让客户被动接受我们呈现的商品。钻展的具体展示位置如图 9-9 所示。

图 9-9 钻展图片示例

钻展展现位置分站内和站外，在钻展后台查看，一共分为 19 个行业，“网上购物”是站内的资源展位，其他为全网资源。淘宝钻展展位比较多，对于店铺宝贝获取曝光率是非常有帮助的，比如 PC 端钻展位置就包括但不局限下面这些图片位置。

① 淘宝/天猫首页焦点图。

② 首页焦点图右侧 banner 图。

③ 淘宝首页天猫精选大图。

④ 淘宝首页 2 屏右侧大图。

⑤ 淘宝首页 3 屏通栏大 banner 图。

⑥ 爱淘宝焦点图。

（3）钻展的展现规则是按照出价高低进行排名，那么是否所有出价的商家都有机会展示呢？

（4）智钻后台主菜单包括："首页""计划""报表""创意""淘积木""资源位""账户""工具""妈妈 CLUB"，如果你是新手，想学习同行的钻展运营方式，要在哪个菜单下寻找？

（5）新建推广计划，选择推广场景时有全店推广和单品推广，这两种推广的区别是什么？

步骤 2：钻展的设置过程

（1）登录钻展后台，按照顺序设置各项目，但要有核算成本观念。

（2）钻展的展示位置不同，淘宝后台的要求标准也不同。

[举例] 特殊资源位的规范要求。

① 淘宝 PC 首页焦点图。

◆尺寸：520×280。

◆焦点图中间底部 70×30 像素为轮播号处，为避免文案、LOGO 或重要产品被遮挡，请勿在此范围内放置；同时，不得出现虚假轮播号。

② 淘宝首页焦点图规范（手淘 App）。

◆尺寸：640×200。

◆中间底部 100×40 像素为轮播号处；为避免文案、LOGO 或重要产品被遮挡，请勿在此范围内放置。

◆15PX 内勿出现文字、LOGO、标题等关键信息，以免被弧形局部遮挡。

③ 天猫首页焦点图规范。

◆尺寸：1180×500。

◆背景：灰色#e8e8e8。

◆配色：保持美观，不使用饱和度过高的颜色。

◆构图：左右结构，文字居右，图片居左。

◆图片：人物和商品等保持完整，避免裁剪。

④ 淘宝首焦右侧 banner 图。

◆尺寸：160×200。

◆背景：纯色，突出卖点，上文下图结构，文字不得太贴边。

◆文字图片：清晰可读，避免模糊、边缘锯齿及像素杂点，整体呈现饱满感觉，避免留白过多；不得在图片上出现任何 LOGO 信息。（LOGO 信息包括品牌 LOGO、聚划算 LOGO 等）。

⑤ 淘宝首页天猫精选。

◆尺寸：250×155。

◆背景：纯色背景，建议不要使用纯黑或纯白。

◆留白：banner 图左侧留白 12PX，上方留白 12PX。

◆元素：主标题＋副标题＋气泡（可选）。

主标题：字体为方正兰亭准黑，18PX（最多 8 个汉字）。

副标题：字体为方正兰亭细黑，14PX（最多 8 个汉字）。

可添加用于突出卖点的气泡，位置不可与文案或图片重叠，16PX，2 个汉字。

及时充电

淘积木

淘积木是一款服务于商家落地页制作的免费工具，如图 9-10 所示，包括长图格式和动态 H5 页面格式两种，汇集了制作动态 H5 页面的全部功能，提供智能模板快速制作营销页面，为无线营销页面制作提供统一的制作平台。

图 9-10 钻展创意图和淘积木落地页的关系

如果把创意图比作实体店铺的招牌，那淘积木扮演的角色就是店铺内的展台专区，帮助商家做商品促销、上新或主题活动，帮助商家达成营销目标，让消费者有一个沉浸式“逛”的体验。

1. 淘积木页面和首页单品页的优势

（1）人群千人千面。

无线首页目前还没有一个组件有千人千面的功能，当用户进到落地页，如果添加了智能组件，那么该组件的千人千面功能会根据用户的需求自动展示用户想看到的产品，对号入座，非常强大。

（2）方便快捷实用。

淘积木可以快捷到一个不会美工的运营就能做出一个优秀的落地页，只需要让美工给运营人员做出想要的素材图片，放在一个图片素材库里，然后运营人员就可以根据营销活动的需求制作出符合营销层面的落地页。

（3）趣味好玩。

H5 页面能够让商品动起来，给消费者耳目一新的感觉。更多的是以趣味性、好玩来打动消费者，从而让他们下单购买。但这中间还是要考虑一个流量利用率的问题，毕竟 H5 页面能展示的商品数量是有限的，我们所花费的每一分广告费都是希望其能够帮我们实现效益最大化。

2. 淘积木的页面选择建议

对于店铺的老顾客和潜在顾客，建议使用长图页面，因为顾客对店铺已经有认知，所以可以直接展示店铺的活动，以提高下单转化。

对于店铺拉新客建议使用 H5 页面，可以通过简单而优美的产品风格展现，加深新客对店铺的第一印象，提高收藏加购转化。

活动二　钻石展位的推广活动

活动描述

钻石展位作为大流量聚集地，对网店推广的作用是毋庸置疑的。首先要掌握钻石展位的规则，然后根据系统提供的工具报活动，要从网店需求和自身能力出发综合策划布局，要用后台提供的数据分析工具随时监控自己和同行的网店数据，及时调整创意设计。

操作步骤

步骤 1：钻石展位计划功能的规则解读

（1）定向操作。

① 定向是基于消费者的四个维度，即搜索、浏览、收藏和购买，系统会筛选出各种各样的人群标签，钻展定向原理如图 9-11 所示。

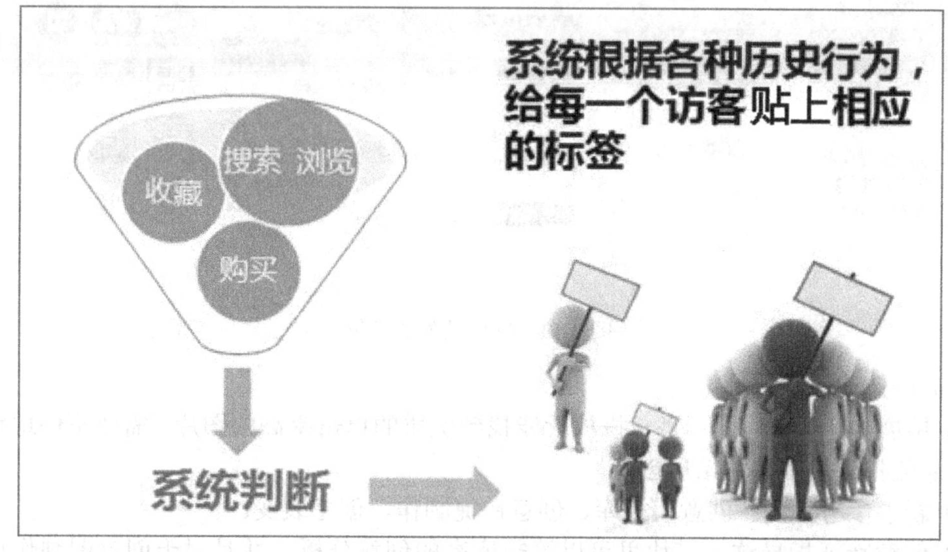

图 9-11　钻展定向原理

② 定向等于人群，了解了人群行为模式，目的是实现“未触达人群→触达人群→兴趣人群→意向人群→行动人群→成交人群”的转化。

③ 定向分为站内定向和站外定向，比如智钻已经打通抖音，抖音的人群标签有哪些？

（2）资源位。

淘宝资源位分为站内资源位和站外资源位，即钻展图片展现的位置。

可以展现在“已买到的宝贝—热卖单品”“购物车—掌柜热卖”等多个站内位置及“新浪微博—首页—底部通栏”“优酷—视频播放页—视频暂停”等多个站外位置。

① 如何在钻展投放抖音，填写推广链接的时候有哪些注意事项？钻展资源位原理如图 9-12 所示。

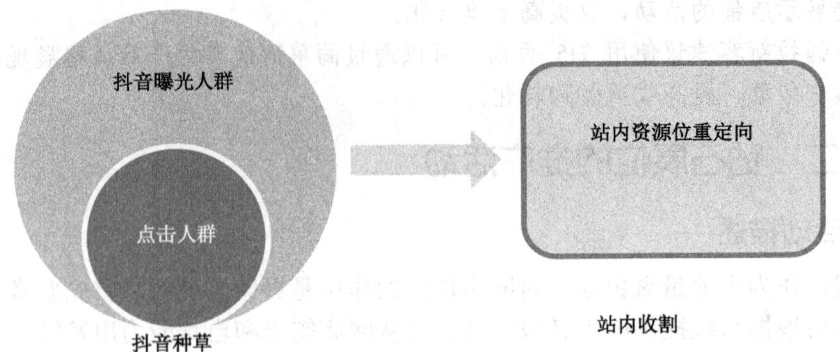

图 9-12　钻展资源位原理

② 站外资源位数量非常多，如图 9-13 所示，并且每个资源位上的人群都会有一定的人群属性和特征，我们可以根据每个站外资源位的人群画像做分析，分析活跃在资源位上的客户年龄、性别、地区、学历与消费能力等，寻找与资源位相匹配的人群。

图 9-13　钻展站外资源位

（3）创意。

① 钻展创意优化：并不是一投放就能找到优质的单击率高的图片，需要不停地优化和测试，才能找到最理想的钻展创意。

② 新手参考工具：创意模板库、创意快捷制作、创意裂变。

③ 创意特征指导这个模块里可以给热度高的创意分析，并且对于创意图制作进行指导，主要针对 8 个内容进行分析，具体包括模特位置、三色关系、模特占比、模特数量、文案位置、色彩纯净度、主色识别和文案内容。

步骤 2：钻石展位图片的制作技巧

（1）确定投放的资源位和定向人群，分析这些数据的创意设计，要从文案、素材、尺寸、构图 4 个要素来创意组合，如图 9-14 所示。

图 9-14　钻展图片

（2）文案通常可以归为常规营销文案、品牌调性文案、热门话题、出格创意类。应该采用发散思维，多角度地编辑文案，尤其是热门话题和出格类文案创意。例如，开学新公式“买三送一”“这次降得没谁了”，如图 9-15 所示。

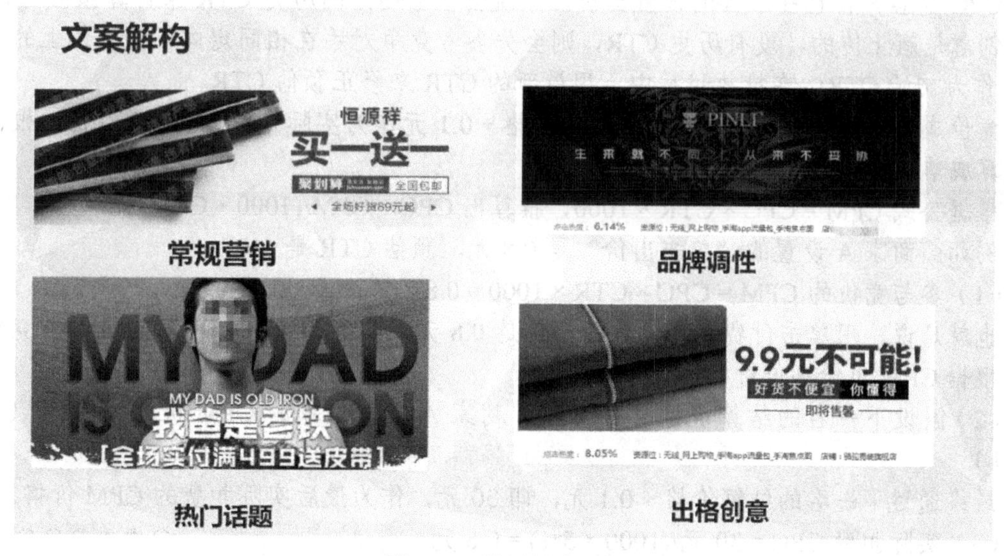

图 9-15　钻展图片文案

（3）在素材的绝大部分使用场景中，模特图、产品图、场景图是最常使用的。那什么是场景图呢？场景图主要来源于拥有线下门店的品牌，或是自带使用场景的类目，如滑板、风筝。

（4）创意构图对于单击率的影响还是很大的，最为常见、效果最好的是左图右文、右图左文。这两种构图风格既符合浏览习惯，又对产品的展示和文案的诠释具有足够的空间。

（5）创意模板不等于图片，创意模板好比是一个固定的相框，只有在相框内部放入适合的照片，才能进行正常投放。

及时充电

钻展扣费

钻石展位支持按展现收费和按单击收费两种扣费方式。

1. 按展现收费（CPM）——精准化圈定人群

即按照每千次展现收费，单击不收费。按照竞价高低进行排名，价高者优先展现。

例如：如果你出价 6 元，那么你的广告被人看 1000 次收取 6 元。

钻展系统会自动统计展现次数，并在钻展后台报表中给予反馈，不满 1000 次的展现系统自动折算收费，其计算公式为：

实际扣费 = 按照下一名 CPM 结算价格 + 0.1

2. 按单击收费（CPC）——单击成本可控

即展现免费，单击收费。单击付费投放模式下将“单击出价”折算成“千次展现的价格”。折算后的 CPM 出价与其他商家进行竞争，价格高的优先展示，其计算公式为：

CPM = CPC × CTR（单击率）× 1000

CPC 是客户自己在后台的设置出价，系统会参考创意的历史 CTR 来计算预估 CTR。如果创意是新上传的，没有历史 CTR，则会先参考竞争对手在相同定向、资源位上的平均 CTR 作为初始 CTR；在投放过程中，用最新的 CTR 来修正预估 CTR。

竞价成功后，按照下一名 CPM 结算价格 + 0.1 元作为实际扣费的 CPM 价格，根据公式换算成单击扣费 CPC。

根据公式 CPM = CPC × CTR × 1000，推算出 CPC = CPM/(1000 · CTR)。

例如：商家 A 设置的“单击出价”是 0.8 元，预估 CTR 是 5%。

（1）参与竞价的 CPM = CPC × CTR × 1000 = 0.8 × 5% × 1000 = 40 元。

也就是说，用单击付费模式设置的出价是 0.8 元，实际是以 40 元的 CPM 参与竞价，最后根据 CPM 出价高低进行展现排序。

（2）假设下一名的结算价格为 29.9 元，商家 A 投放结算的 CPM 价格为 30 元（29.9 + 0.1）。

最终通过下一名的结算价格 + 0.1 元，即 30 元，作为最后实际扣费的 CPM 价格。

（3）实际扣费 CPC = 30 元/(1000 × 5%) = 0.6 元。

实训

1. 为至少三个钻展展位设计智能手环的钻展图（也可自选商品）。
2. 收集两个钻展活动的成功案例，并分析其成功的内因。

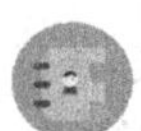

项目评价

项目评价标准

等级	等级说明	评价
一级任务	能自主完成项目所要求的学习任务	合格（不能完成任务定为不合格等级）
二级任务	能自主、高质量完成拓展学习任务	良好
三级任务	能自主、高质量完成拓展学习任务，并能帮助别人解决问题	优秀

项目评价表

项目	评价内容	分值	评分				所占价值	项目得分
			自评（30%）	组评（40%）	师评（30%）	得分		
职业能力	网店流量认知	10					60%	
	网店流量引入方法	15						
	直通车规则	20						
	直通车运营	25						
	钻石展位运营	20						
	钻展图片设计	10						
	合计	100						
通用能力	合作能力	20					40%	
	沟通能力	10						
	组织能力	10						
	活动能力	10						
	自主解决问题能力	20						
	自我提高能力	10						
	创新能力	20						
	合计	100						

项目总结

本项目学习了网店推广的一些方法，在数字经济环境下，网店推广离不开数据分析和应用，本项目结合几个比较重要的推广工具，认识了网店流量、直通车和钻石展位等在电商实操中常用的名词和工具，掌握了运营的一些理论技巧。不管参加哪个平台的运营，一定要先了解这个平台的规则，在精通玩法的前提下构思营销方案，出台创意策划，一定会起到事半功倍的效果。

项目拓展

任务一：写一篇你自己参与直通车活动的经历和感想的文章，发布在微博、论坛、朋友圈、《今日头条》等平台，比较各平台的点赞数和回应数。

任务二：设计一款文具类商品的直通车图片。

任务三：利用淘积木设计一款钻展落地页图片，产品类目可自选。

任务四：参与一次钻展的站外定向推广计划，记录下工作流程，利用文字和图片的形式都可以，但是要编制成报告的形式上交。

第五部分

客户服务

项目 10 售前服务

项目目标

了解售前客服应具备的心态。
掌握售前客服需要的知识储备。
了解售前客服工作流程。
掌握售前客服销售技巧与话术。

项目探究

网上购物的顾客，只能通过一张张的照片和商家的描述信息来了解商品，并不能见到商家本人，无法真正了解商品和店铺的实际情况，因此往往会产生距离感和不信任感。如果能让顾客感受到不是在和机器交流，而是与人在沟通，就会放下戒备。因此，一个好的客服，可以让顾客在购买商品前就对店铺产生良好的印象，从而大大提高顾客的购买率。

项目实施

本项目通过两个任务学习售前客服的知识。了解售前客服应具备的心态并掌握售前客服需要的知识储备，学习售前客服流程；掌握售前客服销售技巧与话术。

任务一 售前客服流程

任务描述

1. 了解售前客服应具备的心态。
2. 掌握售前客服需要的知识储备。
3. 了解售前客服工作流程。

任务实施

活动一　售前客服应具备的心态

活动描述

作为一名淘宝售前客服，每天要面对各种各样的顾客，因此，要想成为一名合格的客服，具备良好的心态是十分重要的。本活动主要描述售前客服应具备的基本心态。

操作步骤

售前服务是指客户未确定购买何种产品前的工作，目的是刺激客户的购买欲望。前期与客户沟通，了解客户的需求，比如客户需要购买什么东西，用途是什么，喜欢什么类型，然后根据了解到的情况制定销售策略。售中服务是指耐心地帮助顾客挑选商品、为客户介绍及展示产品、详细说明产品的使用方法、解答顾客提出的问题等。由于售前服务和售中服务都是发生在消费者收到货物之前的活动，为了方便实际操作，将这两部分内容合并在售前客服中进行讲解。

步骤1：要拥有善良和能够温暖别人的心态

顾客在网上购买商品，不管商品的品质、外观、价格多么吸引人，不管商品的详情页面做得有多专业，很多顾客在决定购买商品之前还是会与客服进行联系，以解决自己在购买前的各种疑惑。因此，在面对顾客的询问时，售前客服不能因为自己对产品非常了解就疏忽大意，不能因为顾客问了一些“不专业”的问题而不屑一顾，而是应该用善良和温暖的心态对待每一名顾客，始终明确自己的工作任务是为顾客答疑解惑的。

步骤2：要有热情主动服务的意识

（1）主动提供帮助。

当顾客对所要购买的商品存在疑惑时，客服都要积极主动地给予解答，不能顾客问什么才回答什么，而是应该将服务贯穿于整个购物过程中，主动与顾客交流沟通，建立良好的互动关系。

（2）主动反馈信息。

有些时候，售前客服对于顾客的疑惑，没有办法第一时间解答，这就需要客服积极主动找到答案或者转接其他客服，在弄清楚问题的答案后，要以最快的时间给顾客反馈相应的解答。

活动二　售前客服需要的知识储备

活动描述

售前客服需要传递给顾客专业准确的信息，要求客服必须具备一定的知识储备，这也是对售前客服提出的一项基本要求。

操作步骤

步骤1：全面了解所销售商品的产品信息

（1）客服人员需要全面了解商品的型号、功效、材质面料、搭配产品、风格趋势以及属性特点 6 个方面的内容。

步骤 2：及时了解店铺的各项促销活动

（1）选择合理的促销活动时间。比如元旦和春节这样的大型节日、季节性比较明显的商品的换季清仓、店铺新品发布、答谢新老顾客类型的店铺活动等，一般都具有时间限制，因此售前客服要准确掌握促销活动的时间。

（2）采用合理且有竞争力的促销活动形式。在电子商务环境下，同类商品的竞争相当激烈，为了满足不同需求的顾客，要采用买赠礼品、打折销售、发放红包优惠券、会员价等多种多样的促销活动。

步骤 3：设置促销活动快捷自动回复

（1）在千牛聊天栏里，单击输入框右上方的“快捷短语”按钮，如图 10-1 所示。

图 10-1 “快捷短语”按钮

（2）在弹出的快捷短语界面中，单击左侧“新建”按钮，如图 10-2 所示。

+ 新建　　导入　　导出

图 10-2 “新建”按钮

（3）在“新增快捷短语”对话框中，输入自定义的快捷短语，单击“保存”按钮完成设置，如图 10-3 所示。

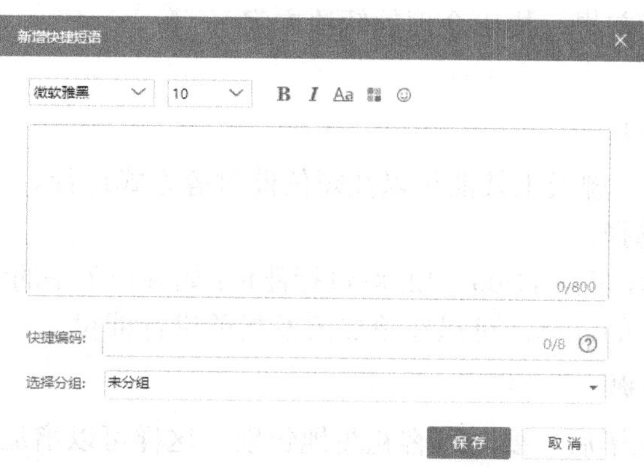

图 10-3 “新增快捷短语”对话框

活动三 售前客服工作流程

活动描述

售前客服在整个店铺运营中扮演着十分重要的角色，因为售前客服除了担任产品推销员的作用，同时还担任了店铺形象的推广者等重要作用，本活动将对售前客服的工作流程进行描述。

操作步骤

步骤1：打招呼

（1）为了拉近与顾客的关系，要主动问好以示亲切感，如“您好，欢迎光临本店！”同时，为了缓解尴尬的气氛，可以增添软件自带的表情，这样能够让买家感受到客服的热情，增强对店铺的信任感。

（2）设置一个店铺的专业化、规模化统一问候语。

（3）对店铺目前的促销活动、新品、主推款等信息加以简单推荐。

（4）主动加顾客好友，这样既可以方便联系，增大交易成功率，也可以积累客源。

步骤2：推荐产品

（1）可以根据顾客咨询什么问题推测出顾客需要购买商品的类型，也可以根据顾客咨询客服前拍下但未付款的商品进行查看，有针对性地为顾客推荐产品。

（2）帮助顾客挑选商品，客服可以根据产品销量、实际效果、客服亲身体验、以往顾客反馈、顾客个性化需求以及商品的时尚性等角度帮助顾客挑选商品。

（3）在顾客确认购买某一件商品后，还可以进行关联商品的推荐，但是要注意关联商品的价格不能高于已选商品，并且关联商品后的总价格要有一定的优势，这样才会吸引顾客购买关联商品。

步骤3：交易异常处理

（1）客服首先要弄明白顾客存在异议的内容。

（2）深层次探究顾客存在异议的心理动机。

（3）设身处地地为顾客着想，找出买卖双方的分歧。

（4）以尊重顾客为前提，提出合理的解决方案。

步骤4：催付

（1）催付方式的选择。

可以通过电话催付、聊天工具催付以及短信催付等方式进行。

（2）催付时间的选择。

如果是上午的订单，可在11:00—12:00进行催付；如果是下午的订单，可在16:00—17:00进行催付；如果是晚上的订单，可以在第二天发货前进行催付。

步骤5：与顾客告别

（1）当顾客咨询完毕后，要与顾客礼貌地告别，这样可以增加顾客对店铺的好感度，提高回头率。

（2）在告别的同时可以添加顾客为好友，并备注清楚顾客的信息，从而不断拓展市场。

步骤6：查询订单状态

在订单已经发出或者还未发出的时候，应该主动查询物流的详细信息或者是查询快递仓库的信息并且主动告知顾客，打消顾客的顾虑以及安抚客户。

步骤7：换货/更改物流

在订单已经发出的时候联系物流人员看快递还能否追回，如果能追回就马上重新发货并且更改物流；如果订单无法追回，应主动联系并致歉客户，与客户协商重新补发货或者直接拒签。

步骤 8：取消订单

在订单已经发出的时候联系物流公司，如果快递可以追回，那么立马召回快递并且配合客户取消订单；如果快递无法追回，应主动联系客户并致歉，争取客户能协助拒签，在订单未发送的时候，直接为客户取消订单，并且问候客户，希望以后能再次光顾。

及时充电

顾客常见的异议产生原因以及处理方法

1. 对价格不满意

这种情况要么是顾客并不想购买商品故意找借口，要么是购买意愿明显，但是希望价格上能加以优惠。在深层次探究顾客存在异议的心理动机后，可以在最低价格的基础上赠送顾客一些小礼品、优惠券等，弥补顾客的失落感。

2. 对产品不够信任，希望获取价格上的优惠

这时客服可以通过对比同类产品的性价比等信息来突出自己产品的优势，还可以向顾客做出可以退货、退款的承诺，从而增加卖家信任度。

3. 对客服的服务态度不够满意

此时要及时向顾客道歉，并及时更换客服进行一对一服务。

实训

1. 总结售前客服应具备的心态。
2. 同学之间分小组，选择所要销售的商品并策划一项促销活动。
3. 同学之间分小组，进行角色扮演，分别体验一次完整的售前客服工作流程。

任务二 售前客服销售技巧与话术

任务描述

1. 掌握售前客服的销售技巧。
2. 掌握售前客服的话术。

任务实施

活动一 售前客服的销售技巧

活动描述

售前客服需要掌握很多销售技巧，比如要及时了解顾客的购买意图、了解顾客大体预算，并主动向顾客介绍产品的卖点信息，还要善于倾听顾客的疑问。

操作步骤

步骤1：了解顾客购买商品的意图

（1）不同的顾客其购买商品的意图各不相同，因此，需要根据顾客的需求有针对性地推荐和销售商品。

（2）可以从商品的使用时间、使用对象、使用场所等方面对顾客进行询问。不同的顾客需要推荐的商品是不同的。

步骤2：了解顾客的预算

（1）询问顾客的预算需要有一定的技巧，如果方法不当，会让顾客觉得商家质疑自己的购买能力，从而大大消除购买欲望，因此，在询问过程中，要讲究一定的方式和技巧。

（2）咨询顾客是否对某一特殊品牌格外喜爱。

（3）咨询顾客对商品是否有特殊的要求，比如，价格是否合理、款式是否新颖、材质是否舒适、是否与明星同款等。

（4）了解顾客计划在什么样的场合使用商品。

（5）了解顾客的消费区间，询问其在某个价格区间是否能够接受。

步骤3：主动介绍产品更多细节

有些顾客在咨询客服时，并没有仔细浏览商品详情页面，因此，客服需要用这些产品细节信息来吸引顾客，打消顾客的各种顾虑。

步骤4：重点描述产品能给顾客带来的好处

可以根据消费者性别的不同，有针对性地突出商品能够带来的好处。比如：对于女性消费者，她们更关注产品的美观度；而对于男性消费者，他们往往更关注产品是否方便实用，因此，客服可以将商品便捷性、唯一性、性价比、美观度等优势有所侧重地介绍给顾客。

步骤5：擅于问“还有什么不清楚的需要我解答吗”

“还有什么不清楚的需要我解答吗”，可以让顾客深入了解产品或购买商品时遇到的其他问题，同时，也能让顾客体会到客服的专业性，提升消费者的信任感。

活动二　售前客服的话术

活动描述

售前客服除了需要掌握很多销售技巧，还需要了解一些话术，包括问候类话术、推荐类话术、议价类话术、催付类话术、确认订单类话术、包邮类话术、发货类话术和付款成功后话术等。

操作步骤

步骤1：问候类话术

（1）首语自动回复。

【话术】您好！欢迎光临×××旗舰店，我是客服×××，很高兴为您服务。（如果有活动或者好的提示语也可以加入，如新店开张，全场包邮，仅限7天）

（2）新顾客的情况。

【话术】亲，有什么可以帮您吗？

（3）老顾客的情况。

【话术】亲，很高兴您能再次光临，请问有什么可以帮您吗？

（4）针对咨询的买家比较多的情况。

【话术】您好，实在不好意思。因为咨询的客户比较多，让您久等了，非常感谢您的耐心等待！

步骤2：推荐类话术

（1）了解买家的基本情况：您好，那您对需要买的产品有什么样的要求呢？例如：买给谁的？喜欢的风格？可以承受的价格范围？穿衣的风格、肤色？

（2）了解店铺的情况：明确店铺货源、产品、价格的优势及参考店内销量走势、库存备货情况进行推荐。

（3）① 若客户要的款式没货，推荐相似的或热销的款式给客户。

【话术】亲，您可以看一下这款。跟您想要的那款是同一个系列的，同时也是我们这个系列最近主打的一款（如有相应的活动可以加上），卖得也很好，您看一下是否喜欢？当然如果您不是很喜欢这个系列，那么您也可以看一下这款，这款是我们店铺卖得最好的。它适合的人群比较广，属于百搭型，客户的反映也是不错的。

② 客户在多个款式间徘徊，引导客户让亲人或者朋友给出建议。

【话术】亲，您可以请您身边的亲朋好友或是同事一起来看看，结合您的气质要求给出建议哦。

步骤3：议价类话术

（1）可以便宜点吗？

【话术1】抱歉啊，亲！这个已经是公司制定的最低价了，我们小小客服是没有更改价格的权利的，希望您能够理解哦。我们店铺现在有……（店铺现有的活动）

【话术2】亲，您能够看中我们公司的产品，肯定也是一个比较在乎质量、注重生活品质的人。我们每个客服手里都有少量的优惠券，只要您能够满足购买金额就可以使用，您看您准备买多少价格的东西呢？我也好送您相应的优惠券。

【话术3】价格是由公司统一制定的，并且有很强的性价比，且我们的价格体系线上线下是完全一致的，除了特殊活动，收到的货品标签价格也就是实际物品价格。我们坚持做诚实的商家，不愿意给客户虚高标价再打折的印象。

（2）下次来是否有优惠呀？

【话术1】亲，只要您成功购买了本店的产品就会成为本店的会员，您的每次购买都会累计积分，终身有效、不过期、不清零。而公司的礼品除定期积分换购外都是专门为客户不定期定做，以保证专享性、品质感，让每位客人都感到惊喜；亲，拭目以待哦。

【话术2】亲，只要您成功购买了我们的产品，按照不同的购买金额会得到不同价值的优惠券哦，在下次购买的时候可以使用。

（3）是否送小礼品？

【话术1】亲，实在不好意思。我们店铺一般都是在节假日搞促销活动的时候才会送小礼物哦。平时只有一些老顾客会员，或是消费金额大于××的时候才会赠送呢。亲，您的每次购买都会累计积分，终身有效、不过期、不清零。而公司的礼品除定期积分换购外都是专门为客户不定期定做，以保证专享性、品质感，让每位客人都感到惊喜；亲，拭目以待哦。

【话术 2】亲，因为小礼品是仓库随机发送的，具体有没有小礼品我们客服也不是很清楚。要不我给您备注一下，一般备注了都会给您送小礼品的。但是也有意外，如果到时收到货以后没有小礼品，希望您也可以谅解。

步骤 4：催付类话术

（1）拍下后未付款跟进的情况。

【话术 1】亲，我是××店铺，您拍的宝贝我们已经包装好了，如果您××点之前付款，我们今天就能发出去了哦（表情）。

【话术 2】亲，我是××店铺，您拍的宝贝我们已经包装好了，宝贝安静地躺在精美的包装袋里默默等待跟您见面的那一刻，如果您××点之前付款，我们今天就能发出去了哦（表情）。

（2）第二天、第三天仍未付款的情况。

【话术】亲，我是××店铺，昨/前天与您进行了宝贝交流（相关具体内容大致描述），请问您还需要吗？

步骤 5：确认订单类话术

【话术】卖家：亲，感谢您惠顾××店铺，我跟您核对下您拍的商品，××款，一件。收件人×××，地址×××××××××，电话×××××××××。请您核对确认下。

买家：对的。

卖家：嗯嗯，好的，您的货品将在××时由顺丰快递寄出，请保持手机畅通，收到货品时请本人签收，先检查外包装的完好性，如若外包装封条有被撕开过的痕迹，请您拒收。请拆开包装确保货品没有被偷走或者调包，如若发现调包请即时联系我们，电话是×××××××××，我们会立即处理。同时，为了保障您的权益，请仔细阅读我们随快递一起寄到的售后服务保障卡和售后服务手册。如果使用中有质量问题或者其他问题，请不要犹豫，马上联系我们。如果对我们的商品满意，请确认收货，并给我们好评喔，我们期待您的晒单呢！再次感谢您惠顾××店铺，我们会持续努力，也欢迎亲经常回来看看喔！祝您生活愉快。

步骤 6：包邮类话术

（1）顾客询问是否可以包邮，如果有满就包邮的活动，则可以直接回答。

【话术】亲，只要您满×××就可以包邮哦。

（2）顾客询问是否可以包邮，如果没有满就包邮的活动或是买家没有达到免邮的金额。

【话术】亲，您好，因为产品的特殊性，所以对每一件产品都进行了额外保价。而且我们本来的定价体系就是非常经得起比较的，所以实在不能给亲包邮哦。也希望您能够理解并体谅一下。何况我们是为了亲更好、更快地收到完美的货品才额外保价的，用一般的快递，亲也不放心是吧？我们的款式都很别致呢，亲到时候收到一定会很惊喜的，会觉得很值得的哟！

步骤 7：发货类话术

（1）使用什么快递？

【话术】亲，为了能够让您尽快收到宝贝，并为了保证宝贝在运输过程中的安全，我们默认使用发货速度最快的顺丰，并且对宝贝进行保价。如果顺丰不到的地方则使用 EMS 邮政速递。亲，您那边顺丰能到吗？

（2）我这边顺丰不到，你给我发申通或其他快递吧！

【话术】亲，实在是抱歉，EMS 相对于××快递会更安全。您放心，我们给您发的是 EMS 航空快件，不是平邮哦，所以速度还是很快的。

（3）什么时候发货？

【话术】亲，我们一般每天××点前完成支付的订单，当天可以发货，下午 4 点之后就要第二天发货了，礼拜天是不发货的喔。

（4）如果情况十分特殊，是否可以优先发货？

【话术】亲，鉴于您情况特殊，为了保证您能早日收到宝贝，我已与物流部沟通，我们会在今天为您安排寄出，届时请注意查收哦！

（5）已经拍下了，什么时候可以发货呢，多久可以到？

【话术 1】亲，我们是统一下午 6 点发货，省内的一般 3 天之内到货，省外的一般 5～7 天到货哦。

【话术 2】亲，我们是统一下午 6 点前发货的，省内的一般是 3 天之内到货，偏远地方如北方下雪地段可能就会久一些，一般是 10 天内到货，有突发情况可以随时联系我们哦。

步骤 8：付款成功后话术

【话术 1】××店铺非常感谢亲的惠顾，我们尽快为您安排发货，请您注意查收，不要忘记给我们评价哦，如果您觉得我们的宝贝好，亲，记得给我们全 5 颗星和美美的评价哦，您的鼓励我们很看重，有您的支持，我们才能做得更好。

【话术 2】谢谢您惠顾××店铺，请收藏一下本店，以便下次您能方便和我们联系，感谢您选择××店铺。

实训

1. 总结售前客服的销售技巧及话术。
2. 同学之间分小组，进行角色扮演，熟悉售前客服的销售技巧及话术。

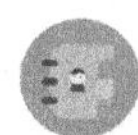

项目评价

项目评价标准

等级	等级说明	评价
一级任务	能自主完成项目所要求的学习任务	合格（不能完成任务定为不合格等级）
二级任务	能自主、高质量完成拓展学习任务	良好
三级任务	能自主、高质量完成拓展学习任务，并能帮助别人解决问题	优秀

项目评价表

<table>
<tr><th rowspan="2">项目</th><th rowspan="2">评价内容</th><th rowspan="2">分值</th><th colspan="4">评分</th><th rowspan="2">所占价值</th><th rowspan="2">项目得分</th></tr>
<tr><th>自评（30%）</th><th>组评（40%）</th><th>师评（30%）</th><th>得分</th></tr>
<tr><td rowspan="6">职业能力</td><td>售前客服应具备的心态</td><td>10</td><td></td><td></td><td></td><td></td><td rowspan="6">60%</td><td rowspan="14"></td></tr>
<tr><td>售前客服需要的知识储备</td><td>10</td><td></td><td></td><td></td><td></td></tr>
<tr><td>售前客服工作流程</td><td>10</td><td></td><td></td><td></td><td></td></tr>
<tr><td>售前客服的销售技巧</td><td>30</td><td></td><td></td><td></td><td></td></tr>
<tr><td>售前客服的话术</td><td>40</td><td></td><td></td><td></td><td></td></tr>
<tr><td>合计</td><td>100</td><td></td><td></td><td></td><td></td></tr>
<tr><td rowspan="8">通用能力</td><td>合作能力</td><td>20</td><td></td><td></td><td></td><td></td><td rowspan="8">40%</td></tr>
<tr><td>沟通能力</td><td>10</td><td></td><td></td><td></td><td></td></tr>
<tr><td>组织能力</td><td>10</td><td></td><td></td><td></td><td></td></tr>
<tr><td>活动能力</td><td>10</td><td></td><td></td><td></td><td></td></tr>
<tr><td>自主解决问题能力</td><td>20</td><td></td><td></td><td></td><td></td></tr>
<tr><td>自我提高能力</td><td>10</td><td></td><td></td><td></td><td></td></tr>
<tr><td>创新能力</td><td>20</td><td></td><td></td><td></td><td></td></tr>
<tr><td>合计</td><td>100</td><td></td><td></td><td></td><td></td></tr>
</table>

项目总结

本项目介绍了售前客服应具备的心态以及售前客服需要的知识储备，售前客服的工作流程，售前客服销售的技巧与话术。

项目拓展

任务一：如果你是一名服装店的售前客服，为你店铺中的商品编写商品质量信息、价格信息、支付和发货信息等方面的常见问答。

任务二：同学之间分小组，进行角色扮演，互问互答，训练售前客服的销售技巧和话术，并将聊天记录记录下来。

项目 11 售后服务

项目目标

了解售后客服的工作思路。
掌握售后问题的处理方法。
掌握售后客服销售技巧与话术。

项目探究

售后服务在整个电子商务过程中发挥着极其重要的作用。好的售后服务人员会给客户带来非常好的购物体验，这些客户很有可能成为这家店铺的回头客，可以大大提高店铺的复购率。

项目实施

本项目通过两个任务学习售后客服的知识。通过了解售后客服的工作思路、掌握售后问题的处理方法，了解售后客服的流程，并掌握售后客服销售技巧与话术。

任务一 售后客服流程

任务描述

1. 了解售后客服的工作思路。
2. 掌握售后问题的处理方法。

任务实施

活动一 售后客服的工作思路

活动描述

顾客在购物结束后，找到售后客服，通常是对所购买的商品不够满意，有时情绪也会比较激动，因此售后客服要及时致歉，缓和沟通氛围，同时要分清售后问题的轻重缓急。

操作步骤

步骤 1：致歉

（1）准确选择致歉的时机。

顾客找到售后客服，多数是对商品不够满意，因此，客服在回答顾客问题时，首先要使用承诺性的话语，例如，亲，您不要烦恼。接着在询问顾客找售后客服的原因时首先表达歉意，例如，给您带来的不便我们深表歉意。如果顾客在交流过程中依旧非常愤怒，有必要再次进行道歉，例如，再次代表本店向您表达歉意。

（2）编辑道歉内容。

① 耐心倾听类：A. 我明白您的意思了。B. 亲，我们非常理解您的心情。

② 缓和气氛类：A. 对不起亲，给您造成的不便是我们的责任，还请您见谅。B. 亲，听到您的描述，我们也觉得非常抱歉，让您有了这样不愉快的购物体验我们非常抱歉。C. 发生这样的情况，我真的觉得很抱歉，确实是我们的失职，但我们会尽最大努力补救，一定会解决好这个问题。

步骤 2：分清售后问题的轻重缓急

（1）售后问题的种类很多，有退费、质量、物流、差评、投诉、维权等问题，因此，售后客服要能够根据售后问题的轻重缓急进行合理排序，才能在处理时做到有条不紊。

（2）如果同时出现物流问题和差评问题，哪个问题会更加紧急，需要优先处理呢？这就要考虑到物流问题，如果处理不当，会造成顾客不满，从而失去这位顾客。而差评问题如果处理不当，店铺在同类商品中的排名会下降，不仅会失去这位顾客，还会丢失许多店铺的潜在顾客。因此，从结果的严重性上看，差评问题比物流问题紧迫许多，在同一时间发生应该优先处理差评问题。

步骤 3：缓和沟通氛围

（1）保持冷静、理性的思考。

（2）注意自己说话的语气和态度，同时积极倾听。

（3）绝对不可以因为规避责任，而与顾客发生不必要的争吵和纠纷。

（4）协调双方利益，尽可能提出完善的解决方案。

活动二　售后问题的处理

活动描述

售后会出现很多意想不到的问题，本任务将讲解退换货、退款两类问题的售后问题处理。

操作步骤

步骤 1：退换货

（1）如果您未在规定时间内提供退货地址，或者提供退货地址错误导致买家无法退货或操作退回商品后无法送达的，或者买家根据协议约定操作退货后，您无正当理由拒绝签收商品的，交易做退款处理，退货运费由您承担。如您需要取回商品的，应当与您的买家另行协商或通过其他途径解决，淘宝不予处理。

（2）买卖双方达成退货、退款协议或淘宝做出退货、退款处理的交易，商品退回至您的退货地址后，淘宝有权退款给您的买家。

（3）买卖双方达成换货协议的交易，如果您收到买家退回的商品后逾期未再次发货的，淘宝有权退款给您的买家。

（4）如果是跨境交易且最终确定为退货、退款处理的，若由于您的原因导致买家无法退货，则交易做不退货退款处理。

（5）如您的买家逾期未根据协议约定或淘宝规定时间操作退货的，交易做打款处理。交易款项支付给您后，买家再次要求退货的，应当与您另行协商或通过其他途径解决，淘宝不予处理。

（6）商品在退货过程中损毁的，商品退回买家或买家无理由拒签后，交易做打款处理。

步骤 2：退款

（1）收到货物破损、少件等肉眼可见的问题。

【卖家该怎么处理】联系买家提供实物照片确认商品情况；向物流公司核实是谁签收；如果不是买家本人签收，且没有买家的授权，建议你直接操作退款并联系物流公司协商索赔，避免与买家之间的误会。

（2）描述不符。

【卖家该怎么处理】核实商品的宝贝描述是否有歧义或让人误解的地方；核实是否发错商品；如果是描述有误或发错商品，可以直接与买家协商解决（如退货退款、部分退款、换货等），避免与买家之间的误会。

① 质量问题。

【卖家该怎么处理】联系买家提供实物图片等确认问题是否属实；核实进货时的商品是否合格；如果确认商品问题或无法说明商品是否合格，可以直接与买家协商解决（如退货退款、部分退款、换货等），避免与买家之间的误会。

② 收到假货。

【卖家该怎么处理】核实进货时的供应商是否具备相应资质。如果无法确认相应资质，可以直接联系买家协商退货、退款，避免与买家之间的误会。

③ 退运费。

【卖家该怎么处理】核实发货单上填写的运费是否少于订单中的运费；如果有误，将超出部分的资金退回给买家，避免与买家产生误会。

④ 发票无效。

【卖家该怎么处理】联系买家提供发票图片确认是否发错；核实发票来源是否合法；如果发错或无法确认来源是否合法，可以直接与买家协商解决（如补发、退货退款等），避免与买家产生误会。

实训

1. 总结售后客服的工作思路及处理办法。
2. 同学之间分小组，进行角色扮演，熟悉售后客服的工作思路及处理办法。

任务二　售后客服销售技巧与话术

任务描述

1. 掌握售后客服的销售技巧。
2. 掌握售后客服的话术。

任务实施

活动一　售后客服的销售技巧

活动描述

本任务主要介绍两种比较特殊的售后客服问题的销售技巧，分别是超过退货期限的退货申请以及恶意投诉的情况。

操作步骤

步骤1：顾客已经收到商品，但是经过很长一段时间后要求退货的情况

（1）要有自己店铺的退货原则，需要明确标注在页面上，以白纸黑字的形式体现出来。

（2）售前客服应在商品销售过程中，提醒顾客退换货的规定时间以及产品不影响二次销售的要求，以便防患于未然。

（3）告知顾客的时候要注意说话的方式和方法。例如：亲，真的很抱歉，我们的产品原则上是顾客7天无理由退换的，但现在时间超过太久了，包裹出去太久再退货回来，我们无法保证会不会影响二次销售，所以一般货物也不会上架了，希望您的理解。现在已经超出太久就没有办法给您退换了哦，实在抱歉亲。

步骤2：遇到恶意投诉的情况

（1）首先检查自己的产品标题、价格设置是否有问题，客户拍下的订单，是否存在违背承诺的现象。

（2）如果不存在这类问题，需要截图保存并上传凭证，并告知买家和淘宝小二自己并没有违背承诺。

（3）如果真的存在这样的问题，就要主动把赔付金额转账给买家，并截图保存凭证，告知淘宝小二已经赔付，尽量减少扣分的风险。

活动二　售后客服的话术

活动描述

本任务主要介绍退换货类、退款类、评价解释类三类售后问题的话术。

操作步骤

步骤 1：退换货类

（1）质量问题退换货。

【话术】亲，不好意思，给您添麻烦了。请问是哪里有质量问题，您是否可以拍照让我们看一下，如果真的是质量问题是可以退换货的。所以希望您还是给我拍一下照，具体的操作步骤您可以看一下我们的售后保障卡。

（2）确认是质量问题。

【话术】亲，实在不好意思，给您添麻烦了。我们马上给您安排退换货，请您填写售后保障卡，然后和宝贝一起寄回。（如果有小礼品）至于小礼品就不要寄回了，当作我们给您赔礼道歉，并且来回运费都由我们承担。我们的收货地址是：×××××××××，电话是××××××××。

步骤 2：退款类

【话术】您好，请您稍等，我们先核查下货品有没有寄出。

（1）货品已经发出，顾客要求退款的情况。

亲，您好，我们这边核查过，货品确实已经寄出了，不知道您为什么要退款呢？要不这样，您收到货品先看看，说不定您会非常喜欢呢。如果到时候亲收到了还是要退款，请您及时联系我们的客服，我们会立即帮您处理，您看如何？

（2）货品没有发出之前，顾客要求退款的情况。

亲，您好，我们这边核查过，您的货品还没有寄出，我们已经通知仓库暂缓发货，亲可以告诉我们是什么原因导致您不想购买了吗？也好帮助我们改善。或者亲可以看看有没有其他喜欢的款式。

步骤 3：评价解释类

（1）一般好评的解释。

【话术】亲，非常感谢您对××店铺的支持。同时也恭喜您成为我们的会员，每次购物就会获得我们的店铺积分，是终身不清零积分制。我们会不定期做积分换购的活动，亲要多多关注哦。

（2）非好评的解释。

【话术】亲，首先给您带来的麻烦我们表示非常的抱歉。关于您提到的×××问题，我们会××（相应的措施）。同时，为了更好地解决您的问题，希望您下次再碰到这样的情况可以直接联系我们的售后客服或拨打我们的客服电话××××××××。我们会真诚地为亲们服务，听取亲们的意见。

实训

1. 总结售后客服的销售技巧及话术。
2. 同学之间分小组，进行角色扮演，熟悉售后客服的销售技巧及话术。

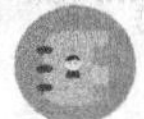

项目评价

项目评价标准

等级	等级说明	评价
一级任务	能自主完成项目所要求的学习任务	合格（不能完成任务定为不合格等级）
二级任务	能自主、高质量完成拓展学习任务	良好
三级任务	能自主、高质量完成拓展学习任务，并能帮助别人解决问题	优秀

项目评价表

项目	评价内容	分值	评分				所占价值	项目得分
			自评（30%）	组评（40%）	师评（30%）	得分		
职业能力	售后客服的工作思路	20					60%	
	售后问题的处理	20						
	售后客服的销售技巧	30						
	售后客服的话术	30						
	合计	100						
通用能力	合作能力	20					40%	
	沟通能力	10						
	组织能力	10						
	活动能力	10						
	自主解决问题能力	20						
	自我提高能力	10						
	创新能力	20						
	合计	100						

项目总结

本项目介绍了售后客服的工作思路、售后问题的处理方法、售后客服的流程以及售后客服销售技巧与话术。

项目拓展

任务一：如果你是一名服装店的售前客服，为你店铺中的商品编写退货、退款、投诉等方面的常见问答。

任务二：同学之间分小组，进行角色扮演，互问互答，训练售后客服的销售技巧和话术，并将聊天记录记录下来。

第六部分

在线交易

项目 12 交易前的活动

项目目标

能够通过市场调研选择合适的货源。
能够注册淘宝网会员并安装淘宝工具软件。
能够开通网上银行并注册支付宝账号。
能够发布商品并修改上架商品信息。
能够批量编辑商品信息。

项目探究

有了网上开店的头脑和技术，还需要选择合适的货源，只有找到了物美价廉的货品，网上商店才有成功的可能。本任务将分别通过选择合适的货源、如何选择热卖的商品两个活动来进行讲解。

项目实施

本项目通过三个任务了解交易前的活动。通过市场调研选择合适的货源以及热卖的商品；通过下载安装淘宝工具及注册相关平台开设网上店铺；发布并修改编辑商品信息。

任务一 市场调研

任务描述

1．选择合适货源。
2．选择热卖商品。

任务实施

活动一　选择合适的货源

活动描述

观察淘宝主页中主题市场的商品分类。

操作步骤

步骤 1：打开淘宝主页

（1）打开淘宝主页并观察主题市场中的商品分类，如图 12-1 所示。

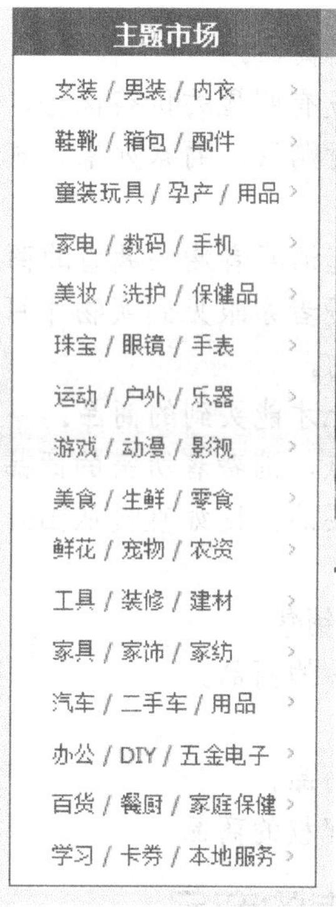

图 12-1　淘宝主页中的主题市场

步骤 2：思考如果自己是电商买家，会选择哪类商品进行销售

（1）结合自身实力、商品的属性以及物流运输是否方便等方面加以考虑。

（2）小组讨论，总结哪类商品适合在网上进行销售。

及时充电

1. 哪些商品适合在网上进行销售

（1）体积较小的商品。

这类商品普遍运输比较方便，可以节约物流成本。

（2）附加值较高的商品。

如果销售商品的价格低过运费，消费者会觉得这类商品不适合在网上购买，因此，附加值较低的商品不适合在网上进行销售。

（3）具备独特性和时尚性的商品。

通过调查发现，在网上销售不错的商品，通常都是具有个性或时尚感十足的商品。

（4）容易产生复购率的商品。

在网上进行商品销售，第一单通常是用来招揽顾客的，如果商品的复购率不高，意味着商家必须把更多的精力放在吸引新顾客上，初次销售的成本会一直处于偏高的状态，所以要选择容易产生复购率的商品，吸引回头客，这样价值创造才具有持续性。

（5）标准化的商品。

结合网上销售的特点，应选择售后服务易于开展的商品进行销售，这样既有利于商家也有利于消费者。选择质量、性能有统一评判标准的商品，即使出现质量纠纷，也比较容易解决。

（6）相对线下具有价格优势的商品。

如果网上销售的商品与线下没有明显的价格优势，有部分消费者考虑到线下购物可以看到实物的特点会选择在线下进行购买，商家如果只利用价格战来获得销量，最后只能以亏损告终。

（7）通过网上浏览就可以激起消费者购买欲望的商品。

如果所销售的商品必须要消费者亲眼见到实物才可以具有购买商品所需的信任度，那么这类商品是不适合在网上销售的。

（8）线下没有，只有通过网上才能买到的商品。

网上购物具有跨越空间的特点，消费者所需的商品在当地没有，但是线上可以买到，消费者是非常愿意在网上进行购买的，比如直接从国外带回的商品或者外贸订单商品都属于这一类。

2. 哪些商品不能在网上进行销售

（1）法律法规禁止或限制销售的商品。

（2）假冒伪劣的商品。

（3）其他不适合网上销售的商品。

（4）用户不具有所有权或支配权的商品。

活动二　如何选择热卖的商品

活动描述

浏览阿里指数排行榜并进行分析。

操作步骤

步骤 1：浏览阿里指数排行榜

（1）浏览阿里指数排行榜（https://shu.taobao.com/industry），如图 12-2 所示。

阿里指数 beta　区域指数　行业指数　退出　关于我们

搜索词排行　热门地区　买家概况　卖家概况　女装/女士... > 连衣裙　最近7天（2019.04.04~2019.04.10）

搜索词排行　搜索榜　涨幅榜

排名	搜索词	搜索指数	搜索涨幅	操作
1	连衣裙	112,802	10.74% ↑	
2	很仙的法国小众连衣裙	81,099	7.54% ↓	
3	连衣裙2019新款夏	77,371	209.77% ↑	
4	裙子	68,258	17.75% ↑	
5	法国复古裙山本 过膝	67,865	12.98% ↑	
6	女装2019款春	67,443	35.04% ↑	
7	春装2019款女	65,392	15.17% ↓	
8	连衣裙女春秋	65,126	4.71% ↓	
9	裙子仙女超仙森系	62,034	24.90% ↑	
10	裙子女春秋	57,553	0.27% ↑	

图 12-2　阿里指数排行榜

步骤 2：观察哪些商品最热卖

消费者倾向于在网上购买的商品有以下几种：服装鞋帽类、数码家电类、家具日化类、珠宝首饰类、虚拟商品类等。

及时充电

可以通过以下方法来选择热卖的商品。

1. 通过借鉴别人的经验来选择热卖商品。

如果自己经验不足，不妨跟着别人的脚步也不失为一种好的方式。

2. 利用物以稀为贵的道理选择商品。

采用差异化的竞争策略，找到那些少见的商品，自然商品的销路会很好。例如，可以选择一些地区的特产来进行销售，桂发祥十八街麻花如图 12-3 所示。

图 12-3　桂发祥十八街麻花

实训

同学之间分小组讨论，选择合适的货源以及热卖的商品。

任务二　向网站申请开设网上店铺

任务描述

1．注册电子邮箱并开通淘宝网会员。
2．下载并安装淘宝助理软件。
3．进入网上银行界面注册开通网上银行。
4．进入支付宝首页，完成注册及安全设置。

任务实施

活动一　注册淘宝网会员

活动描述

注册电子邮箱并开通淘宝网会员。

操作步骤

步骤 1：注册电子邮箱

（1）打开 IE 浏览器，在地址栏输入网址“http://mail.163.com/”，按“Enter”键进入 163 网易免费邮箱界面，如图 12-4 所示。

图 12-4　网易免费邮箱界面

（2）单击“注册”按钮，进入填写注册信息界面，并填写注册信息，如图 12-5 所示。

图 12-5　填写注册信息页面

（3）单击“立即注册”按钮，即可完成邮箱注册。

步骤 2：注册淘宝网会员

（1）打开 IE 浏览器，在地址栏输入网址“http://www.taobao.com/”，按“Enter”键进入淘宝网首页，单击“免费注册”按钮，如图 12-6 所示。

图 12-6　在淘宝网首页单击“免费注册”按钮

（2）进入填写账户信息页面，填写相关信息，如图 12-7 所示。

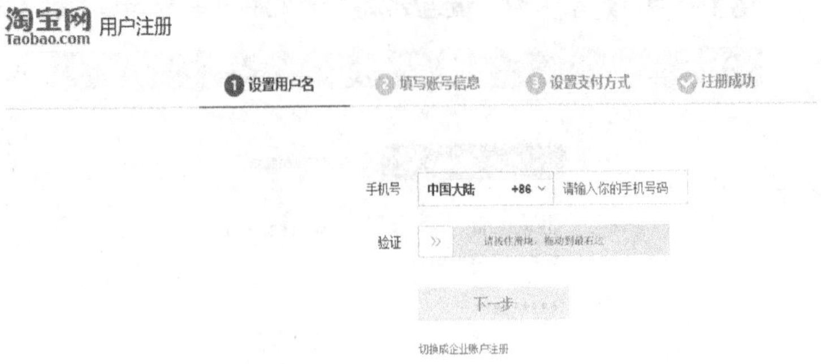

淘宝网 用户注册
Taobao.com
设置用户名　填写账号信息　设置支付方式　注册成功
手机号　中国大陆　+86　请输入你的手机号码
验证
下一步
切换成企业账户注册

图 12-7　填写账户信息

活动二　下载并安装淘宝工具软件

活动描述

下载并安装淘宝助理软件。

操作步骤

步骤 1：下载淘宝助理软件

（1）打开 IE 浏览器，在地址栏输入网址“http://zhuli.taobao.com/”，按“Enter”键进入下载淘宝助理界面，如图 12-8 所示。

图 12-8　下载淘宝助理界面

（2）单击“淘宝版下载”按钮，下载淘宝助理。

步骤 2：安装淘宝助理软件

（1）双击淘宝助理软件图标，如图 12-9 所示。

图 12-9　双击淘宝助理软件图标

（2）弹出“淘宝助理 安装”对话框，单击“下一步”按钮，如图 12-10 所示。

（3）弹出淘宝助理安装协议许可证对话框，单击“我接受”按钮，如图 12-11 所示。

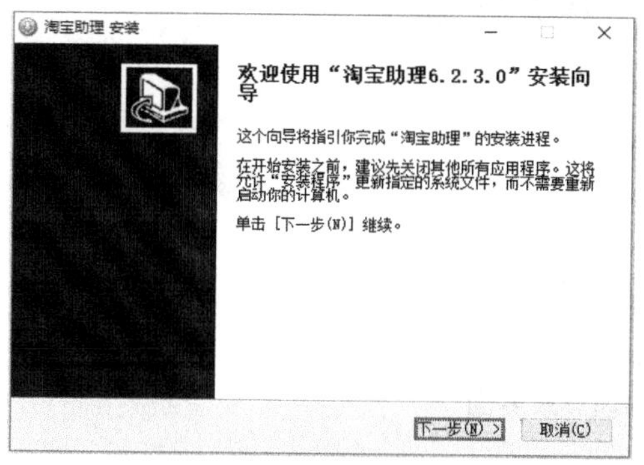

图 12-10 “淘宝助理 安装”对话框

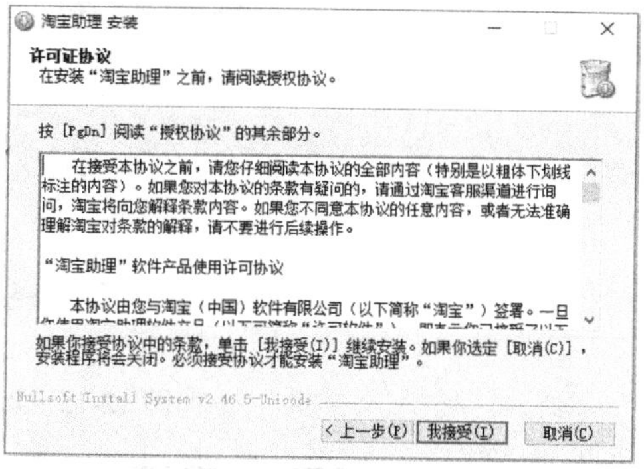

图 12-11 淘宝助理安装协议许可证对话框

（4）弹出选择安装位置对话框，单击“下一步”按钮，如图 12-12 所示。

（5）弹出选择“开始菜单”文件夹对话框，单击“安装”按钮，如图 12-13 所示。

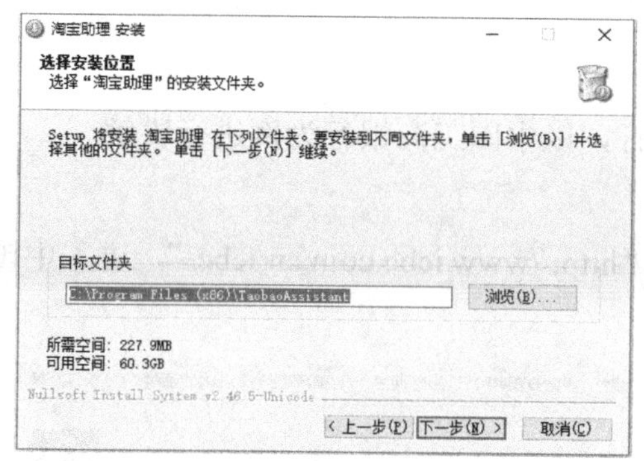

图 12-12 选择安装位置对话框

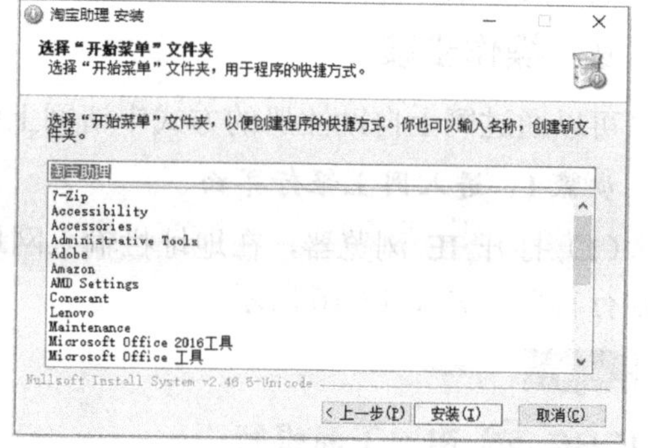

图 12-13 选择“开始菜单”文件夹对话框

（6）弹出正在完成“淘宝助理”安装向导对话框，单击“完成”按钮，如图 12-14 所示。

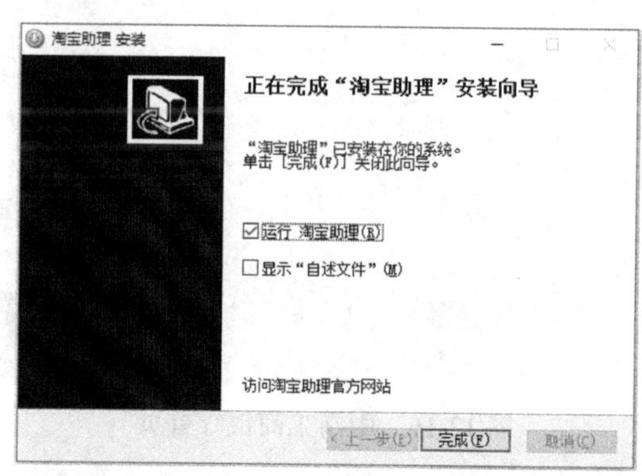

图 12-14 正在完成“淘宝助理”安装向导对话框

（7）此时淘宝助理软件安装完成，打开淘宝助理软件，输入会员名及密码，单击“登录”按钮，即可登录淘宝助理，如图 12-15 所示。

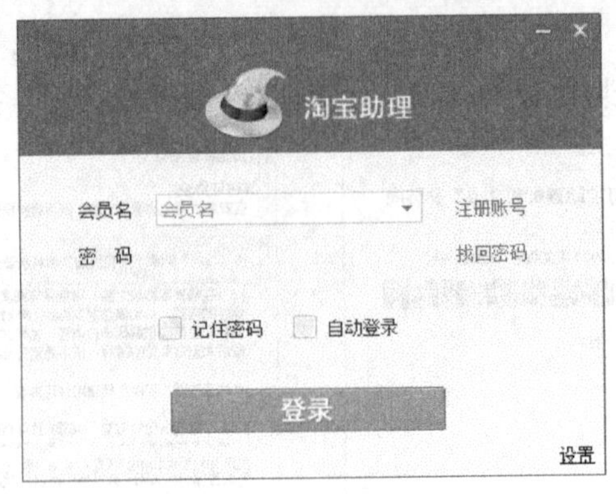

图 12-15　淘宝助理登录界面

活动三　开通网上银行

活动描述

进入网上银行界面注册开通网上银行。

操作步骤

可以通过网上自助注册的方式申请网上银行，以中国工商银行为例进行讲解。

步骤 1：进入网上银行界面

（1）打开 IE 浏览器，在地址栏输入网址“http://www.icbc.com.cn/icbc/”，进入中国工商银行首页，如图 12-16 所示。

图 12-16　中国工商银行首页

步骤 2：运行并启动安装向导

（1）单击中国工商银行首页中的“注册”按钮，根据提示安装工行网银助手，运行、启动安装向导，并下载个人客户证书等信息。

（2）打开“注册”页面，输入所需信息，单击“下一步”按钮，即可完成注册，如图 12-17 所示。

ICBC 中国工商银行 | 注册

姓名：

证件类型：身份证

证件号码：

手机号码：

*请输入验证码： rjkv 刷新验证码

温馨提示：如果您还不是我行客户，请输入一张他行卡的柜面预留手机号作为您的注册手机号。

下一步 重置

图 12-17 中国工商银行注册页面

活动四 申请第三方交易中介——支付宝及其设置

活动描述

进入支付宝首页，完成注册及安全设置。

操作步骤

步骤 1：进入支付宝首页并完成注册

（1）打开 IE 浏览器，在地址栏输入网址“https://www.alipay.com/”，进入支付宝首页，如图 12-18 所示。

图 12-18 支付宝首页

（2）单击“我是个人用户”按钮，即可进行注册操作。

（3）如果是个人，选择“个人账户”，如果是企业，选择“企业账户”，接下来，按照要求完成注册即可，如图 12-19 所示。

图 12-19 注册账户界面

步骤 2：支付宝密码的安全设置

（1）登录支付宝首页，输入用户名和密码，单击“登录”按钮，如图 12-20 所示。

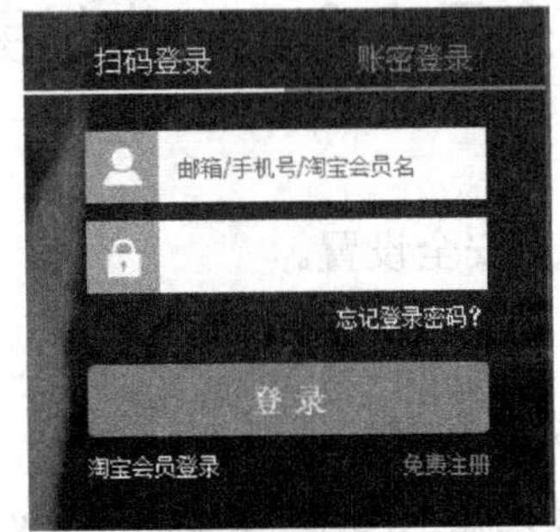

图 12-20 支付宝首页

（2）进入支付宝首页，单击“账户设置”按钮。

（3）选择“基本信息”选项，如图 12-21 所示。

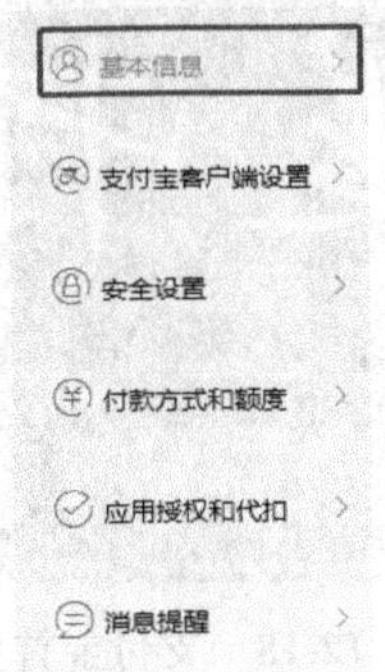

图 12-21 账户设置界面

（4）单击登录密码和支付密码后的“重置”按钮，即可修改密码。

实训

1. 注册电子邮箱并开通淘宝网会员。

2. 下载并安装淘宝助理软件。
3. 注册并开通网上银行。
4. 进入支付宝首页，完成注册及安全设置。

任务三 发布商品

任务描述

1. 发布并修改商品信息。
2. 用淘宝助理软件批量编辑商品信息。

任务实施

活动一 发布商品并修改上架商品信息

活动描述

发布商品并修改上架商品信息。

操作步骤

步骤 1：发布商品

（1）登录淘宝网的卖家中心，单击左侧宝贝管理中的“发布宝贝”按钮，如图 12-22 所示。

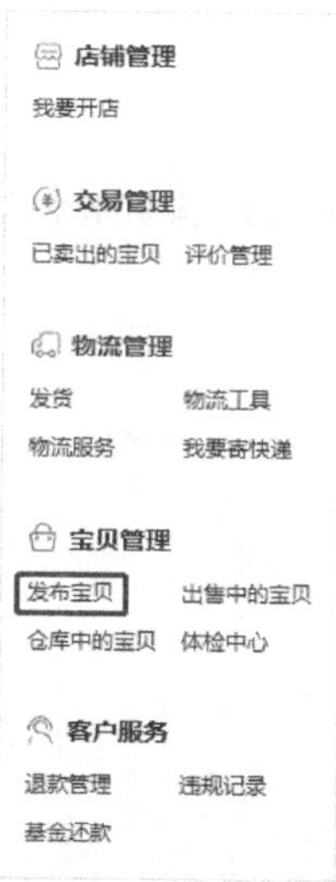

图 12-22 单击“发布宝贝”按钮

（2）进入商品发布页面，选择相应的类目，单击“下一步，发布商品”按钮，如图 12-23 所示。

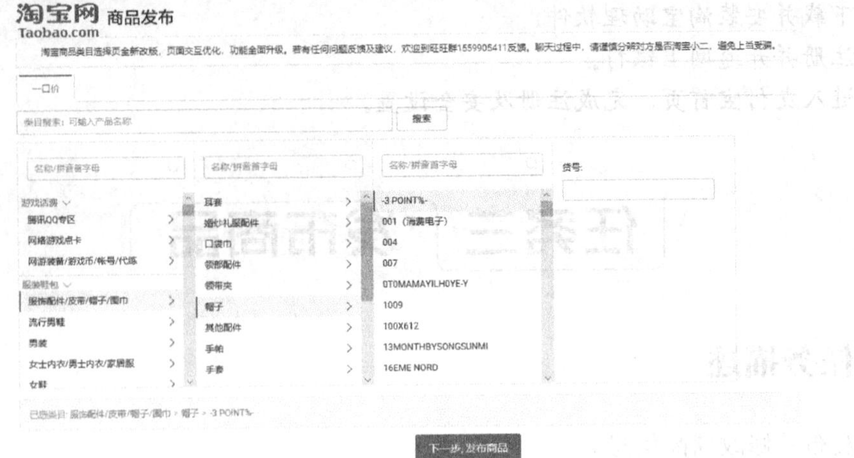

图 12-23　商品发布页面

（3）填写宝贝基本信息、销售信息并上传宝贝照片，如图 12-24～图 12-26 所示。

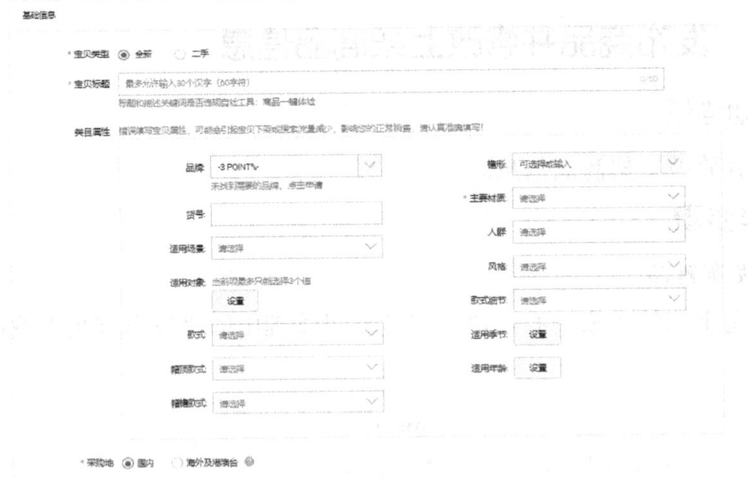

图 12-24　宝贝基本信息

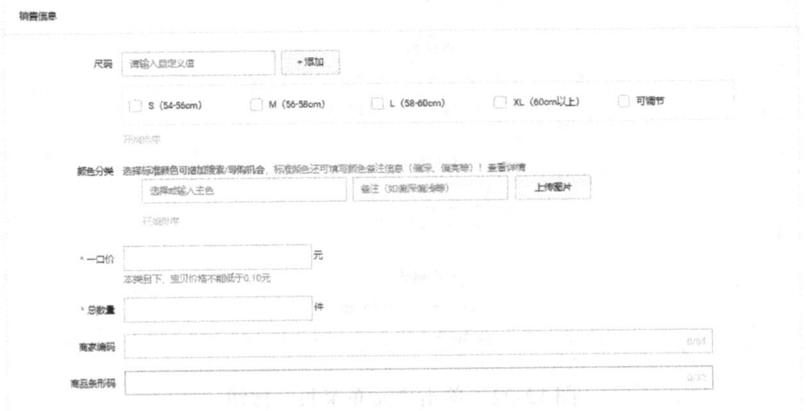

图 12-25　宝贝销售信息

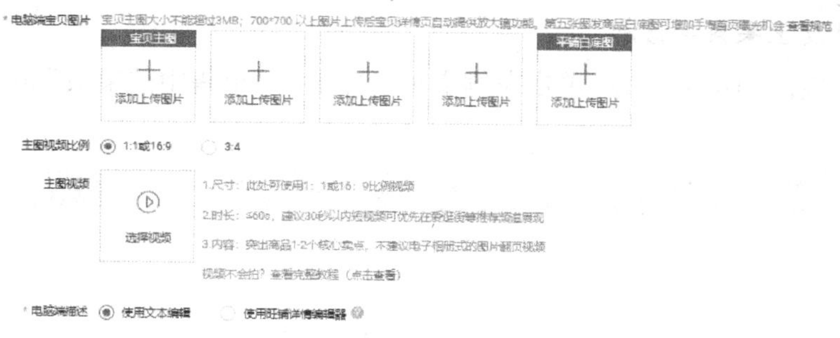

图 12-26 上传宝贝照片

（4）填写宝贝描述信息，如图 12-27 所示。

图 12-27 宝贝描述信息

（5）选择支付信息、物流信息、售后服务信息，设置完毕，单击“提交宝贝信息”按钮，如图 12-28 所示。

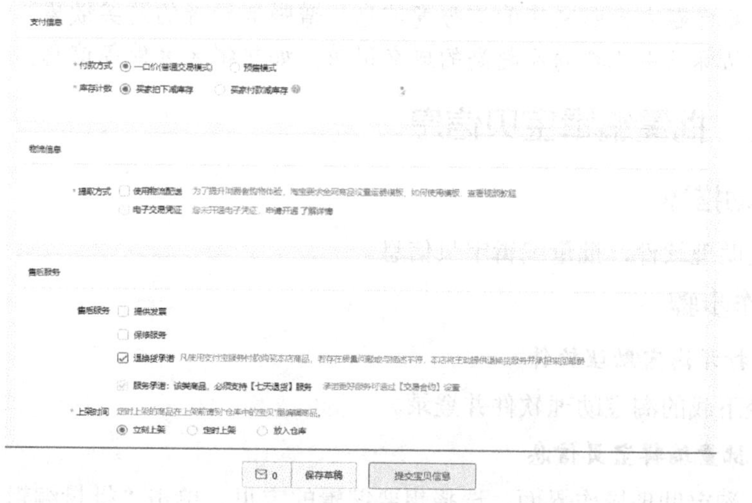

图 12-28 宝贝其他信息

（6）宝贝发布成功。

步骤 2：修改上架商品信息

（1）登录淘宝网的卖家中心，单击左侧宝贝管理中的“出售中的宝贝”按钮，如图 12-29 所示。

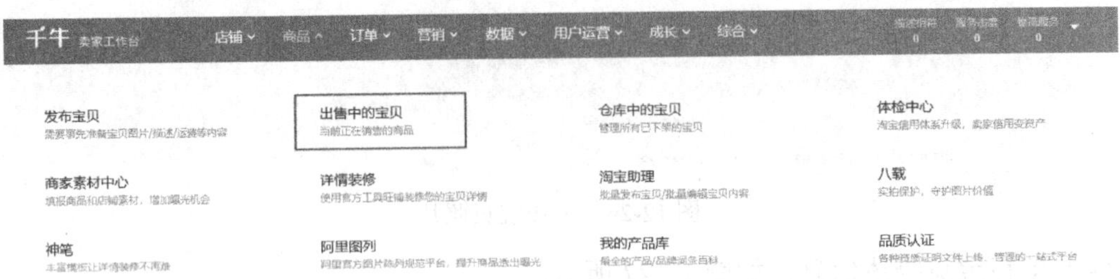

图 12-29 “出售中的宝贝”按钮

（2）单击“编辑商品”按钮，即可在发布宝贝页面修改商品信息，如图 12-30 所示。

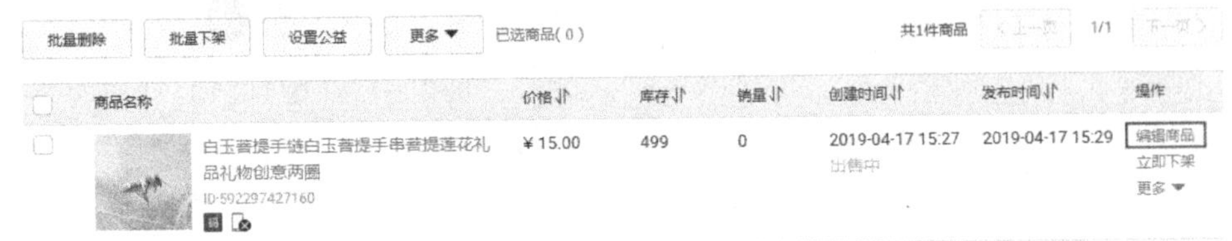

图 12-30 修改商品信息

及时充电

为了使店铺的单击量增加，应该在商品标题中突出卖点，以下技巧可以供新手借鉴。

（1）在商品标题中体现价格优势，如特卖、清仓大甩卖、包邮以及买赠等信息。

（2）体现商品进货渠道的独特性，如厂家直供、国外进口等信息。

（3）在商品标题中体现出本店特色的售后服务。

（4）在商品标题中标明网店的信誉度信息，增强消费者的购买欲望。

（5）在商品标题中体现商品超高的成交记录，如热销 × × 件等信息。

活动二 批量编辑宝贝信息

活动描述

打开淘宝助理软件，批量编辑宝贝信息。

操作步骤

步骤 1：打开淘宝助理软件

打开已经下载的淘宝助理软件并登录。

步骤 2：批量编辑宝贝信息

（1）进入淘宝助理操作界面，选择想要编辑的宝贝，单击“批量编辑”中的“宝贝分类”，在宝贝分类对话框中进行设置并保存，即可修改成功，如图 12-31 所示。

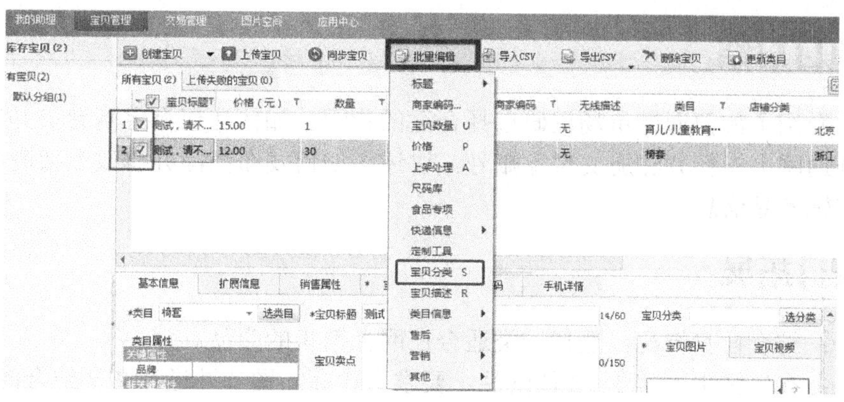

图 12-31 批量编辑商品信息

实训

1. 选择一件合适的商品，发布并修改商品信息。
2. 用淘宝助理软件批量编辑商品信息。

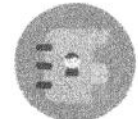

项目评价

项目评价标准

等级	等级说明	评价
一级任务	能自主完成项目所要求的学习任务	合格（不能完成任务定为不合格等级）
二级任务	能自主、高质量完成拓展学习任务	良好
三级任务	能自主、高质量完成拓展学习任务，并能帮助别人解决问题	优秀

项目评价表

项目	评价内容	分值	评分				所占价值	项目得分
			自评（30%）	组评（40%）	师评（30%）	得分		
职业能力	选择合适货源	5					60%	
	注册淘宝网会员	5						
	安装淘宝工具软件	10						
	开通网上银行	20						
	申请支付宝账户并完成设置	10						
	发布商品	30						
	修改上架商品信息	10						
	批量编辑商品信息	10						
	合计	100						
通用能力	合作能力	20					40%	
	沟通能力	10						
	组织能力	10						
	活动能力	10						
	自主解决问题能力	20						
	自我提高能力	10						
	创新能力	20						

项目总结

本项目介绍了如何通过市场调研选择合适的货源，如何注册淘宝网会员并安装淘宝工具软件，开通网上银行并注册支付宝账号，讲述了如何发布商品并修改上架商品信息以及如何批量编辑商品信息。

项目拓展

任务一：结合自身情况，选择一类适合在网上销售的商品。

任务二：在店铺中上架 1～2 件商品，要求上传商品图片并进行图文结合的商品介绍。

任务三：同学相互购买批次店内的商品，并将交易过程中的不同状态截图保存。

项目 13

交易中的活动

项目目标

能够下载并安装千牛软件。

能够使用千牛软件与买家进行交流。

能够使用千牛软件进行店铺管理。

能够修改商品交易价格。

能够选择物流发货方式。

项目探究

在经营网店的过程中，要不断和卖家进行交流，此时必须掌握必要的交流技巧以及一些交流工具的使用，从而使整个交流过程更加顺畅。

项目实施

本项目通过两个任务学习交易中的活动。在售前服务中，学习下载并安装千牛软件；使用千牛软件与买家进行交流并进行店铺管理；修改交易价格；在发货环节，学习选择发货方式。

任务一 售前服务

任务描述

1．下载并安装千牛软件。

2．使用千牛软件查找并添加联系人，使用千牛软件创建千牛群。

3．设置千牛自动回复，利用千牛软件导出和导入聊天记录，修改个人签名并对组内好友进行群发信息。

4．修改商品交易价格。

任务实施

活动一　下载并安装千牛软件

活动描述

下载并安装千牛软件。

操作步骤

步骤 1：下载千牛软件

（1）打开 IE 浏览器，在地址栏输入网址 https://www.taobao.com/，进入淘宝网首页。将光标放在淘宝网首页右上方“网站导航”按钮上，在下拉列表中单击“旺信”按钮，如图 13-1 所示。

主题市场				特色市场			阿里APP			精彩推荐集	
女装	男装	内衣	鞋靴	爱逛街	美妆秀	全球购	淘宝	天猫	支付宝	余额宝	大牌捡宝
箱包	婴童	家电	数码	腔调	淘女郎	星店	聚划算	飞猪	蚂蚁聚宝	淘公仔	浏览器
手机	美妆	珠宝	眼镜	极有家	阿里拍卖	淘宝众筹	旺信	闲鱼	阿里钱盾	淘宝香港	淘宝台湾
手表	运动	户外	乐器	飞猪	亲宝贝	闲鱼	钉钉	高德地图	点点虫	淘宝全球	淘宝东南亚
游戏	动漫	影视	美食	农资	天天特卖	Outlets	虾米音乐	淘票票	菜鸟裹裹	闺蜜淘货	大众评审
鲜花	宠物	农资	房产	俪人购	聚名品	淘抢购	爱逛街	拍卖会	阿里云	淘工作	阿里巴巴认证
装修	建材	家居	百货	全球精选	非常大牌	试用	网商银行	阿里邮箱	阿里众包		
汽车	二手车	办公	定制	量贩团	阿里翻译						
教育	卡券	本地									

图 13-1　“网站导航”下拉列表

（2）单击右侧“我是卖家”按钮，如图 13-2 所示。

图 13-2　单击“我是卖家”超链接

（3）进入千牛下载界面，单击“下载千牛”按钮，如图 13-3 所示。

图 13-3　千牛下载界面

（4）进入千牛下载界面，单击“下载千牛”按钮。
（5）将其保存在相应位置，下载完毕。

步骤 2：安装千牛软件

（1）双击千牛软件安装图标，如图 13-4 所示。

图 13-4　千牛软件安装图标

（2）弹出千牛软件立即安装对话框，单击“立即安装”按钮，如图 13-5 所示。

图 13-5　立即安装对话框

（3）单击按钮后即可提示正在安装，如图 13-6 所示。

图 13-6　正在安装

（4）安装完成，单击“立即使用”按钮，如图 13-7 所示。

（5）弹出千牛软件登录界面，输入账号和密码，单击“登录”，即可开始使用软件，如图 13-8 所示。

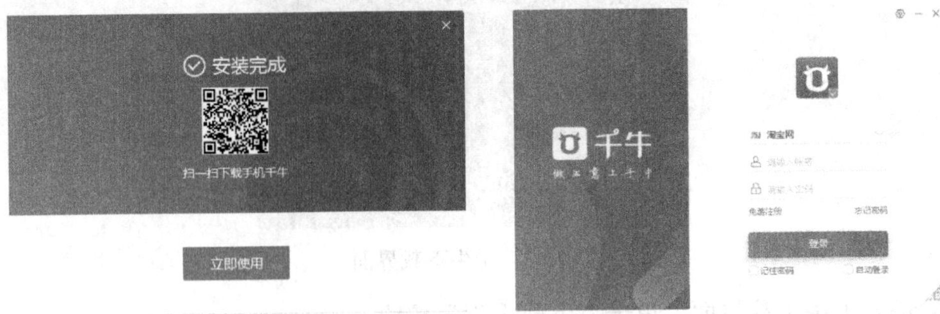

图 13-7　完成安装　　图 13-8　千牛软件安装图标

活动二　使用千牛软件与买家交流

活动描述

使用千牛软件查找并添加联系人，并且创建千牛群。

操作步骤

步骤 1：查找联系人

（1）打开千牛软件，在左上方搜索框内输入想要添加的好友，如图 13-9 所示。

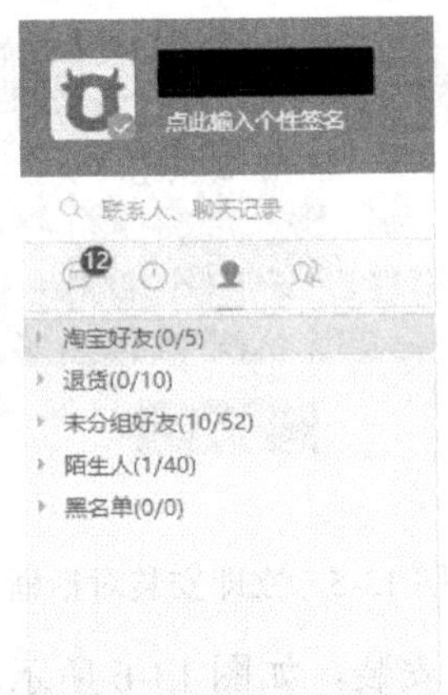

图 13-9　搜索框内输入好友名称

（2）如未找到好友，可以单击右侧的“在网络中查找”按钮，如图 13-10 所示。

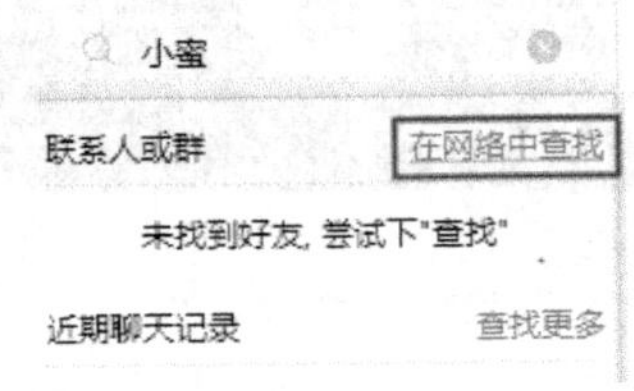

图 13-10　在网络中查找

步骤 2：添加好友

（1）单击搜索结果右侧的“+”按钮添加好友，如图 13-11 所示。

图 13-11　单击“+”按钮添加好友

（2）添加好友成功，设置显示名并选择组，单击“完成”按钮，如图 13-12 所示。

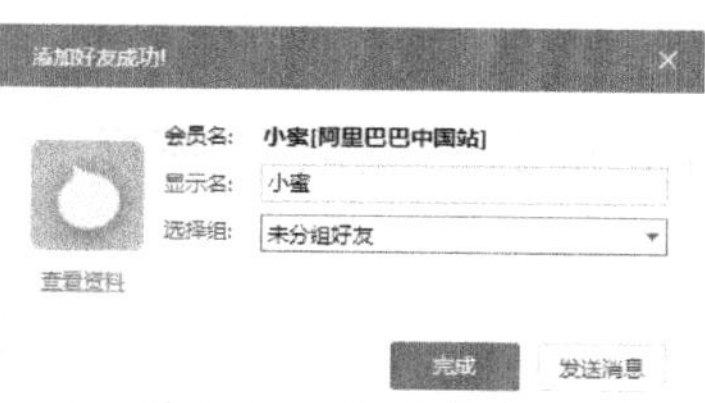

图 13-12　添加好友成功

步骤 3：创建千牛群

（1）打开千牛软件，选择“我的群”选项卡，并单击右侧“+”按钮，如图 13-13 所示。

图 13-13　“我的群”选项卡

（2）进入创建淘宝群界面，相应群信息填写完毕后，单击“创建”按钮，如图 13-14 所示。

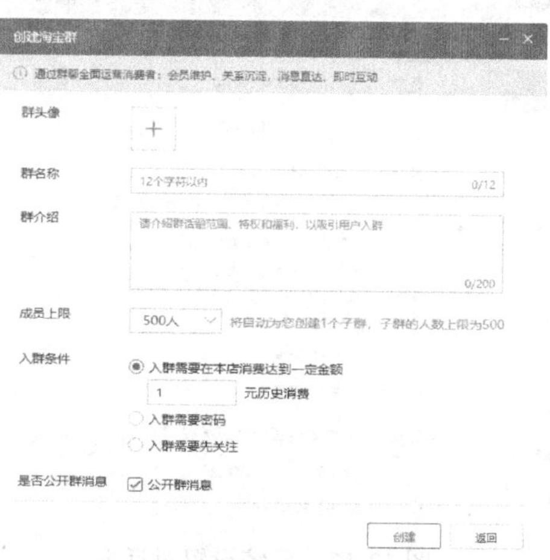

图 13-14　创建淘宝群

（3）淘宝群创建完成。

活动三　使用千牛软件进行店铺管理

活动描述

设置千牛自动回复，利用千牛软件导出和导入聊天记录，修改个人签名并对组内好友进行群发信息。

操作步骤

步骤 1：设置千牛自动回复

（1）打开千牛软件，在左下角单击“工作台”图标，如图 13-15 所示。

图 13-15　单击左下角“工作台”图标

（2）进入千牛卖家工作台界面，单击右上角“系统设置”图标，如图 13-16 所示。

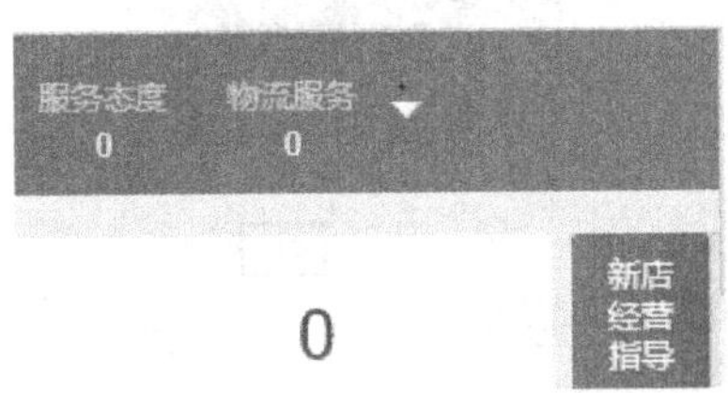

图 13-16　单击右上角“系统设置”图标

（3）在系统设置对话框中，选择“接待设置”选项卡，如图 13-17 所示。

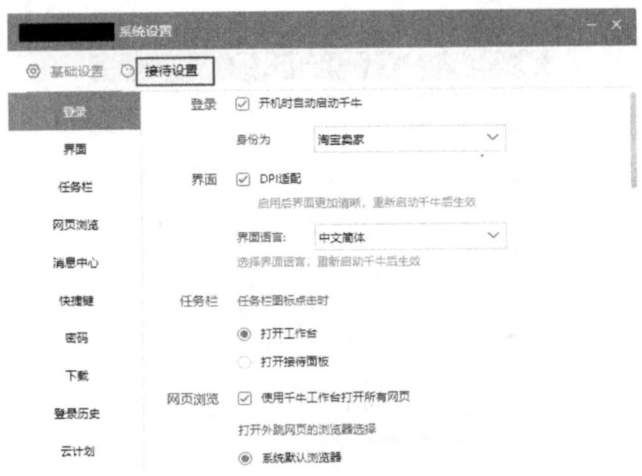

图 13-17　系统设置对话框

（4）在“接待设置”选项卡单击“自动回复”按钮，如图 13-18 所示。

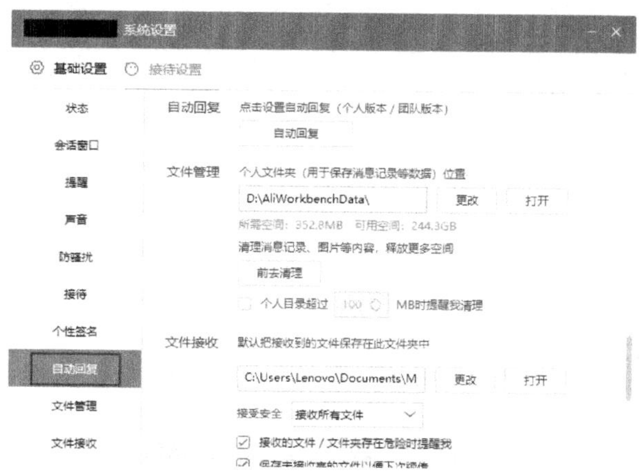

图 13-18 “接待设置”选项卡

（5）单击对话框左侧的“设置自动回复”按钮，如图 13-19 所示。

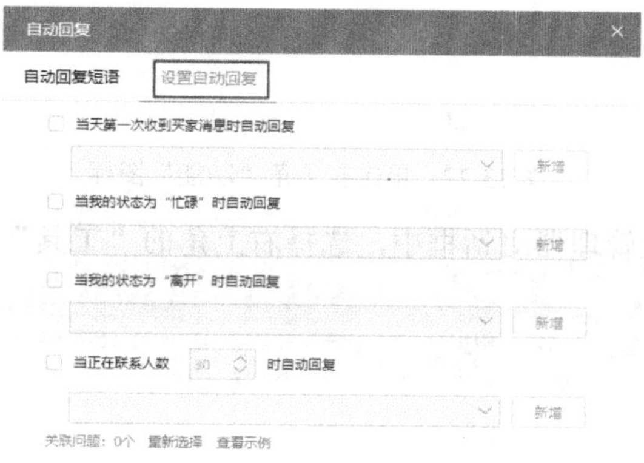

图 13-19 自动回复界面

（6）勾选“当天第一次收到买家消息时自动回复”，单击“新增”按钮，如图 13-20 所示。

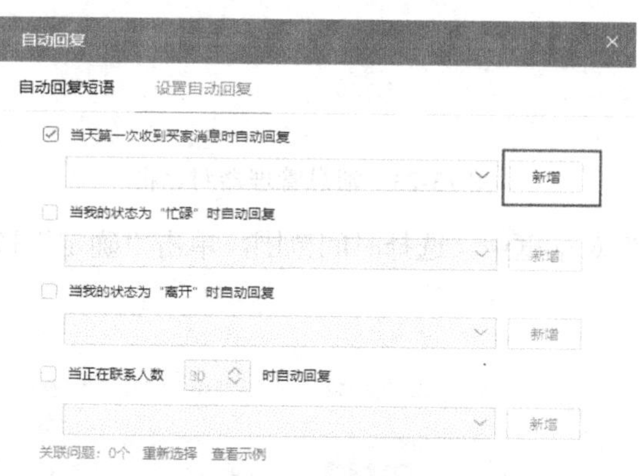

图 13-20 新增自动回复

（7）在新增自动回复对话框中，输入自动回复内容，单击“保存”按钮，自动回复即可设置成功，如图 13-21 所示。

图 13-21　新增自动回复对话框

步骤 2：导出聊天记录

（1）打开千牛软件，在左下角单击“功能”图标，选择“消息管理器”功能，如图 13-22 所示。

图 13-22　单击左下角“功能”图标

（2）在弹出的消息管理器对话框中，选择右上角的“工具”选项卡，单击“导出”按钮，如图 13-23 所示。

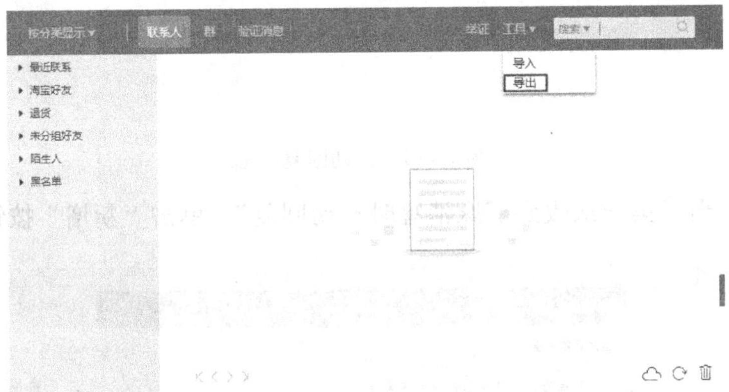

图 13-23　消息管理器对话框

（3）在“导出选择”对话框中，选择时间范围，单击“确定”按钮，如图 13-24 所示。

图 13-24　“导出选择”对话框

（4）在“导出”对话框中，单击“保存”按钮，如图 13-25 所示。

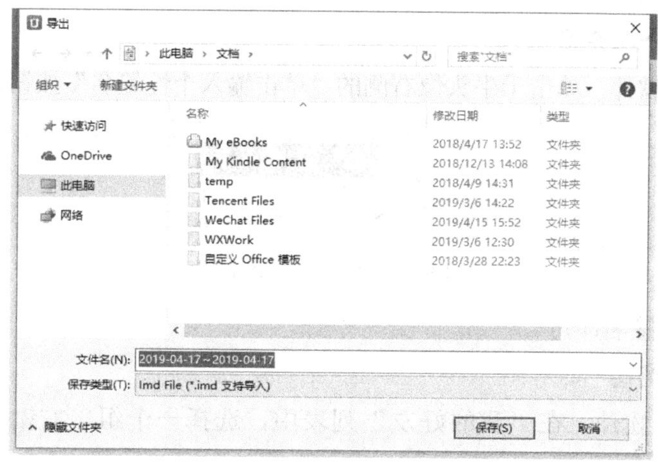

图 13-25 “导出”对话框

（5）单击“确定”按钮，导出操作即可完成，如图 13-26 所示。

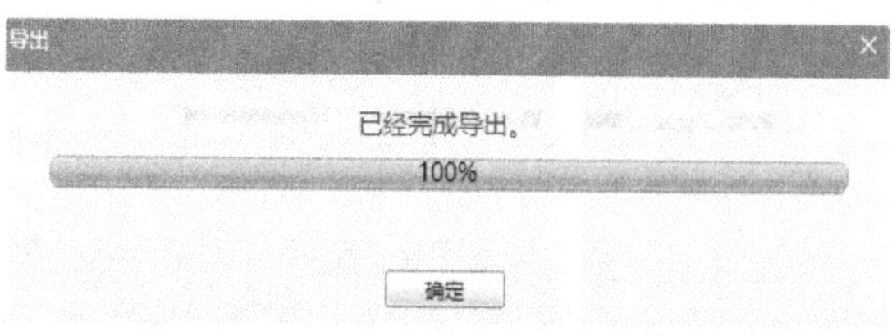

图 13-26 已经完成导出

步骤 3：导入聊天记录

（1）打开千牛软件，在左下角单击“功能”图标，选择“消息管理器”功能。

（2）在弹出的消息管理器对话框中，选择右上角的“工具”选项卡，单击“导入”按钮，如图 13-27 所示。

图 13-27 消息管理器对话框

（3）在弹出的“导入”对话框中，选择需要导入的文件，单击“打开”按钮，即可导入文件。

步骤 4：修改个人签名

（1）打开千牛软件，单击千牛头像右侧的“单击输入个性签名”按钮，如图 13-28 所示。

图 13-28　单击输入个性签名

（2）输入个性签名即可。

步骤 5：群发消息

（1）打开千牛软件，在“我的好友”列表中，选择一个组，右键选择“向组员群发信息”。

（2）弹出群发即时消息对话框，即可群发信息，如图 13-29 所示。

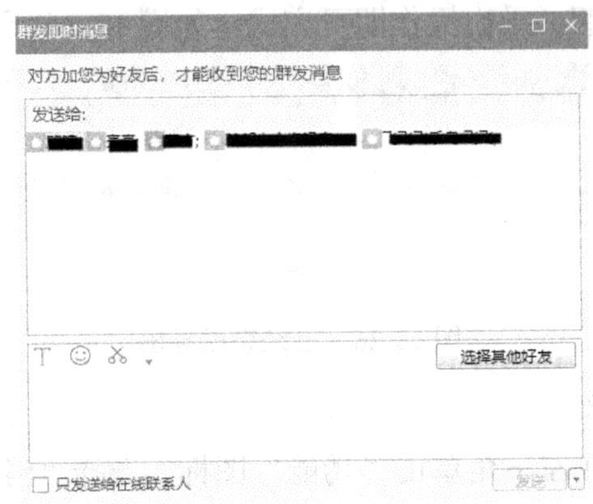

图 13-29　单击输入个性签名

活动四　修改交易价格

活动描述

修改商品交易价格。

操作步骤

步骤 1：修改交易价格

（1）进入千牛卖家工作台，在“订单”下单击“已卖出的宝贝”按钮，如图 13-30 所示。

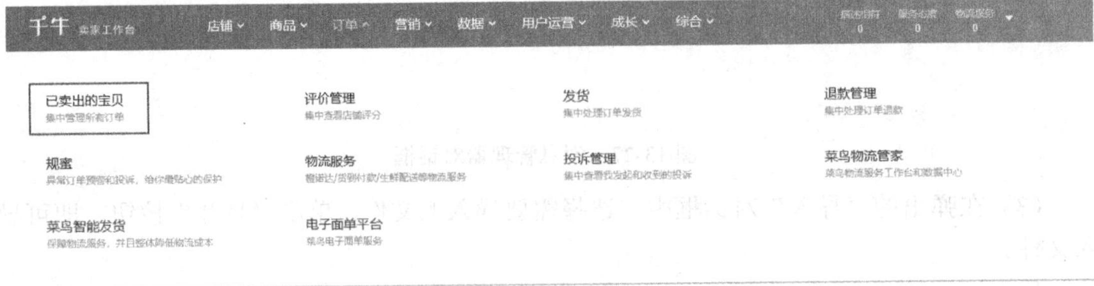

图 13-30　单击“已卖出的宝贝”

（2）进入近三个月订单界面，单击右侧“修改价格”按钮，如图 13-31 所示。

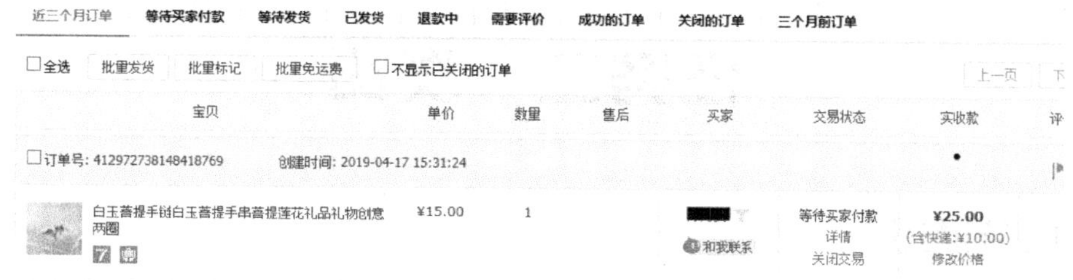

图 13-31　近三个月订单界面

（3）在“涨价或折扣”下方的文本框输入相应折扣，也可在“邮费（元）”下方的文本框直接输入邮费金额，还可以选择下方的“免运费”选项卡，单击“确定”按钮，如图 13-32 所示。

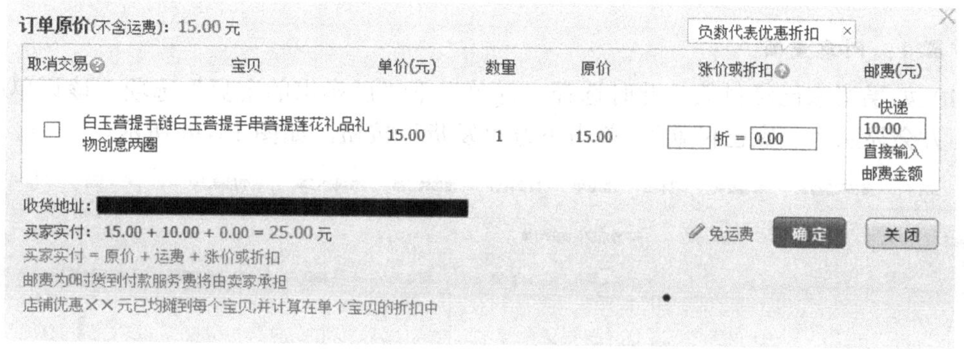

图 13-32　修改价格

（4）返回“已卖出的宝贝”页面，即可显示修改后的价格，如图 13-33 所示。

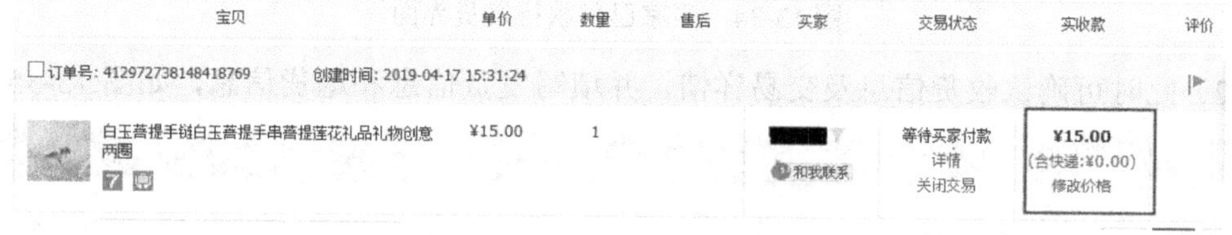

图 13-33　显示修改后的价格

实训

1. 下载并安装千牛软件。

2. 使用千牛软件查找并添加联系人，使用千牛软件创建千牛群。

3. 设置千牛自动回复，利用千牛软件导出和导入聊天记录，修改个人签名并对组内好友进行群发信息。

4. 修改商品交易价格。

任务二 发货

任务描述

同意发货并选择物流方式。

任务实施

活动一 选择物流方式发货

步骤 1：同意发货

（1）如果买家已经付款，此时选择“订单”下“已卖出的宝贝”选项，该订单的交易状态下方会显示“买家已付款”，单击下方“发货”按钮，如图 13-34 所示。

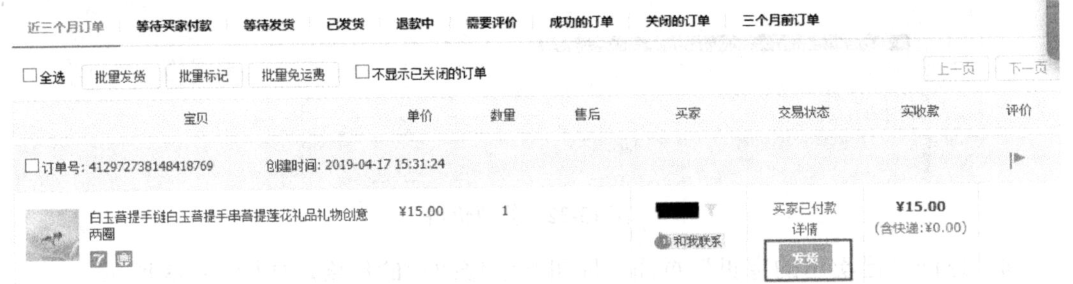

图 13-34　买家已付款待发货界面

（2）此时可确认收货信息及交易详情，并填写发货信息和退货信息，如图 13-35 所示。

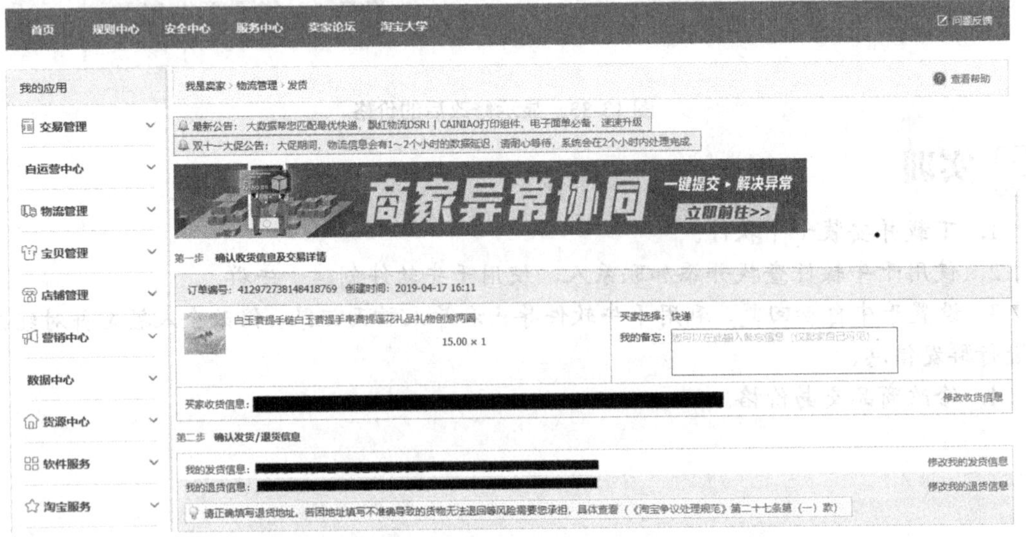

图 13-35　确认收货信息及交易详情

步骤 2：选择物流方式发货

（1）在“选择物流服务”页面中选择“自己联系物流”选项卡，并填写相应的运单号码，单击右侧“确认”按钮，如图 13-36 所示。

第三步 选择物流服务 什么是上门取件（您交易发生的地区支持以下物流方式）过去三个月中，派送过此收货地址的物流公司列表

在线下单 | 自己联系物流 | 无纸化发货 new | 无需物流

您选择上门取件还将享受2小时快递发货。什么是上门取件？

马上去设置默认物流公司，方便您的发货！ 切换到新版本

公司名称	运单号码	备注	操作
EMS			确认
EMS经济快递			确认
天翔快递			确认
美家大件-筑之巢配			确认
4pl-日日顺佛山产地仓			确认
申通快递			确认
中铁快运			确认
Send2China			确认
盛辉物流			确认
能达速递			确认
城市之星			确认
韵达快递			确认

图 13-36　“自己联系物流”选项卡

（2）操作成功，此时订单状态修改为“等待物流公司确认”，如图 13-37 所示。

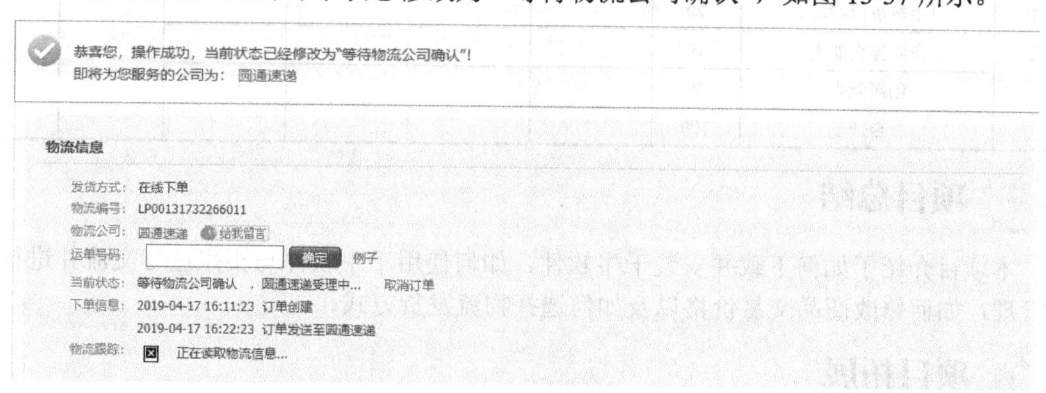

图 13-37　发货操作成功

 实训

同学之间分小组进行角色扮演，相互购买商品，熟悉同意发货并选择物流方式发货的操作方法。

 项目评价

项目评价标准

等级	等级说明	评价
一级任务	能自主完成项目所要求的学习任务	合格（不能完成任务定为不合格等级）
二级任务	能自主、高质量完成拓展学习任务	良好
三级任务	能自主、高质量完成拓展学习任务，并能帮助别人解决问题	优秀

项目评价表

<table>
<tr><th rowspan="2">项目</th><th rowspan="2">评价内容</th><th rowspan="2">分值</th><th colspan="4">评分</th><th rowspan="2">所占价值</th><th rowspan="2">项目得分</th></tr>
<tr><th>自评（30%）</th><th>组评（40%）</th><th>师评（30%）</th><th>得分</th></tr>
<tr><td rowspan="11">职业能力</td><td>下载并安装千牛软件</td><td>10</td><td></td><td></td><td></td><td></td><td rowspan="11">60%</td><td rowspan="11"></td></tr>
<tr><td>查找联系人</td><td>5</td><td></td><td></td><td></td><td></td></tr>
<tr><td>添加联系人</td><td>5</td><td></td><td></td><td></td><td></td></tr>
<tr><td>创建千牛群</td><td>5</td><td></td><td></td><td></td><td></td></tr>
<tr><td>设置自动回复</td><td>10</td><td></td><td></td><td></td><td></td></tr>
<tr><td>导入导出聊天记录</td><td>20</td><td></td><td></td><td></td><td></td></tr>
<tr><td>修改个性签名</td><td>5</td><td></td><td></td><td></td><td></td></tr>
<tr><td>群发信息</td><td>10</td><td></td><td></td><td></td><td></td></tr>
<tr><td>修改交易价格</td><td>20</td><td></td><td></td><td></td><td></td></tr>
<tr><td>选择物流方式发货</td><td>10</td><td></td><td></td><td></td><td></td></tr>
<tr><td>合计</td><td>100</td><td></td><td></td><td></td><td></td></tr>
<tr><td rowspan="8">通用能力</td><td>合作能力</td><td>20</td><td></td><td></td><td></td><td></td><td rowspan="8">40%</td><td rowspan="8"></td></tr>
<tr><td>沟通能力</td><td>10</td><td></td><td></td><td></td><td></td></tr>
<tr><td>组织能力</td><td>10</td><td></td><td></td><td></td><td></td></tr>
<tr><td>活动能力</td><td>10</td><td></td><td></td><td></td><td></td></tr>
<tr><td>自主解决问题能力</td><td>20</td><td></td><td></td><td></td><td></td></tr>
<tr><td>自我提高能力</td><td>10</td><td></td><td></td><td></td><td></td></tr>
<tr><td>创新能力</td><td>20</td><td></td><td></td><td></td><td></td></tr>
<tr><td>合计</td><td>100</td><td></td><td></td><td></td><td></td></tr>
</table>

项目总结

本项目介绍了如何下载并安装千牛软件，如何使用千牛软件与买家进行交流并进行店铺管理，如何修改商品交易价格以及如何选择物流发货方式。

项目拓展

任务一：每名同学注册一个千牛账号，把周围的同学添加为好友并建立同学群。

任务二：与好友在软件中聊天，查看消息记录，截图发送给好友，将聊天记录导出。

任务三：设置自动回复，修改个性签名，截图发送给好友。

项目 14 交易后的活动

项目目标

能够查看卖家退款信息并同意买家退款协议。
能够统计收入和支出的金额。
能够统计其他的交易信息。

项目探究

在与买家进行交易的整个过程中，还会涉及买家讨价还价等问题，因此，除了要学会与买家交流，还需要学会处理退款、修改交易价格、选择发货方式、账目管理等知识。

项目实施

本项目通过两个任务学习交易后的活动。在处理买家退款中，学习查看买家的退款信息并同意买家的退款协议；在账目管理中，学习统计收入和支出的金额及其他的交易信息。

任务一 处理买家退款

任务描述

1. 了解买家退款原因，查看买家退款信息。
2. 同意买家退款申请。

任务实施

活动一　查看买家退款信息

活动描述

了解买家退款原因，查看买家退款信息。

操作步骤

了解买家退款原因

（1）当买家提交退款申请后，系统会弹出“新退款申请”对话框，可以了解到买家退款的原因，系统中给出的退款原因包括：拍错/多拍/不想要、协商一致退款、缺货、未按约定时间发货和其他选项。收到这样的提示后，要及时与买家联系，积极协商解决问题，如果确实需要退款，要尽快处理，如图 14-1 所示。

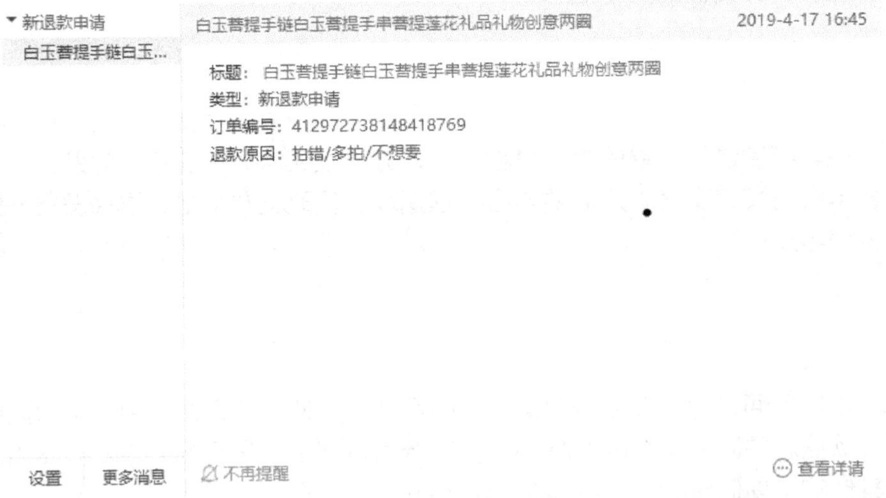

▾ 新退款申请
白玉菩提手链白玉...
白玉菩提手链白玉菩提手串菩提莲花礼品礼物创意两圈　2019-4-17 16:45
标题：白玉菩提手链白玉菩提手串菩提莲花礼品礼物创意两圈
类型：新退款申请
订单编号：4129727381484l8769
退款原因：拍错/多拍/不想要
设置　更多消息　不再提醒　查看详请

图 14-1　新退款申请

活动二　同意买家退款协议

活动描述

同意买家退款申请。

操作步骤

同意买家退款申请

（1）选择“订单”下“已卖出的宝贝”选项，该订单的售后下方会显示“请卖家处理”，单击该按钮，如图 14-2 所示。

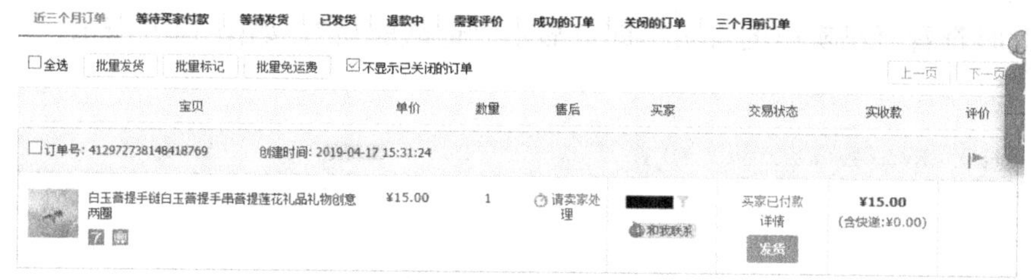

图 14-2 买家退款信息

（2）进入卖家处理退款申请界面，单击“同意退款”按钮，如图 14-3 所示。

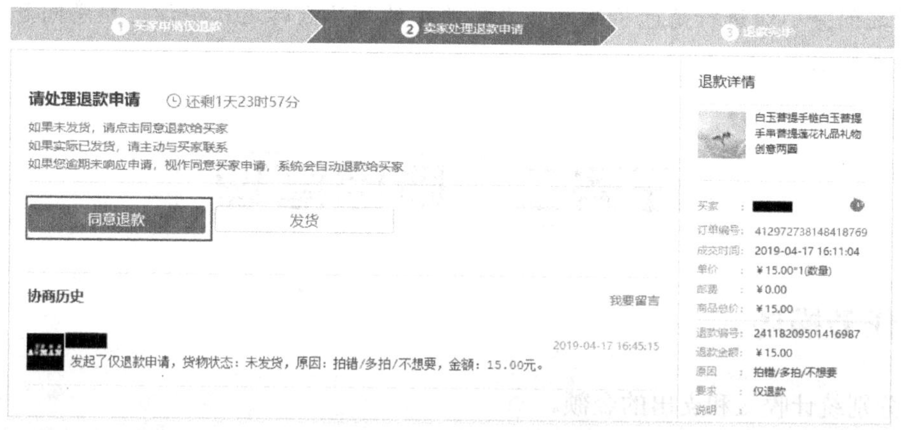

图 14-3 卖家处理退款申请

（3）输入支付宝密码，单击“确定”按钮，如图 14-4 所示。

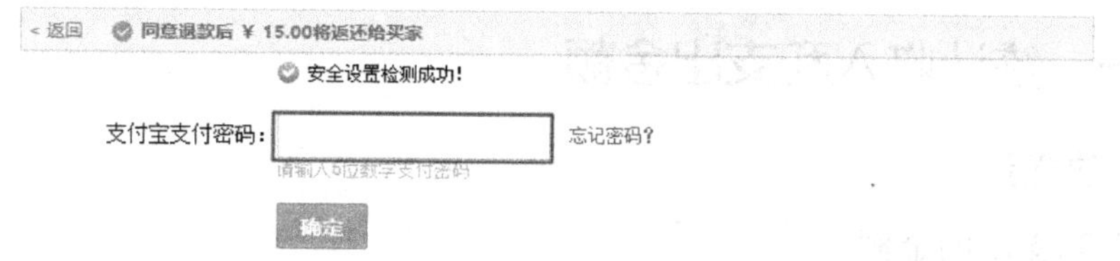

图 14-4 输入支付宝密码

（4）弹出退款成功界面，如图 14-5 所示。

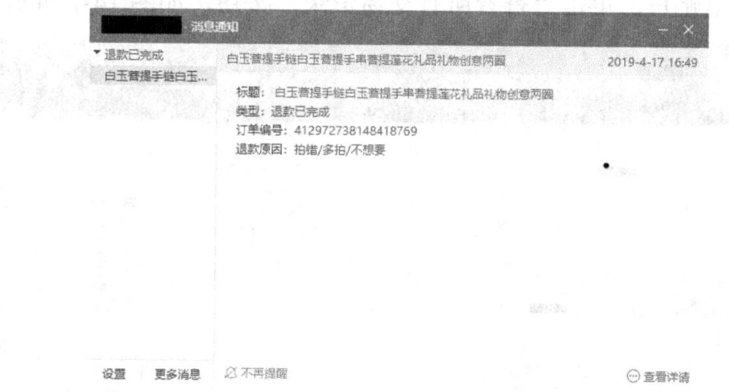

图 14-5 退款成功

（5）此时查看“已卖出的宝贝”即可显示“退款成功”，如图 14-6 所示。

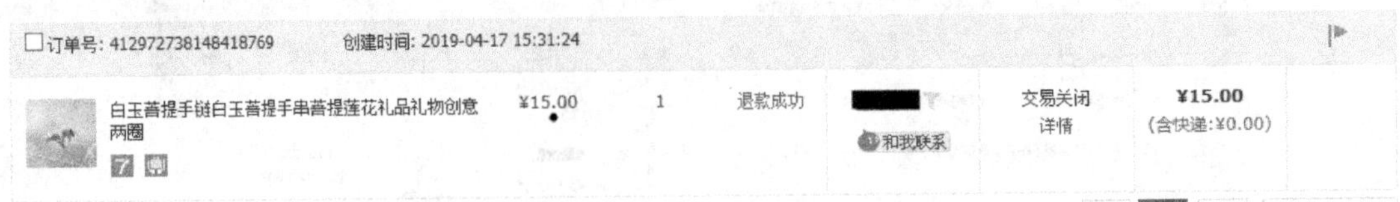

图 14-6　退款成功

实训

同学之间分小组进行角色扮演，将之前购买的商品进行退款申请，熟悉同意买家退款申请的操作方法。

任务二　账目管理

任务描述

1．分别统计收入和支出的金额。

2．统计其他的交易信息。

任务实施

活动一　统计收入和支出金额

活动描述

统计收入和支出的金额。

操作步骤

分别统计收入和支出金额

（1）登录支付宝账户，单击“查看所有交易记录”按钮，如图 14-7 所示。

图 14-7　登录支付宝账户

（2）进入交易记录界面，在交易分类选项中，分别选择“收入”和“支出”选项，即可分别查看收入和支出金额，如图 14-8 所示。

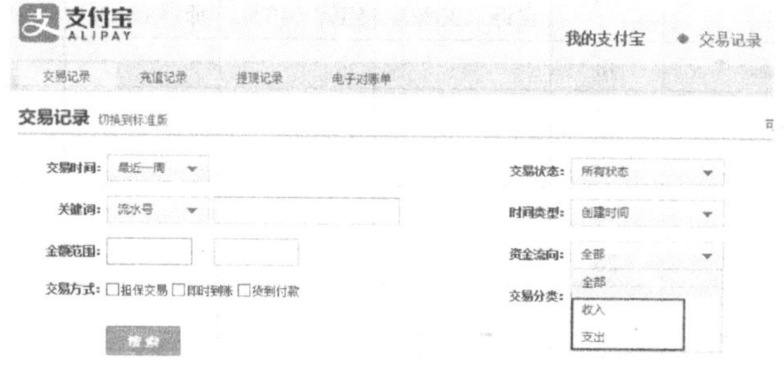

图 14-8 支付宝交易记录

活动二 统计其他交易记录

活动描述

统计其他交易记录。

操作步骤

统计其他交易记录

登录支付宝账户，单击“交易记录”按钮，通过选择“交易记录”“充值记录”“提现记录”“电子对账单”即可查询相应记录，如图 14-9 所示。

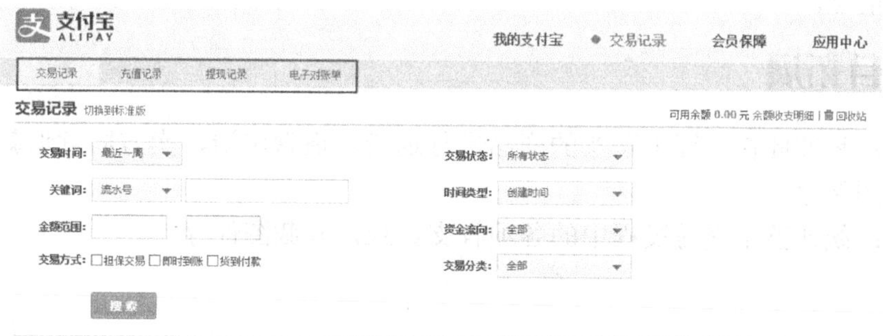

图 14-9 支付宝交易记录

实训

1. 分别统计收入和支出的金额。
2. 统计其他的交易信息。

项目评价

项目评价标准

等级	等级说明	评价
一级任务	能自主完成项目所要求的学习任务	合格（不能完成任务定为不合格等级）
二级任务	能自主、高质量完成拓展学习任务	良好
三级任务	能自主、高质量完成拓展学习任务，并能帮助别人解决问题	优秀

项目评价表

项目	评价内容	分值	评分				所占价值	项目得分
			自评（30%）	组评（40%）	师评（30%）	得分		
职业能力	查看退款信息	30					60%	
	同意退款协议	30						
	统计收入金额	10						
	统计支出金额	10						
	统计其他交易记录	20						
	合计	100						
通用能力	合作能力	20					40%	
	沟通能力	10						
	组织能力	10						
	活动能力	10						
	自主解决问题能力	20						
	自我提高能力	10						
	创新能力	20						
	合计	100						

项目总结

本项目介绍了如何查看卖家退款信息并同意买家退款协议，统计收入和支出的金额及其他的交易信息。

项目拓展

任务一：将彼此在店铺中购买的商品进行退货、退款申请，卖方同意退款协议，并将交易过程截图保存。

任务二：统计整个交易过程中的各项收支记录，并截图保存。